AS TRADIÇÕES
HISTÓRICAS
DE ISRAEL

Dados Internacionais de Catalogação na Publicação (CIP)
(Câmara Brasileira do Livro, SP, Brasil)

Lamadrid, Antonio González
As tradições históricas de Israel – Introdução à história do Antigo Testamento / Antonio González Lamadrid ; tradução de José Maria de Almeida. 2. ed. – Petrópolis, RJ : Vozes, 2015.

Título original : Las tradiciones históricas de Israel

ISBN 978-85-326-5014-6

1. Bíblia – Historiografia 2. Bíblia AT – Crítica e interpretação
I. Título.

96-0416   CDD-220.95

Índices para catálogo sistemático:
1. Bíblia : Historiografia   220.95
2. Historiografia bíblica   220.95

Antonio González Lamadrid

AS TRADIÇÕES HISTÓRICAS DE ISRAEL

INTRODUÇÃO À HISTÓRIA DO ANTIGO TESTAMENTO

Tradução de José Maria de Almeida

© Antonio González Lamadrid
© Editorial Verbo Divino, 1993
Av. Pamplona, 41
31200 Estella (Navarra)

Título do original espanhol: *Las tradiciones históricas de Israel*

Direitos de publicação em língua portuguesa – Brasil:
1999, 2015, Editora Vozes Ltda.
Rua Frei Luís, 100
25689-900 Petrópolis, RJ
www.vozes.com.br
Brasil

Todos os direitos reservados. Nenhuma parte desta obra poderá ser reproduzida
ou transmitida por qualquer forma e/ou quaisquer meios (eletrônico ou mecânico,
incluindo fotocópia e gravação) ou arquivada em qualquer sistema ou
banco de dados sem permissão escrita da editora.

Diretor editorial
Frei Antônio Moser

Editores
Aline dos Santos Carneiro
José Maria da Silva
Lídio Peretti
Marilac Loraine Oleniki

Secretário executivo
João Batista Kreuch

Editoração: Fernando Sergio Olivetti da Rocha
Diagramação: Sandra Bretz
Capa: HiDesign Estúdio

ISBN 978-85-326-5014-6 (edição brasileira)
ISBN 84-7151-859-7 (edição espanhola)

Editado conforme o novo acordo ortográfico.

Este livro foi composto e impresso pela Editora Vozes Ltda.

Sumário

Apresentação, 7

1 História deuteronomista, 13
    1.1 Deuteronômio, 27
    1.2 Josué (conquista da terra), 48
    1.3 Juízes, 56
    1.4 Os livros de Samuel (dos juízes à monarquia), 68
    1.5 Os livros dos Reis (a monarquia), 94
    1.6 Chamamento à conversão e à esperança, 128

2 História do Cronista, 134

3 Duas histórias monográficas, 160

4 Quatro histórias exemplares, 172
    4.1 Tobias, 172
    4.2 Judite, 181
    4.3 Ester, 190
    4.4 Rute, 199

5 Cinco visões histórico-apocalípticas (Daniel), 205

Cronologia, 211
Textos bíblicos citados, 233
Obras extrabíblicas, 237
Autores citados, 239
Índice, 243

Apresentação

1 *O Antigo Testamento é sobretudo um livro de história*

> O AT é sobretudo um livro de história, ao qual se incorporaram outros gêneros literários.
> A história constitui o tema principal da literatura do AT (H.W. Robinson).

O Antigo Testamento, tanto quanto o Novo, é uma história, a história da salvação. O Deus da Bíblia não é o Zeus distante do Olimpo, nem a causa primeira da filosofia, mas o Verbo encarnado no meio da vida dos homens; ele acompanha a humanidade na sua caminhada histórica, compartilhando alegrias e tristezas.

A revelação bíblica é essencialmente histórica. Deus se dá a conhecer por meio da palavra comunicada aos seus servos, os profetas, mas se revela sobretudo através de suas intervenções na história da salvação. O credo israelita não é um catálogo de dogmas doutrinais abstratos, mas uma sequência de intervenções salvíficas de Deus na história.

A Bíblia gosta de embasar a teologia, a lei e a ética não em considerações e princípios filosóficos de caráter especulativo, mas no marco da história. O desígnio salvífico de Deus realiza-se progressivamente na história dos eventos humanos, solicitando a cada instante a resposta adequada do homem.

A religião da Bíblia é uma religião encarnada na história. Javé não é um Deus cósmico nem metafísico, a cujo conhecimento se chega pela via da especulação. Javé é o Deus que se faz presente e salva o homem a partir de dentro, mergulhando no seio da história. A história está na raiz da Bíblia.

Entende-se, então, por que os *livros históricos* são os mais numerosos do AT. Podemos agrupá-los em torno destes cinco títulos:

Duas histórias gerais
a) História deuteronomista (Josué, Juízes, 1/2 Samuel, 1/2 Reis);
b) História do Cronista (1/2 Crônicas, Esdras, Neemias).

Duas histórias monográficas
1/2 Macabeus.

Quatro histórias exemplares
Tobias, Judite, Ester, Rute.

Cinco visões histórico-apocalípticas
Daniel.

A história transborda esses cinco corpos historiográficos. O gênero histórico cabe perfeitamente, por exemplo, no *Pentateuco*, onde os códigos legais e as instituições civis e religiosas de Israel podem ser enquadradas dentro de grandes marcos históricos. São as chamadas "história javista, eloísta e sacerdotal". A história entra também como componente importante nos *livros proféticos*, muitos dos quais começam com uma introdução histórica. A história do povo eleito e dos povos vizinhos costuma ser o tema preferido das pregações e dos escritos proféticos. Pode-se dizer que a profecia é uma leitura profética da história. A história está também presente nos *livros sapienciais*, por exemplo em Eclo 44–50 e em Sb 10–19. A história inspira, finalmente, muitos poemas da *lírica sagrada*. É o caso dos hinos históricos, dos cânticos de Sião e dos salmos de Javé-rei, que cantam as intervenções salvíficas de Deus em favor do seu povo, ou a coleção das cinco lamentações, que choram a destruição da cidade santa.

2 Uma história sagrada

O título de *livros históricos* poderia induzir-nos a crer que se trata de crônicas ou anais históricos, no sentido científico da palavra. Não é assim, porém. A história bíblica não é uma crônica ou narrativa neutra e asséptica dos fatos. Na realidade, nenhuma história é neutra. Já estão superadas as teses do historicismo liberal alemão do século XX, que tinha a pretensão de poder reproduzir a história em estado puro, livre de qualquer interpretação ("Geschichte wie es wirklich gewesen ist"). Trata-se de um ideal não só irrealizável, mas inclusive contrário às leis do conhecimento humano. Os fatos, para que sejam inteligíveis e acessíveis, devem ser verbalizados, e toda verbalização é uma interpretação. Não existe uma história que não seja narrada e, por isso, já interpretada.

Esses critérios metodológicos são especialmente aplicáveis à história bíblica, que transborda as coordenadas dos acontecimentos intraterrenos para abrir-se à transcendência, dimensão que só se pode conhecer e expressar através da fé e a partir da fé. Esse fator dá um perfil diferente à história bíblica, perfil esse que poderíamos caracterizar com estes seis adjetivos: é uma história confessional, querigmática, interpelante, profética, escatológica, salvífica.

a) Confessional

A história bíblica foi escrita a partir da fé em Deus, o qual se deu a conhecer ao povo da Bíblia com o nome de Javé. Por isso a chamamos de "história crida" ou "história sagrada". Os autores bíblicos descobrem nos acontecimentos uma quarta dimensão, que faz referência à divindade: tudo vem de Deus e tudo caminha para Deus.

O que, para quem via de fora, não passava de uma partida de nômades que abandonavam o Egito, para os historiadores bíblicos é o "êxodo", a maior experiência da presença e da ação libertadora de Javé, constituindo o acontecimento fundador e desencadeador da história da salvação do AT. O que, para os demais, era apenas uma das tantas operações de retaliação por parte do inimigo, para os autores sagrados a destruição de Samaria ou de Jerusalém era a expressão do julgamento de Deus, que prova e castiga o seu povo para movê-lo à conversão.

b) Querigmática

Escrita a partir da fé, a história bíblica quer ser a proclamação e o anúncio dessa mesma fé. É o que poderíamos chamar de uma história querigmática. O "credo" bíblico é integrado por dogmas de caráter histórico. Os artigos da fé israelita não são verdades abstratas, mas intervenções e acontecimentos salvíficos de Deus em favor de seu povo. O Deus da Bíblia não se dá a conhecer através de mensagens caídas do céu e desencarnadas, ao estilo dos oráculos de Delfos; antes, Ele revela-se e manifesta-se por meio de suas intervenções na história dos homens, lidas e interpretadas pela palavra dos profetas.

Quando os israelitas professavam sua fé, diziam:

> Cremos que Deus escolheu nossos pais, nos livrou da escravidão do Egito, nos conduziu pelo deserto e nos deu esta terra; que elegeu Jerusalém como cidade santa, e a casa de Davi como uma dinastia perpétua (cf. Dt 26,5-9; Sl 78,67-71).

Do mesmo teor é também o "credo" do NT:

> Cremos que Cristo morreu por nossos pecados, segundo as Escrituras; que foi sepultado; que ressuscitou ao terceiro dia, segundo as Escrituras; e que apareceu a Cefas, depois aos Doze (1Cor 15,3-5).

c) Interpelante

Ao dizermos que foi escrita a partir da fé e que é uma proclamação de fé, já se entende que a história bíblica não é pura crônica asséptica e neutra, destinada simplesmente a informar; é anúncio de uma boa-nova de salvação, que pede e espera a resposta e a adesão do leitor. É palavra interpelante. Essa dimensão percebe-se sobretudo nos livros que chamamos de "histórias exemplares". Mas também as demais histórias têm valor interpelante. Adiante veremos que a história deuteronomista, por exemplo, quer ser um chamamento à conversão e à esperança. A forma de falar e de agir das pessoas, a apresentação dos acontecimentos, os prêmios recebidos pelos bons, os castigos sofridos pelos maus..., tudo aponta sempre na mesma direção: um chamado a seguir os postulados da lei e a optar pelo Deus da aliança.

d) Profética

Os livros que nós, cristãos, costumamos chamar de "históricos", no cânon judeu recebem o nome de *Profetas*. É, sem dúvida, um título mais apropriado. Na realidade, os livros históricos são a leitura profética da história. Os profetas são os teólogos da história, pessoas que sabem ler nos acontecimentos os sinais dos tempos, aqueles que descobrem na história o desígnio salvífico de Deus. A história é o lugar teológico por antonomásia dos profetas.

Deus se manifesta, se autorrevela através de suas intervenções na história (DV 2). A presença e a atuação de Deus na história – junto com a voz dos profetas, que as interpretam – formam a palavra completa, constituem a revelação. As intervenções de Deus, sem a voz dos profetas, permaneceriam mudas. A voz, sem as intervenções, soariam vazias.

> Pois o Senhor Deus não faz coisa alguma sem revelar seu segredo a seus servos, os profetas (Am 3,7).

e) Escatológica

Os povos vizinhos, que professavam crenças míticas e naturistas, tinham uma concepção cíclica da história. Criam que esta girava e se repetia sempre em torno do mesmo centro de gravidade, como os ciclos da natureza, sem jamais avançar. A concepção israelita da história é linear. Tem como ponto de partida a fé em Deus, e caminha para uma meta: a esperança messiânica e escatológica. Tem como ponto de partida um encontro inicial com Deus, e caminha para o encontro pleno e definitivo.

A concepção histórica de Israel assenta-se sobre o esquema do "êxodo". O povo que sai do Egito caminha para a terra prometida através da peregrinação pelo deserto. Essa é a história de Israel: um êxodo linear e progressivo para a terra prometida. De fato, a história bíblica articula-se em torno de três grandes êxodos:

- êxodo do Egito;
- êxodo da Babilônia;
- êxodo de Cristo.

f) Salvífica

Um dos aspectos da Bíblia mais enfatizados pela constituição *Dei Verbum*, do Vaticano II, foi seu caráter salvífico. A verdade que Deus quis consignar nos livros sagrados é uma verdade salvífica, uma verdade para a nossa salvação (DV 11).

Como todos os outros livros bíblicos, os históricos não são só história da revelação; de qualquer modo, são história da salvação. Não são só mensagem, a boa-nova anunciada; são, sobretudo, a boa notícia vivida e experimentada. São a história das grandes e pequenas intervenções salvíficas de Deus em favor do seu povo.

Essas intervenções nunca são definitivas. Sempre apontam e anunciam outras. Essa é precisamente a dialética do esquema "promessa-cumprimento", um dos eixos centrais de toda a história bíblica. A história do AT anuncia a primeira vinda do Senhor na plenitude dos tempos, e a história do Novo anuncia a segunda vinda, na plenitude escatológica final.

1
História deuteronomista

1 Tetrateuco / história deuteronomista

Há tempos a crítica literária vinha percebendo as pegadas da escola deuteronomista nos seis livros que vão de Josué a 2 Reis, excluído o de Rute, que está fora de lugar. Sem dar ao fato maior importância, explicava-se que um redator deuteronomista havia revisado e retocado esses livros. No dia 8 de julho de 1942, Martin Noth apresentava uma solução diferente do problema ao plenário da Sociedade dos Sábios de Königsberg.

Não se tratava, segundo ele, de meras adições ou retoques redacionais a livros já existentes; a influência e a contribuição deuteronomista colocava-se num nível mais profundo. Não se tratava, segundo Martin Noth, de meros redatores, mas de verdadeiros *autores* deuteronomistas. Além disso, Josué/2 Reis não deviam ser considerados como livros independentes entre si, mas partes de um todo, ao qual se devia acrescentar também o Deuteronômio. Ou seja, os sete livros que vão do Deuteronômio a 2 Reis formavam uma única obra, composta por um mesmo autor ou escola de autores, obra que Martin Noth assim qualificava:

> o monumento histórico mais importante da historiografia oriental e a síntese histórica mais antiga da história universal da humanidade.

Como se vê, essa magna obra, batizada com o nome de "história deuteronomista" (HDta), cobre quase setecentos anos de história, do tempo que vai da entrada na terra prometida (por volta de 1230 a.C.) ao abandono da mesma no momento do exílio (587 a.C.). Martin Noth coloca a composição da HDta na Palestina, concretamente em Masfa, por volta do ano 550 a.C. Confira a sua obra *Ueberlieferungsgeschichtliche Studien* (1943), na qual expõe sua tese sobre a HDta, bem como outros estudos de historiografia veterotestamentária.

Ao colocar o Deuteronômio entre os livros que vêm depois, Noth reduz o Pentateuco a quatro livros, tornando-o *Tetrateuco*. São muitos os que concordam com Noth, pelo menos como hipótese de trabalho, entre os quais nos colocamos. Nas páginas seguintes, vamos estudar os livros que vão do Deuteronômio a 2 Reis como partes integrantes de uma única história. Claro, não nos estenderemos muito no estudo do Deuteronômio, levando-se em conta que nesta coleção há um volume dedicado ao Pentateuco, ao qual esse livro está integrado pela atual divisão do AT.

Mesmo que apenas a título de informação, o leitor deve saber que nem todos concordam com a tese de Martin Noth.

São numerosos os autores que creem que o Pentateuco, tal como se encontra atualmente na Bíblia, é um corpo manco, que está exigindo também o Livro de Josué, que vem em seguida. Em seu estado atual, o Pentateuco se parece com um corpo sem cabeça. Uma das promessas que mais se repetem no curso do Pentateuco é a posse da terra, posse que se realiza precisamente no Livro de Josué. A lógica pediria, portanto, que o Livro de Josué, cume e realização da promessa, formasse um bloco com os cinco primeiros livros da Bíblia. Ou seja, em vez de Pentateuco, ele teria que ser chamado de Hexateuco (seis livros).

Mais ainda, são muitos os autores que pensam que inicialmente a história ia direto da criação do mundo até o exílio: ou seja, os nove primeiros livros da Bíblia formariam uma só obra (do Gênesis ao 2 Reis). Não seria o caso de se falar, pois, nem de Pentateuco nem de Hexateuco, mas de Eneateuco (nove livros, dado que originalmente Samuel e Reis eram só dois livros, não quatro como hoje).

Finalmente, alguns autores recentes apresentam os quatro primeiros livros da Bíblia (o Tetrateuco) como o prólogo da história deuteronomista. Segundo eles, primeiro havia sido composta a HDta, e num segundo momento, para que servisse de introdução à mesma, foi composto o Tetrateuco (H.H. Schmid, M. Rose, J. van Seters e outros).

Concluímos constatando que a hipótese que prevalece atualmente no mundo da Bíblia é a do Tetrateuco. Teríamos, pois, estas duas grandes obras: por um lado, o Tetrateuco, que abarca os quatro livros que vão do Gênesis a Números; por outro, a história deuteronomista, integrada pelos sete livros que vão do Deuteronômio ao 2 Reis, ambos incluídos. Essa é a hipótese que sigo nesta monografia, sem desconhecer a existência de outras alternativas, com suas variadas nuanças.

2 Arquitetura da história deuteronomista

A HDta é como que um grandioso monumento histórico-teológico, construído por um ou vários arquitetos da escola deuteronomista. A parte melhor e mais nobre do edifício (projeto teológico, traçado das linhas mestras e estrutura da obra) deve-se a esses arquitetos. Mas eles não partiram do zero: construíram contando com materiais preexistentes.

Entre esses materiais encontrava-se, antes de tudo, a primeira edição do Deuteronômio, correspondente fundamentalmente aos capítulos 5–28 do livro atual. Em 1/2 Reis são citadas outras três fontes importantes: Atos de Salomão, Anais dos Reis de Judá (citados quinze vezes), Anais dos Reis de Israel (citados dezessete vezes). Por detrás de 1/2 Samuel adivinha-se a preexistência de tradições relativas a seus três grandes protagonistas: Samuel, Saul e Davi. O Livro dos Juízes foi construído a partir de histórias heroicas sobre os seis juízes maiores e os dados biográficos dos seis juízes menores. No Livro de Josué descobrem-se tradições preexistentes sobre a conquista da terra, e listas geográficas sobre a distribuição da mesma. É claramente perceptível a preexistência de relatos proféticos, sobretudo em 1/2 Reis, de onde se destacam os ciclos de Elias, Eliseu e Isaías.

O autor ou autores deuteronomistas não são meros colecionadores de tradições; ou seja, o arquiteto não se limitou a organizar o material.

Trabalhou, certamente, sobre material preexistente, mas levou a cabo um trabalho de seleção, estruturou suas fontes de acordo com um plano histórico e teológico preestabelecido por ele e, sobretudo, uniu todo o conjunto numa armação redacional que dá sentido e unidade a toda a obra.

São muitos os elementos editoriais que dão unidade e coesão à HDta. Por exemplo, a presença ativa de profetas em momentos-chave da história:

- no início da monarquia (Samuel e Natã);
- na origem do templo (Gad);
- no momento do cisma (Aías de Silo e o profeta anônimo de 1Rs 13);
- na presença do perigo arameu (o profeta anônimo de 1Rs 20 e Miqueias, filho de Jemla);
- durante a ofensiva politeísta de Acab (Elias);
- frente à invasão assíria (Isaías);
- no momento do descobrimento do livro da lei e a reforma de Josias (a Profetisa Hulda).

Outro elemento editorial importante é a associação dos diferentes momentos históricos, temas e instituições, com personagens-chave:

- a lei com Moisés;
- a conquista com Josué;
- a monarquia com Davi;
- o templo com Salomão;
- o cisma com Jeroboão;
- a centralização do culto com Josias.

Um recurso editorial muito repetido é o esquema "promessa-cumprimento", consistente em apresentar os acontecimentos da história como a realização de promessas e predições feitas no passado:

- a conquista e posse da terra é o cumprimento de uma promessa feita e repetida no passado;
- a coroação de Davi como rei é o cumprimento de uma promessa repetida uma dezena de vezes no curso da "história da ascensão ao trono" (1Sm 16–2Sm 5);

- a construção do templo por Salomão (1Rs 8,20) é o cumprimento da promessa feita pelo Profeta Natã (2Sm 7,12-13);
- a divisão do reino (1Rs 12,15) é o cumprimento da palavra pronunciada por Aías de Silo (1Rs 11,29-39);
- a reforma de Josias (2Rs 23,15-18) é o cumprimento da palavra pronunciada pelo homem de Deus de 1Rs 13;
- a vida toda de Israel na terra prometida não é mais que o desenvolvimento e o cumprimento do programa previsto pelo Deuteronômio.

Dentre os elementos editoriais sobressaem os *discursos* que o autor deuteronomista (Dta) põe na boca dos protagonistas que vão desfilando em sua história. Outras vezes, traduz seu pensamento na forma de *reflexões pessoais*. Merecem atenção especial os seguintes:

- *Js 1*. É um discurso colocado na boca de Javé e de Josué, que marca a transição entre Moisés e Josué e assinala o começo da conquista da terra.
- *Js 23*. Esse discurso de despedida, colocado na boca de Josué na forma de testamento, destaca o fim da conquista da terra.
- *Jz 2,6–3,6*. Esta seção, de cunho claramente deuteronomista, marca o começo do período dos juízes.
- *1Sm 12*. Esse discurso deuteronomista, posto na boca de Samuel, marca a transição do período dos juízes ao da monarquia.
- *1Rs 8*. Dada a importância que tem o templo na HDta (1Rs 6), o autor tinha que compor um solene discurso para ser pronunciado por Salomão no dia da inauguração do santuário.
- *2Rs 17,7-23*. O Dta insere neste momento, na forma de comentários editoriais, as reflexões teológicas que lhe são sugeridas pela queda de Samaria e pelo desaparecimento do reino do Norte.

Toda essa série de discursos e reflexões editoriais, redigidos pelo próprio Dta, constituem o esqueleto da obra. Não se trata de adições mais ou menos superficiais inseridas aqui e ali, mas de uma moldura ou estrutura que amarra toda a HDta, dando-lhe coesão. De acordo com esses elementos editoriais, a HDta divide-se em quatro grandes etapas ou períodos, coincidentes fundamentalmente com os livros bíblicos:

- conquista da terra (Livro de Josué);
- período dos juízes (Livro dos Juízes);
- transição dos juízes para a monarquia (1/2 Samuel);
- monarquia (1/2 Reis).

3 Ponto focal da história deuteronomista

A queda e destruição de Samaria, no ano 722, e de Jerusalém, no ano 587 a.C., com as consequentes deportações das classes mais qualificadas da população, significaram para Israel um rude golpe, com repercussões de alcance político, social, econômico e, sobretudo, religioso. Concretamente, a destruição de Jerusalém e o exílio da Babilônia feriam profundamente a consciência israelita e colocavam um problema de fé. Deus não havia empenhado sua palavra no sentido de que duraria para sempre a dinastia davídica? Não havia referendado com um juramento a promessa da terra? Jerusalém não era uma cidade santa e inviolável, eleita pelo Senhor como a morada do seu nome?

Os fatos pareciam desmentir todas essas promessas. A decepção e o ceticismo assaltavam violentamente a fé israelita. Segundo se deduz da pregação dos profetas do tempo do exílio, a situação religiosa e espiritual da comunidade israelita, nesse momento, era difícil e crítica. Isaías II revela que os exilados na Babilônia eram assaltados pela tentação da incredulidade, da falta de esperança, porque criam-se abandonados por Deus:

> Por que então dizes, Jacó, e por que falas, Israel: "Minha sorte está oculta ao Senhor, e meu direito escapa ao controle de meu Deus?" (Is 40,18-31, esp. v. 27).

Ezequiel esforça-se, assim mesmo, para barrar a onda de ceticismo e derrotismo que corria entre os exilados:

> A Palavra do Senhor me foi dirigida nestes termos: "Filho do homem, que ditado é este que tendes na terra de Israel: Os dias vão passando e todas as visões se desvanecem?" (12,21-22).

Derrotados, repetiam este *slogan* desalentador:

> Os pais comeram uvas verdes e os dentes dos filhos ficam embotados? (18,2). Nossos ossos estão secos, nossa esperança acabou, estamos perdidos! (37,11).

Esmagados pela queda de Samaria e Jerusalém; humilhados e escravizados pela tirania da Assíria e de Babilônia; expulsos da própria pátria, os desterrados viam-se tentados a proferir palavras de acusação e de protesto contra Deus, pois lhes parecia que Ele estava sendo infiel, tinha traído a palavra dada.

A HDta foi escrita para responder a essas interrogações e rebater essas acusações que eram levantadas contra Deus. O autor Dta poderia ter formulado sua resposta em termos breves e diretos, mas não o fez; preferiu recorrer ao passado, convidando seus interlocutores a repassar a história, a fim de ver o momento presente numa perspectiva mais ampla. O apelo ao passado como chave para explicar o presente e o futuro era um método pedagógico ensaiado pelos profetas com habilidade e maestria (Oseias, Isaías, Jeremias, Ezequiel).

Posto que se tratava, entre outras coisas, de explicar por que o povo fora expulso da terra prometida e outorgada, o Dta remonta, em seu exame histórico, às vésperas da entrada em Canaã, para ver em que condições os israelitas haviam recebido a terra e os demais bens que o dom da terra trazia consigo.

Em sua análise da história, o Dta descobre que a terra foi outorgada por Deus a Israel não em termos absolutos, mas sob condição, ou seja, desde que observasse as cláusulas da aliança. É o que proclama várias vezes o Livro do Deuteronômio, especialmente em seus extratos mais recentes. Em algumas passagens, por exemplo em Dt 30,15-20, essa proclamação adquire tons até dramáticos:

> Eis que hoje ponho diante de ti a vida com o bem e a morte com o mal. Se escutares o preceito do Senhor teu Deus, que hoje te imponho, de amares ao Senhor teu Deus, seguires seus caminhos e

guardares seus mandamentos, suas leis e seus decretos, viverás e te multiplicarás e o Senhor teu Deus te abençoará na terra em que vais entrar para possuí-la. Se o teu coração se desviar e não escutares, mas te deixares arrastar para adorar e prestar culto a outros deuses, eu vos anuncio hoje que certamente perecereis. Não vivereis muito tempo sobre a terra, a cuja conquista ides, ao passar o Jordão. Invoco hoje por testemunhas contra vós os céus e a terra, de que vos propus a vida e a morte, a bênção e a maldição. Escolhe a vida para que vivas com tua descendência, amando ao Senhor teu Deus, obedecendo-lhe à voz e apegando-te a Ele. Pois isto significa vida para ti e tua permanência estável sobre a terra que o Senhor jurou dar a teus pais, Abraão, Isaac e Jacó.

A disjuntiva colocada pelo texto é radical e cortante: se o povo se mantiver fiel à aliança, permanecerá na terra que está a ponto de lhe ser outorgada, e Deus o abençoará com toda sorte de bênçãos; porém, se o povo abandonar o Senhor seu Deus para ir atrás dos ídolos, então será expulso da terra prometida e verá sobre si a maldição.

Uma vez estabelecida no Deuteronômio a correlação "fidelidade à aliança = permanência na terra", "infidelidade à aliança = expulsão da terra", o Dta tem em mãos um bom critério para examinar a história e dar-lhe a melhor interpretação. É o que faz ao longo dos livros de Josué, Juízes, 1/2 Samuel, 1/2 Reis. O balanço final é claramente pessimista. Da entrada em Canaã ao exílio, a história de Israel é uma sequência crescente de infidelidades e transgressões.

Consequentemente, a destruição de Samaria e Jerusalém, juntamente com o exílio, não passam de conclusão lógica das premissas colocadas pelo povo. Israel não pode acusar Deus de descumprir a palavra. Foram os pecados dos israelitas, com os reis à frente, que levaram a nação a esse fatal desenlace. No fundo, a HDta é um canto à fidelidade e à justiça divina. É o reconhecimento das palavras do salmo *Miserere*, quando diz: "Serás considerado justo na sentença, incontestável no julgamento" (Sl 51,6).

Esta conclusão, que aparecerá com toda clareza no final da obra (cf., p. ex., 2Rs 17,7-23), foi adiantada pelo autor Dta já no começo, desde o Livro do Deuteronômio:

As gerações vindouras, os filhos que depois de vós nascerem e os estrangeiros que vierem de terras longínquas, hão de dizer à vista das pragas e calamidades com que o Senhor castigará esta terra – terra de enxofre e sal, toda ela calcinada, onde nada se planta, nem germina, onde erva alguma cresce, cheia de escombros como Sodoma e Gomorra, Adama e Seboim, que o Senhor destruiu em seu furor – vendo isto dirão todos os povos: "Por que o Senhor tratou assim esta terra? Por que esta ira e tão grande furor?" E se responderá: "Foi porque abandonaram a aliança do Senhor, o Deus de seus pais, que com eles fez quando os libertou do Egito, e foram servir a deuses estranhos, prostrando-se diante deles, deuses que não conheciam nem lhes tinha dado. Acendeu-se, então, o furor do Senhor contra esta terra a ponto de lançar sobre ela todas as maldições que estão escritas neste livro. O Senhor os arrancou desta terra com cólera, com furor, com grande indignação e os atirou em outras terras, como se vê hoje" (29,21-27).

A queda de Jerusalém, junto com o exílio na Babilônia (ano 587 a.C.), é, pois, o ponto focal da HDta, tal como a temos atualmente. Esse é o ponto de vista do último redator e aí deve se colocar também o leitor, se quiser descobrir as linhas mestras da obra, situando os acontecimentos em sua justa perspectiva.

4 Uma ou várias edições?

Não se trata de identificar cada uma das unidades literárias que compõem a história deuteronomista e seguir o caminho feito por elas até chegar ao estado em que se encontram hoje. Dito de outra maneira, não se trata de reconstruir todo o processo de composição da HDta, questão bastante árdua e complexa, que ultrapassa os limites e as características desta monografia; nos limitaremos a informar sobre sua fase final, relativa às suas últimas edições.

Martin Noth, o primeiro a identificar e apresentar de maneira ordenada e sistemática a HDta, fala de uma única edição, localizada e datada de maneira bem concreta: teria sido feita, segundo ele, em Masfa por volta do ano 550 a.C. (cf. Jr 40–41).

Atualmente, a maioria dos autores crê que a HDta conheceu várias edições. Essa maioria se desdobra em dois grupos. O primeiro, encabeçado por R. Smend Jr. (1971), W. Dietrich (1972) e T. Veijola (1975), distingue três edições, elaboradas todas elas durante o exílio e conhecidas pelas siglas alemãs DtrG (histórica), DtrP (profética) e DtrN (nomista ou legal). A primeira, mais asséptica e neutra (ou seja, mais *histórica*), seria anterior ao ano 580 a.C. A segunda, elaborada em ambientes *proféticos*, teria sido enriquecida com novas narrativas e reinterpretações de caráter teológico; dataria do ano 570 a.C., aproximadamente. A terceira, datada do ano 560 a.C., aproximadamente, teria nascido em círculos ligados à *lei* (Deuteronômio) e enraizados na teologia deuteronomista.

Como se vê, essas três edições ou redações têm correspondência com a conhecida sequência "história-profetismo-nomismo", que coincide, por sua vez, com as três etapas descobertas por Wellhausen na evolução da religião israelita, sob a influência da concepção hegeliana de Vatke.

O segundo grupo, cujo representante mais qualificado é Frank Moore Cross (1973), defende a existência de duas edições: a primeira teria sido elaborada na época do Rei Josias, e a segunda, durante o exílio. A hipótese de F.M. Cross merece ser exposta, ainda que brevemente, pois sua análise e raciocínio podem nos ajudar a aprofundar a teologia da HDta.

Segundo Cross, a primeira edição da HDta teria sido escrita para animar, apoiar e fortalecer a reforma feita pelo piedoso Rei Josias (2Rs 23); reforma que não se limitou ao âmbito religioso, mas que se estendeu também à ordem social e política. Os autores viram em Josias a encarnação perfeita do Rei Davi e celebram sua reforma como a restauração do glorioso império davídico. A chave da expansão territorial e o florescimento atual, assim como as boas perspectivas e esperanças do futuro, estão, segundo a HDta, na dinastia davídica.

A dinastia davídica e as instituições monárquicas de Jerusalém estão avalizadas e têm a seu favor as promessas gratuitas e incondicionais de Deus, que oferecem uma garantia segura da *salvação* do povo (cf. 2Sm 7). Contudo, o Dta não deixa de recordar, já desde essa primeira edição de sua obra, a dialética bilateral e onerosa da lei, que desencadeia a maldição e a *condenação* quando o povo infringe as cláusulas da aliança. Os binômios "promessa-salvação" e "lei-condenação" são como que as rodas sobre as quais avança a HDta. A dialética "salvação-condenação" adquire relevo especial em Juízes e Reis, onde as pegadas do autor Dta são muito mais visíveis. F.M. Cross centra sua análise em 1/2 Reis e descobre estes dois quadros:

a) Promessa-salvação

Davi-Jerusalém. A eleição da dinastia davídica e a eleição de Jerusalém como cidade santa são penhor e garantia da sobrevivência do reino de Judá (1Rs 11,12.13.32.34.36; 15,4; 2Rs 8,19: 19,34; 20,6).

A lâmpada de Davi. O Senhor não destruirá o reino de Judá,
> para que meu servo Davi sempre tenha uma lâmpada em minha presença, na cidade de Jerusalém que escolhi para morada de meu nome (1Rs 11,36; 15,4; 2Rs 8,19).

A primeira edição é monárquica. Frente a preconceitos antimonárquicos, em geral pertencentes à edição do exílio, a primeira edição da HDta pronuncia-se a favor da monarquia. Veja-se, sobretudo, a profecia de Natã (2Sm 7,1-17) e a oração de Davi (7,18-29).

Em atenção a Davi. Apesar da divisão do reino e do cisma religioso, devido aos pecados de Salomão (1Rs 11,9-11), em atenção a Davi, Deus
- não tirará todo o reino de suas mãos (1Rs 11,34-36);
- nem se produzirá a divisão durante a vida de Salomão (v. 12-13);
- nem será total (v. 34-36);
- nem durará para sempre (v. 39).

Fidelidade de Davi. Em atenção à fidelidade de Davi, Deus não destruirá o reino de Judá,
- apesar da defecção de Abdias (1Rs 15,3-5);
- apesar da defecção de Jorão (2Rs 8,18-19).

* Como o havia feito seu pai Davi. Enquanto os reis do Norte são todos desqualificados sistematicamente, alguns do Sul (Asa, Ezequiel e Josias) são avaliados positivamente, porque fizeram "o que agrada ao Senhor, a exemplo de seu antepassado Davi" (1Rs 15,11; 2Rs 18,3; 22,2).

O ideal davídico realiza-se em Josias. O ideal davídico alcança sua máxima expressão em Josias, que quase supera o modelo, pois Davi tem suas sombras, ao passo que Josias (praticou)

> o que agrada ao Senhor, trilhando sempre o caminho do seu antepassado Davi, sem se desviar nem para a direita nem para a esquerda [...] Não houve antes um rei como ele que se tivesse voltado para o Senhor de todo o seu coração, com toda a sua alma e força e em pleno acordo com a Lei de Moisés; tampouco houve depois um rei igual a ele (2Rs 22,2; 23,25; cf. Dt 6,5).

Josias encarna o ideal Dta. A pessoa e a obra de Josias encarnam e realizam o ideal da teologia deuteronomista. Isso fica claro sobretudo na reforma do ano 622 a.C. (2Rs 23):
- fez desaparecer os santuários provinciais, inclusive o templo cismático de Jeroboão, em Betel (comp. com Dt 12);
- implantou a centralização do culto no santuário de Jerusalém (comp. com Dt 12);
- celebrou a Páscoa tal como se celebrava "desde os dias dos juízes" (comp. com Dt 16,1-8);
- destruiu os objetos idolátricos e pôs fim aos cultos pagãos (comp. com Dt 16,21-22);
- levou a cabo a renovação da aliança (comp. com Dt 31,9-13);
- restaurou o reino de Davi, não só sobre Judá, mas também sobre as tribos do Norte.

b) Lei-condenação

Único santuário. Ao erigir dois lugares de culto cismáticos, um em Dã e outro em Betel, Jeroboão infringiu a lei do único santuário e atraiu sobre sua casa e sobre o reino do Norte a condenação. O ato de Jeroboão foi um verdadeiro pecado original que viciou na raiz o reino de Israel (1Rs 13,34; cf. tb. 1Rs 14,7-11; 16,1-4 e 21,27-29).

Maldição sobre o altar de Betel. Um homem de Deus pronuncia a maldição sobre o altar de Betel (1Rs 13,1-10) e anuncia a reforma de Josias (1Rs 13,2):

> Altar, altar! assim fala o Senhor: Eis que nascerá um filho à casa de Davi e seu nome será Josias. Ele imolará sobre ti os sacerdotes dos santuários das alturas que sobre ti ofereceram incenso, e ossos humanos serão queimados sobre ti.

Maldição de Aías de Silo. Devido ao pecado de Jeroboão, Aías de Silo maldiz a sua casa e o reino do Norte (1Rs 14,1-18), maldição que começou a se cumprir quando Baasa matou a família de Jeroboão (1Rs 15,29-30).

Condenados os dezenove reis. O veredicto de condenação repete-se de modo sistemático e inexorável com cada um dos dezenove reis do reino do Norte, radicalmente viciado devido ao pecado original de Jeroboão.

Queda de Samaria. A força condenatória da lei, segundo a dialética da teologia deuteronomista, alcança sua máxima expressão na queda de Samaria, que implicava o desaparecimento do reino do Norte. Neste momento, o Dta insere uma extensa reflexão teológica (2Rs 17,7-23), que marca o cume da curva "lei-conde-nação", da HDta, fazendo o mesmo que a reflexão de 2Rs 23,24-25, que assinala o cume da linha "promessa-salvação".

c) Os dois eixos teológicos da primeira edição da história deuteronomista

• Fidelidade de Davi, em virtude da qual Deus manteve suas promessas salvíficas, as quais se cumpriram na restauração levada a efeito por Josias ("promessa-salvação").

• Pecado original de Jeroboão, que arrastou o reino do Norte para a apostasia e, consequentemente, para a destruição, segundo o veredicto da lei ("lei-condenação").

A justaposição desses dois temas constitui, segundo F.M. Cross, o arcabouço teológico da primeira edição da HDta, a qual havia sido composta, segundo se disse anteriormente, para animar, apoiar e fortalecer a reforma de Josias, dirigida tanto às tribos do Norte quanto às do Sul. Realmente, a linha argumentativa do Dta devia ter valor para os do Norte, pois lhes recordava a legitimidade da dinastia davídica, a única garantida pelas promessas do Senhor e, sobretudo, lhes recordava os títulos de Jerusalém como único centro legítimo de culto. Devia também oferecer um programa válido para os do Sul, dado que a restauração de Judá dependia do retorno do povo à aliança do Senhor e do retorno do rei à aliança de Davi.

Sem dúvida, o autor da primeira edição da HDta centrava todas as suas esperanças em Josias, como o novo Davi, que devia levar a cabo a restauração do reino, oferecendo ao povo novas possibilidades de salvação. Suas esperanças se baseavam na fé e também na experiência, a qual demonstrava que a história do povo era uma sequência de "pecado-castigo-conversão-salvação". Esse esquema de quatro elementos é uma das constantes que se repetem ao longo da história, segundo salientam os discursos e reflexões teológicas inseridos aqui e ali pelo Dta.

d) Segunda edição da história deuteronomista

As esperanças despertadas pela pessoa e pela obra de Josias viram-se dramaticamente frustradas pela trágica morte do rei em Meguido, no ano 609 a.C., à qual seguiu-se a primeira deportação, em 597, a destruição de

Jerusalém e a segunda deportação, em 587 a.C., com a consequente ruína das instituições que constituíam o suporte da vida do povo. Ou seja, no espaço de poucos anos, a situação política, social e religiosa do reino de Judá mudou radicalmente. No seio da escola deuteronomista sentiu-se a necessidade de atualizar a magna síntese histórica composta durante a reforma de Josias, a fim de adequá-la às novas circunstâncias. E a segunda edição da HDta.

A segunda edição da HDta, segundo F.M. Cross, coincide praticamente com a HDta tal como a temos hoje. Dela já nos falaram Martin Noth e os autores citados anteriormente. Limito-me, por isso, a enumerar telegraficamente as principais adições e retoques introduzidos pelo autor ou autores deuteronomistas da segunda edição. Cross acredita que a primeira edição terminava em 2Rs 23,25; consequentemente, os capítulos 23,26–25,30 foram acrescentados pelo segundo autor. Também foi seguramente acrescentado 2Rs 21,2-15, texto calcado sobre 2Rs 17,7-18 e construído a partir dele. Merecem ser citados também: Dt 4,27-31; 28,36-37.63-68; 29,27; 30,1-10; Js 23,11-13.15-16; 1Sm 12,25; 1Rs 2,4; 6,11-13; 8,25.46-53; 9,4-9; 2Rs 17,19; 20,17-18.

1.1 Deuteronômio

É opinião comum que o "livro da lei" encontrado no Templo de Jerusalém no tempo de Josias (2Rs 22) corresponde à primeira edição do Deuteronômio, que devia abarcar os atuais capítulos 5–28, aproximadamente. Chama a atenção como pôde perder-se e cair no esquecimento um documento tão explosivo e revolucionário.

De fato, quando ficou sabendo de seu conteúdo, Josias rasgou suas vestes em sinal de luto, ao constatar que o povo não estava cumprindo as prescrições dessa lei; enviou seus ministros à Profetisa Hulda para uma consulta; reuniu todo o povo no templo, leu-lhe o livro, todos renovaram a aliança e celebraram uma páscoa extraordinária; o rei ordenou que se destruíssem os lugares sagrados dos pagãos e mandou queimar seus ídolos; suprimiu os santuários javistas das províncias e centralizou todo o culto no Templo de Jerusalém, tal como se prescreve no Deuteronômio (cf. 2Rs 23).

Essa drástica reforma religiosa levada a efeito por Josias recebe com toda razão o qualificativo de *deuteronômica*, porque tanto as decisões e medidas tomadas como as motivações teológicas que a alicerçam correspondem exatamente ao conteúdo do Deuteronômio, especialmente a centralização do culto em Jerusalém.

Ao ser elevado à categoria de medida e paradigma da reforma, o Deuteronômio converte-se no primeiro documento canônico e constitucional do AT. Pode ser qualificado como a carta magna da reforma.

Como se vê, o Deuteronômio reunia as melhores qualificações e circunstâncias para converter-se no cânon ou metro com o qual se podia medir a história, para ver se esta se mantinha ou não na justa medida. Esse é o papel que o Deuteronômio exerce no começo da HDta. Já desde o princípio da HDta o Livro do Deuteronômio apresenta os princípios e critérios a partir dos quais vão ser julgados os personagens e os acontecimentos dos livros seguintes.

1 Conteúdo e estrutura do Deuteronômio

Na arquitetura global do Deuteronômio descobrem-se duas estruturas superpostas: a estrutura-testamento e a estrutura-aliança. Tal como o temos atualmente, o Deuteronômio está construído sobre três discursos pronunciados por Moisés à maneira de *testamento*, às portas da terra prometida e na véspera de sua morte:

1) *1,6–4,44*. É um resumo da história de Israel desde a estada no Monte Horeb (Sinai) até sua chegada ao Fasga (Monte Nebo), seguido de uma lembrança da aliança e de suas exigências. Esse primeiro discurso não pertence à primeira edição do Deuteronômio; foi colocado aí pelo autor Dta como introdução não só ao Livro do Deuteronômio, como a toda a HDta. Faz também a transição entre o Tetrateuco e a HDta.

2) *4,45–28,68*. É uma outra recapitulação da história de Israel em sua travessia do deserto. Remonta à teofania do Horeb e o Decálogo. Este segundo discurso é o marco dentro do qual se enquadra o chamado código deuteronômico (12,1–26,15), que podemos articular de forma muito geral e simplificada em torno destes três capítulos:

- organização das relações do homem com Deus (12,1–16,17);
- estatuto das instituições governativas do povo (16,18–18,22);
- organização das relações inter-humanas e sociais (19–26).

3) *29–30*. Baseado no esquema-aliança, este terceiro discurso é obra do autor Dta, tal como o primeiro. Consta de quatro seções: a) prólogo histórico (29,1-8); b) compromisso da aliança, que se converte em fonte de bênção ou de maldição, conforme seja cumprido ou não (29,9-28); c) o exílio como castigo e o retorno como graça (30,1-10); d) chamamento a que o povo faça a opção pela aliança (30,11-20).

Os capítulos 31–34 agrupam elementos de procedências e datas diferentes. São a conclusão do Pentateuco atual e estendem a ponte entre o Deuteronômio e Josué-2 Reis, na mesma linha de Dt 1–4.

Em 2Rs 22–23 o Deuteronômio recebe o nome de livro da lei, e também de livro da *aliança* (23,2.21). De fato, a renovação da aliança levada a cabo por Josias realizou-se em cima do Deuteronômio, que pode ser considerado, por isso, como a carta magna da aliança. O próprio Deuteronômio se autoapresenta como um documento de aliança com o Senhor (5,2; 28,69). Também Dt 26,16-19, referindo-se ao código deuteronômico (Dt 12–26), emprega a terminologia própria e específica da aliança.

As celebrações que acontecem no santuário de Siquém, aos pés do Ebal e do Ganzim (Dt 27; cf. Dt 11,26-30 e Js 8,30-35), assim como a prescrição de ler a lei na presença de todo o Israel a cada sete anos (Dt 31,10-11), parecem conservar a memória de uma festa que se celebrava periodicamente, no curso da qual todo o povo, reunido em Siquém, renovava sua aliança com o Senhor: escutava os mandamentos da lei e se comprometia a pô-los em prática.

A grande assembleia de Siquém (Js 24), mesmo que pareça referir-se a uma única jornada extraordinária, poderia perpetuar também a lembrança de uma renovação periódica da aliança. Segundo Js 24, na aliança bíblica entravam, entre outros, os seguintes elementos:

- *Preâmbulo*: "Assim diz o Senhor Deus de Israel" (v. 2).
- *Prólogo histórico*: evocação da história de Israel (v. 2-13).
- *Opção fundamental*: opção pelo serviço de Deus (v. 14-15).
- *Compromisso do povo* (v. 16-24).
- *Conclusão da aliança e proclamação da lei* (v. 25-26).
- *Invocação das testemunhas* (v. 26-27).

O Deuteronômio apresenta uma estruturação muito semelhante. Nele encontramos praticamente os mesmos elementos e na mesma ordem:

- *Preâmbulo*: "Eu sou o Senhor teu Deus" (Dt 5,6). Essa apresentação de Deus como senhor soberano encabeça o decálogo, que se encontra, por sua vez, no começo do corpo do Deuteronômio.
- *Prólogo histórico*: "[...] que te libertou do Egito, do antro de escravidão [...]" (Dt 5,6). Os capítulos 5–11 do Deuteronômio são uma recapitulação da história de Israel a partir do Monte Horeb (Sinai).
- *Opção fundamental*: "Não terás outros deuses além de mim" (Dt 5,7). É o chamado mandamento capital, proclamado várias vezes no Deuteronômio.
- *Compromisso mútuo entre Deus e seu povo* (26,16-19).
- *Proclamação da lei* (Dt 12,1–26,15).
- *Bênçãos e maldições* (27,1–30,18).
- *Invocação de testemunhas* (30,19-20).

Dentre os milhares de documentos desenterrados pelos arqueólogos em Anatólia, na Síria e Mesopotâmia, surgiram vários exemplares de tratados ou pactos hititas, arameus e assírios, compostos a partir de um esquema mais ou menos uniforme. Alguns pactos são entre iguais (tratados bilaterais) e outros acontecem entre um soberano e um vassalo (tratados de vassalagem). Estes últimos apresentam afinidades significativas com a aliança bíblica, o que levou muitos estudiosos a crer que os autores sagrados se inspiraram neles, na hora de expressar as relações de Deus com seu povo, modeladas à imagem do pacto ou da aliança: Deus é o rei ou imperador soberano, e o povo de Israel é seu vassalo. Reproduzimos em seguida o tratado outorgado por Mursil II, rei dos hititas, a seu vassalo Dupi-Tesup; ele data do final do século XIV a.C.

• *Preâmbulo.* Contém o nome e os títulos do soberano que outorga o tratado. Neste caso, Mursil II:

> Assim fala Mursil, o sol, o grande rei, o rei do país hitita, o amado do deus da tormenta, o filho de Supiluliuma [...].

• *Prólogo histórico.* O rei recorda a seu vassalo, que geralmente recebe o nome de servidor, as relações existentes entre ambos até aquele momento. Evoca, sobretudo, os benefícios outorgados pelo soberano a seu aliado. Este prólogo tem a finalidade de preparar psicologicamente o vassalo para que aceite o pacto e assuma as condições que este impõe. O tom dos tratados arameus e assírios é mais exigente do que os pactos hititas; procura-se mais vencer do que convencer.

> Dupi-Tesup, teu avô era Aziras. Ele se rebelou contra meu pai, que o submeteu. Quando os reis de Nuhasi e o rei de Kinza se rebelaram contra meu pai, teu avô Aziras não se juntou à rebelião. Eram amigos e amigos permaneceram. Quando meu pai combateu os seus inimigos, teu avô Aziras não se rebelou contra ele; eram amigos e amigos permaneceram [...]. Meu pai protegeu Aziras, bem como a seu país, e não exerceu sobre ele nenhum tipo de violência [...].

• *Opção fundamental.* O soberano exige do vassalo um compromisso de fidelidade e lealdade.

> Dupi-Tesup protege e guarda os compromissos do rei e a soberania do rei, e eu, o sol, protegerei a ti [...].

• *Cláusulas do pacto.* São as disposições que devem regular as relações concretas do vassalo com o soberano; por exemplo: medidas que deve tomar em relação aos fugitivos (cf. 1Rs 2,39-49); relações com os outros vassalos; problemas referentes às fronteiras; tributos que deve pagar anualmente; visitas que deve realizar à corte do soberano etc.

No pacto entre Mursil II e Dupi-Tesup figuram as seguintes condições:

- Dupi-Tesup deve enviar ao soberano trezentas peças de ouro puro e pedras preciosas;
- não poderá enviar presentes ao Egito;
- se Dupi-Tesup ficar sabendo de conspirações contra o soberano, ou que se prepara alguma revolta contra ele, deve ajudar o rei dos hititas usando seu próprio exército.

• *Testemunhas.* As testemunhas dos tratados costumam ser os deuses de ambos os reis (o soberano e o vassalo), assim como as forças da natureza divinizadas. Aqui, concretamente, são invocados:

> Os deuses dos hititas e dos amorreus, aos quais Dupi-Tesup pertence. São invocados também os elementos da natureza, as montanhas, os rios, as fontes, o mar, o céu e a terra, os ventos e as nuvens: "Sejam todos eles testemunhas deste tratado e deste juramento".

• *Maldições e bênçãos.* As primeiras costumam ser muito mais amplas do que as segundas. Naturalmente, tanto umas como outras dependem de o vassalo cumprir ou não as cláusulas do pacto.

> Se Dupi-Tesup descumprir as palavras do tratado e do juramento gravados sobre esta tabuleta, que estes mesmos juramentos caiam sobre Dupi-Tesup e o aniquilem, a ele, sua esposa, seu filho, seu neto, sua casa, sua cidade, sua terra e todos os seus bens. Porém, se Dupi-Tesup cumprir as palavras do tratado gravado sobre esta tabuleta, que estes juramentos protejam Dupi-Tesup [...] etc.

Esse pacto de Mursil II com Dupi-Tesup foi encontrado junto com uns trinta tratados de vassalagem em Anatólia, na Síria e Mesopotâmia, abarcando onze séculos (dos séc. XVIII ao VII a.C.), durante os quais se mantém constante, com algumas variantes, o esquema fundamental. Quase todos os pontos desse esquema os encontramos reproduzidos, de uma forma ou outra, nos textos bíblicos relativos à aliança, especialmente em Js 24 e no Deuteronômio. O direito público internacional que regulava os pactos fazia parte do patrimônio cultural comum a todo o Antigo Oriente Próximo, patrimônio do qual a Bíblia também participa, em muitos aspectos.

2 Teologia do Deuteronômio

a) Contexto nacional e internacional

Antes de entrar na exposição da teologia do Deuteronômio propriamente dita, quero evocar brevemente o contexto nacional e internacional em que se faz presente a chamada corrente deuteronomista, ao final do período monárquico, em cujo seio nasce o Deuteronômio.

No âmbito do povo eleito, ao final da monarquia e durante o exílio, com a corrente deuteronomista convivem e desenvolvem suas atividades outros três espaços teológico-pastorais, com as consequentes inter-relações entre eles. Os três são: o movimento profético, a corrente sapiencial e a escola sacerdotal.

Na ordem internacional, o século VI a.C. (o século do exílio da Babilônia) foi qualificado como um desses "tempos-eixo" que balizam a história universal (K. Jaspers). Na China surge Confúcio; na Índia, Buda; na Pérsia, Zoroastro; na Grécia, a escola jônica.

Como se vê, numa linha que se estende desde o Oriente distante até o Mar Mediterrâneo notamos a presença simultânea de uma constelação de fundadores e escolas que dão à luz novas religiões e novas filosofias. É um tempo de renovação e de criatividade. Também Israel passa por um momento de morte e ressurreição. Expressa-o de maneira plástica a grandiosa visão dos ossos secos espalhados pela várzea, que se recobrem de músculos e pele e voltam a reviver, por obra do espírito de Deus (Ez 37). Durante os dias de desterro, por todo lado ouvem-se gritos de reforma e renovação. Primeiro prevendo e depois vendo a crise e o desaparecimento das antigas instituições, os profetas anunciam outras novidades: novo êxodo, nova aliança, novo Davi, nova Jerusalém, novo coração, novo espírito...

Nesse contexto nasce e cresce o Deuteronômio, que é, antes de tudo, um documento de reforma. Apesar de sua afinidade com os profetas, nos quais se inspira com frequência, o Deuteronômio concebe a reforma não tanto buscando linhas de projeção no futuro, mas a via da fidelidade ao passado. Jeremias, por exemplo, fala de uma aliança nova, diferente da do Sinai (31,31-34). Por sua vez, o Deuteronômio pede a volta às fontes, o retorno às raízes. Recorreu inclusive à retroação, uma figura teológico-literária que consiste em retroagir para o passado os acontecimentos do presente. Em vez de falar na primeira pessoa e dirigir-se diretamente a seus destinatários (os israelitas dos séc. VII-VI a.C.), os autores do Deuteronômio puseram seus discursos e suas leis na boca de Moisés, que viveu seis ou sete séculos antes. Esse artifício literário não busca só efeitos estéticos, mas também teológicos. Em nosso caso, quer-se colocar o código deuteronômico e todo o programa de reforma deuteronômica sob a sombra e a autoridade de Moisés, o legislador por antonomásia.

> Não deve surpreender – escreve Albright – que neste momento, em que por todo lado eram sacudidos os alicerces da vida, tenha ocorrido uma virada do timão para salvar o organismo social da comoção crescente que o assolava. Nessas circunstâncias, os espíritos voltavam-se saudosos para o passado, tentando encontrar aí o princípio da vida, da prosperidade e da estabilidade (*From the Stone Age to Christianity*, 241).

Albright lembra que nesse momento, no Egito, a dinastia XXVI tentava restaurar a idade das pirâmides. Os artistas ressuscitavam os antigos cânones e os escribas imitavam o estilo arcaico. Na Assíria, há pouco, Sargon II e Assurbanipal haviam reunido em suas bibliotecas numerosos documentos do passado.

b) Temas teológicos do Deuteronômio

Um Deus, um santuário, um povo, uma eleição, uma aliança, uma lei, uma terra: esses são os sete temas mais salientes que formam o tecido teológico do Deuteronômio. Uma das ênfases mais constantes que se descobre nas páginas do Deuteronômio é sua preocupação com a unidade, sobretudo a unidade baseada em Deus, na fé, no culto, no santuário e no povo único. Essa insistência deixa entrever que em todos esses espaços não se conseguira ainda a unidade desejada. Esse era, precisamente, um dos objetivos que os autores do Deuteronômio se propunham conseguir com seu escrito. Até o momento, Israel não possuía uma tradição religiosa plenamente unificada. Existiam diferentes tradições religiosas locais, que compartilhavam interesses e objetivos comuns, mas sem chegar à integração e unificação total. Havia diferenças sobretudo entre as tradições religiosas e políticas das tribos do Norte e do Sul.

Um Deus

A reforma de Josias, cuja carta magna é o Deuteronômio, tem muito de cruzada monoteísta. Costuma-se pensar que o primeiro monoteísta é Moisés; ele é apresentado, inclusive, como o fundador do monoteísmo, mas a realidade não é bem assim. Mais precisamente, Moisés foi só um henoteísta ou um monólatra, ou seja, desde a revelação do javismo, dentro do povo eleito não se admitiam outros deuses a não ser Javé, mas não se excluía que os demais povos tivessem seus próprios deuses; por exemplo, o deus dos amonitas era Melcom; o dos moabitas, Camos etc. Tinha-se a convicção de que cada povo possuía seus deuses.

Em Israel, os profetas é que, com a ajuda do alto e através de sua própria reflexão, mais se aprofundaram no conhecimento de Javé como Deus único, senhor de todos os povos e criador de todo o cosmo. Os profetas chegaram à conclusão de que os deuses pagãos não são mais do que vazio e vacuidade, troncos de madeira e blocos de pedra (Dt 4,28).

Segundo os estudiosos, é a partir da reforma de Josias que se pode falar de monoteísmo, no sentido estrito da palavra. Costuma-se citar Os 13,4 como o primeiro texto bíblico abertamente monoteísta:

> Mas eu sou o Senhor teu Deus, desde o Egito. Não deves reconhecer outro Deus além de mim. Não há salvador que não seja eu.

Muito afins a esse texto de Oseias são as proclamações monoteístas do Deuteronômio:

> Eu sou o Senhor teu Deus, que te libertou do Egito, do antro de escravidão. Não terás outros deuses além de mim (5,6-7).

> Ouve, Israel! O Senhor nosso Deus é um só. Amarás o Senhor teu Deus com todo o coração, com toda a alma, com todas as forças (6,4-5).

Essas profissões de fé resumem o sentido da vida cultual e de toda a vida em geral do povo de Israel. Javé não pode ser identificado com nenhum outro deus. Javé é o único Deus. No reconhecimento dessa unicidade radicava-se a essência da vida religiosa de Israel. Javé não pode ser confundido nem equiparado com outras divindades. O israelita depende inteiramente de Javé e sob nenhum pretexto pode dividir seu coração com outros deuses.

Uma prova da radicalidade e urgência da fé do Deuteronômio na unicidade de Javé como Deus único podemos entrever na intransigência em relação às religiões pagãs, que se quer varrer da face da terra, fazendo desaparecer inclusive os povos cananeus que as professam, para cortar pela raiz a fonte da contaminação (cf. Dt 7,1-6.16.25-26; 12,29-31).

As duras e constantes acusações do Deuteronômio à idolatria são outra maneira de afirmar o dogma da unicidade de Deus (cf. 6,14; 8,19-20; 13).

Um santuário

A lei mais inovadora e até revolucionária do Deuteronômio é seguramente a relativa à centralização dos cultos em Jerusalém e o reconhecimento do templo de Salomão como o único santuário legítimo em todo o território de Israel.

> [...] frequentareis o lugar que o Senhor vosso Deus escolher entre todas as tribos, para nele fixar o seu nome. Para lá levareis vossos holocaustos e sacrifícios, vossos dízimos, vossas contribuições pessoais [...] (Dt 12,5-6).

Junto com Dt 12, há no livro outra meia-dúzia de textos que proclamam Jerusalém (com seu templo) como o único lugar onde o povo pode e deve oferecer a Deus o sacrifício e a liturgia oficial (14,22-29; 15,19-23; 16; 17,8-13; 18,1-8; 26,2-15). As fórmulas empregadas – "lugar escolhido por Deus para pôr aí a morada do seu nome"; "para morada de seu nome"; "onde tornar memorável o seu nome" – de si não são exclusivas de Jerusalém. Em outros livros da Bíblia elas são empregadas também para referir-se a outros lugares santos também eleitos pelo Senhor, por exemplo, o santuário de Silo (Jr 7,12). No Deuteronômio, porém, essas fórmulas designam exclusivamente Jerusalém.

A centralização do culto em um só lugar, com exclusão expressa de todos os demais, equivalia a afirmar, pelo menos implicitamente, que o Senhor é um e único (Dt 6,4). Afirmar e salvaguardar a unicidade de Deus era, sem dúvida, o objetivo último dos autores do Deuteronômio ao promulgar essa lei. Não os moviam tanto razões de ordem ritual ou litúrgica quanto de caráter dogmático: defender a religião javista e o monoteísmo das influências e contaminações pagãs, a que sem dúvida se expunham nos santuários provinciais. Daí que a reforma de Josias, interpretando fielmente a letra e o espírito do Deuteronômio, fez desaparecerem todos os santuários espalhados pelo país, tanto os pagãos quanto os javistas.

É possível que, nas primeiras redações do Deuteronômio, a lei do santuário único não se referisse a Jerusalém, mas a alguns dos lugares santos do Norte, onde parece que conheceu seus primeiros passos o Deuteronômio, por exemplo Siquém (Dt 11,29-30; Js 8,30-35) ou Silo (Jr 7,12). Em todo caso, Jerusalém, que já tinha tanta relevância como cidade santa, por ser a sede da arca, recebe seu estatuto definitivo da teologia e da legislação deuteronômicas, postas em prática pela reforma de Josias. Explica-se, então, a profunda comoção que sacudiu o povo quando viu destruídos e convertidos num monte de ruínas a cidade santa e o templo.

Um povo

"Eis as palavras que Moisés dirigiu a todo Israel, do outro lado do Jordão [...]" (Dt 1,1). O destinatário do Deuteronômio é todo o povo, considerado como uma unidade.

> Diferentemente da tradição sacerdotal, o Deuteronômio não faz distinção entre tribos e famílias, nem entre classes sociais. Ao contrário, o ideal consiste em que todos, do rei ao último escravo, sejam irmãos. Enquanto que, no código da aliança, o "tu" das leis refere-se a diferentes indivíduos ou grupos bem concretos, o "tu" do código deuteronômico tem uma dimensão comunitária, que abarca todo Israel. O Deuteronômio aparece fortemente marcado pela ideia unificadora de comunidade ou de povo" (F. García).

Como veremos adiante, ao falar da eleição e da aliança, Israel não é um povo qualquer, mas o povo de Deus, o povo santo, consagrado, separado, reservado para o Senhor. Como diz o Êxodo, num texto de sabor claramente deuteronômico:

> Agora, se realmente ouvirdes minha voz e guardardes a minha aliança sereis minha propriedade exclusiva dentre todos os povos. De fato é minha toda a terra, mas vós sereis para mim um reino de sacerdotes e uma nação santa (19,5-6).

A mesma ideia foi formulada em termos muito precisos pela tradição anterior:

> Do alto dos rochedos o vejo, das alturas o contemplo: É um povo que mora isolado, que não se conta entre as nações (Nm 23,9).

O Deuteronômio o diz com outras palavras:

> E hoje o Senhor te declarou que serias para Ele um povo particular, como te havia dito, a fim de guardares todos os seus mandamentos. Assim Ele te elevaria, em glória, em nome e esplendor, acima de todas as nações que criou, para que sejas um povo santo para o Senhor teu Deus, como te falou (26,18-19).

Uma eleição

Primeiro temos a realidade das coisas; só depois vem a sua elaboração teológica. Assim ocorreu no AT com a eleição. Primeiro acontece a eleição do povo, do rei, de Jerusalém etc., e só mais tarde a escola deuteronômica elabora a teologia da eleição. Os autores do Deuteronômio cunharam inclusive uma terminologia teológica própria para falar da eleição: é o grupo linguístico *bahar.*

A eleição mais enfatizada no Deuteronômio é a de Jerusalém. A ela são dedicados cerca de vinte textos, localizados todos eles, menos 31,11, no código deuteronômico (Dt 12–26). Fala-se também da eleição do rei e do sacerdócio levítico (17,15; 18,5; 21,5).

Aqui nos deteremos mais na eleição do povo, que ocupa também um lugar relevante. Começamos por reproduzir o lugar clássico dessa eleição:

> Pois tu és um povo consagrado ao Senhor teu Deus. O Senhor teu Deus te escolheu dentre todos os povos da terra, para seu povo particular.
>
> O Senhor se afeiçoou de vós e vos acolheu, não por serdes mais numerosos que os demais povos – na verdade sois o menor de todos – e sim porque o Senhor vos amou e quis cumprir o juramento que fez a vossos pais. Foi por isso que o Senhor vos libertou com mão poderosa, resgatando-vos do antro de escravidão, das mãos do faraó [...] (7,6-8).

Pela eleição, Israel se converte no povo de Deus, povo consagrado ao Senhor, filho de Deus, propriedade pessoal do Senhor e parte da sua herança (Dt 14,2; 32,5.9.18).

O Deuteronômio enfatiza muito a gratuidade da eleição. Israel não foi escolhido por ser o povo mais numeroso nem por ser o melhor; antes, era o menor de todos e uma nação de cabeça dura (9,4-6). Israel foi eleito por puro amor, pelo amor que Deus lhe vem demonstrando desde que escolheu seus pais até o dia de hoje, passando pela libertação da escravidão do Egito, pela aliança do Horeb, e por todos os prodígios operados em seu favor durante a travessia do deserto (4,31; 5,5; 7,19; 8,2).

O amor de Deus, como princípio da eleição e garantia de salvação, foi introduzido na história da revelação pelo Profeta Oseias. Através de suas experiências matrimoniais, Oseias compreendeu que Deus é o esposo que ama sua esposa, apesar das infidelidades desta. Assim como Gomer lhe foi infiel, também Israel foi mil vezes infiel a Deus; mas, assim como ele continua amando Gomer, sem levar em conta seus defeitos, Deus também continua amando Israel e está disposto a começar sempre de novo, por puro amor. Neste ponto, o Deuteronômio depende seguramente de Oseias. Em geral, a afinidade e a dependência do Deuteronômio em relação a Oseias são reconhecidas por todos os autores.

As intervenções salvíficas de Deus em favor de seu povo, articuladas no "credo" deuteronômico (6,21-23; 11,2-6; 26,5-9) junto com os títulos e privilégios outorgados a Israel em virtude da eleição, exigem do povo eleito uma resposta coerente. A eleição compromete o Senhor com Israel, mas também compromete Israel com o Senhor. A eleição tem uma vertente de favores e uma vertente de exigências. Assim o entenderam os autores do Deuteronômio, que colocam e concebem a vida ética de Israel como uma resposta coerente à ação de Deus em seu favor (Dt 4,9-20; 5; 6,14-25; 10,12-22; 11 etc.).

Uma aliança

Vimos que certas passagens do Deuteronômio deixavam entrever a possível existência de uma celebração da renovação da aliança no santuário de Siquém. Vimos também que a arquitetura global do Deuteronômio apresentava perfis de aliança, afins em certos pontos ao paradigma dos tratados internacionais do Antigo Oriente Próximo. Dado que no AT se distinguem três alianças principais – a aliança de Abraão (Gn 15; 17), a do Sinai (Ex 19–34) e a de Davi (2Sm 7) – é hora de constatar qual delas tem a primazia no Deuteronômio.

A ênfase do Deuteronômio recai, sem dúvida, sobre a aliança do Monte Horeb, nome com que se designa aí o Sinai. O próprio Livro do Deuteronômio é apresentado como um anexo ou complemento da lei e da aliança do Horeb. É esse, aliás, o sentido da palavra "deuteronômio" (segunda lei), embora essa palavra seja uma tradução equivocada da expressão hebraica "cópia da lei", de Dt 17,18. O Deuteronômio estabelece sua vinculação com a aliança do Horeb por dois caminhos principais. Primeiro, pela via da atualização:

> O Senhor nosso Deus fez conosco uma aliança em Horeb. O Senhor não fez esta aliança com nossos pais e sim conosco, com todos nós que ainda hoje continuamos vivos. O Senhor vos falou face a face na montanha, do meio do fogo. Eu estava, então, de pé entre o Senhor e vós, para vos transmitir suas palavras, pois tínheis medo do fogo e não subistes ao cimo do monte (5,2-5).

Os autores do Deuteronômio estão conscientes de que a Palavra de Deus é uma palavra viva e dinâmica, nascida e transmitida no seio de uma comunidade crente, que a medita e atualiza constantemente. Sucedem-se os tempos, mudam as circunstâncias, mas o Deus que fala e o israelita que escuta são sempre os mesmos. Os autores do Deuteronômio têm consciência de pertencer à mesma comunidade de fé de Moisés e sua geração, e por isso se sentem autorizados a atualizar e reinterpretar a aliança do Horeb segundo as necessidades de seus contemporâneos.

O segundo caminho idealizado pelos autores do Deuteronômio foi criar uma segunda aliança no país de Moab (Dt 29–30), associando-a estreitamente à do Monte Horeb. Dessa maneira, distribuem a legislação de Moisés em dois marcos complementares: colocam o Decálogo no quadro da aliança do Horeb (Dt 5), e o código deuteronômico (Dt 12–26) no quadro de uma aliança de Moab (Dt 28,69).

Claro, o Deuteronômio não ignora os patriarcas e sua aliança. Segundo o Deuteronômio, Javé é o "Deus dos pais" (1,11.21 etc.); foi a eles que prometeu, sob juramento, a doação da terra (1,8.35; 6,10; 8,1; 10,11; 26,3 etc.); foi por amor que Deus escolheu e libertou Israel (4,37; 7,8); o Senhor se enamorou dos pais, e porque os amava fez aliança com eles (10,15; 4,31; 7,12). Contudo, a aliança patriarcal aparece referida à do Horeb, como a promessa faz referência ao cumprimento. A aliança patriarcal não representa uma tradição autônoma, mas diz respeito à aliança do Horeb, a única que se alça com personalidade própria no centro do Deuteronômio. Aí enraíza-se também a relevância de Moisés, mediador da aliança e grande legislador. Ele ocupa o centro do palco; os patriarcas passam para o segundo plano.

O Deuteronômio também não desconhece a instituição monárquica (Dt 17,14-20). Claro, não fala da aliança de Davi explicitamente, mas tem presente a "lei do rei" e sua eleição. Embora apareça como a resposta de Deus ao pedido do povo (v. 14; cf. 1Sm 8,4-9), a monarquia funda-se, por sua vez, na escolha do rei feita por Deus (v. 15); a eleição é também o fundamento da existência do povo (Dt 4,32-38).

Dt 17,20 outorga ao rei e ao povo o benefício de prolongar seus dias perpetuamente, desde que cumpram a lei. Em seu teor global, sem dúvida, a "lei do rei" do Deuteronômio mostra-se pouco favorável à monarquia. É paralela nesse sentido à corrente crítica de 1Sm 8,11-18, que apresenta o "direito do rei" em termos muito semelhantes aos do Deuteronômio. Na mesma linha crítica e até hostil situa-se o Profeta Oseias (7,3-7; 13,9-11 etc.) e, em certa medida, Ezequiel (34,1-10).

Uma lei

Pelo que dissemos até aqui, fica claro que o Deuteronômio é, antes de tudo, o livro da lei. Assim o chamaram os sacerdotes quando o encontraram no Templo de Jerusalém. O Deuteronômio é o documento legal e institucional da reforma de Josias. O Deuteronômio é a carta magna da aliança, onde se consignam as cláusulas e exigências que haverão de reger as relações do povo eleito com seu Deus. O Deuteronômio é o testamento onde Moisés expõe o programa que presidirá a vida do povo, quando estiver estabelecido na terra prometida. De todos os pontos de vista, o Deuteronômio aparece sempre como um ordenamento legal e institucional.

No Deuteronômio encontramos dezenas de vezes a palavra lei e seus sinônimos: mandamentos, preceitos, normas, estatutos, leis, costumes... Também se repetem verbos legais: escutar, observar, guardar, praticar... Embora sendo variadas as leis e as expressões para designá-las, sem dúvida também neste terreno da lei descobre-se a tendência unificadora e a preocupação do Deuteronômio com a unidade. As leis e as expressões plurais são manifestação da vontade eterna de Deus, que exige a resposta e o compromisso do povo como o único caminho de salvação. O monoteísmo do Deuteronômio conduz sempre para uma concepção unitária da vida: um só Deus, um só santuário, um só povo, uma só lei.

O Deuteronômio é o livro da lei, mas não é um livro legalista nem jurisdicista. Sempre chamou a atenção dos biblistas o tom parenético e exortativo do Deuteronômio, mais próprio de um pregador ou de um catequista do que de um legislador. Alguém já disse que o Deuteronômio é "uma lei pregada" (Von Rad). Lembra o estilo da literatura sapiencial, onde o pai ou o mestre compartilham suas instruções com os filhos-discípulos. Inclusive a parte central do livro (Dt 12–26) não apresenta nem a forma literária nem o ordenamento jurídico próprios de um código de leis. As diferentes matérias tratadas, tomadas muitas delas do "código da aliança" (Ex 20–23), adotam mais a forma de ensinamentos, acompanhados de exortações, chamamentos, conselhos e advertências (TOB).

A lei ou, melhor dizendo, a *torá* – como a chama a Bíblia – não é nem peso nem freio. A finalidade da lei bíblica não é impor obrigações caprichosas nem restrições arbitrárias, mas mostrar a Israel o caminho da felicidade e da vida. De maneira repetitiva, o Deuteronômio apela ao povo para que observe a lei a fim de que tudo corra bem e possa prolongar seus dias na terra que o Senhor lhe outorgou (4,40; 5,33; 6,2.18.24; 11,9; 12,28; 13,17.18 etc.). Isso quer dizer não tanto que Deus premiará o bom comportamento do povo quanto que as leis são como placas ou sinalizações que indicam o caminho do bem-estar e da prosperidade dos israelitas (Dt 6,24).

Tanto a lei deuteronômica como todas as demais leis do AT estão inseridas dentro da aliança do Sinai, ou seja, dentro do marco do êxodo, o acontecimento fundador e desencadeador da história da salvação. Os autores sagrados fixaram a lei dentro desse contexto com a finalidade de destacar seu caráter gracioso e salvífico. A lei é a resposta do homem à ação salvífica de Deus. Deus agiu primeiro, e o israelita responde. Assim está apresentado o Decálogo tanto em Ex 20 como em Dt 5: "Eu sou o Senhor teu Deus. Eu te tirei do Egito, da casa da escravidão". Em seguida vêm os Dez Mandamentos, como resposta do povo à grande intervenção salvadora de Deus.

Não só a lei em geral, mas muitas de suas prescrições e mandamentos concretos reproduzem o mesmo esquema. A oferenda das primícias é a resposta agradecida dos israelitas à ação de Deus, que lhes outorgou a terra (Dt 26,5). Os israelitas devem celebrar as festas, inclusive o sábado, para recordar a façanha do êxodo (Dt 5,15; 16,1.3.12); devem fazer justiça ao órfão, à viúva e ao forasteiro, e não oprimir ninguém, nem mesmo os egípcios, porque também eles sofreram opressão e foram libertados (10,18; 23,8; 24,18-22). No êxodo encontra o Deuteronômio motivação suficiente para superar a estreiteza de Israel, que discriminava os estrangeiros (14,21; 15,3; 23,21; 28,12).

O Livro do Deuteronômio em geral, e mais concretamente sua legislação, é um dos documentos mais humanos e humanizadores do AT. Mostra especial preocupação com os pobres, os escravos, os estrangeiros, os trabalhadores, os endividados, as jovens prisioneiras de guerra... (14,28-29; 15,1-18; 21; 22; 24 etc.). Comparado com a legislação dos povos vizinhos, o código deuteronômico (e os códigos israelitas em geral) defende melhor a honra e a dignidade da pessoa humana. Melhor, inclusive, do que o código hitita, que é o mais humanitário dos códigos médio-orientais. Esse maior respeito manifesta-se

- na maneira de tratar os escravos (Dt 15,12-15);
- na aplicação da pena de morte (19,1-6);
- na ausência de torturas e mutilações, a não ser em casos extremos (25,11-12);
- os açoites limitam-se a quarenta (25,3);
- o humanitarismo se estende a todos, inclusive ao estrangeiro e ao inimigo pessoal (23,16.20);
- Dt 24,5-21 contém uma série de medidas de proteção aos recém-casados, aos devedores, aos necessitados etc., que chamam especialmente a atenção por sua sensibilidade humana.

Termino reproduzindo um texto que reflete bem a devoção, o amor e até a paixão que o Deuteronômio sente pela lei:

> Na verdade, esta lei que hoje te imponho não te é difícil nem está fora de teu alcance. Não está nos céus, para que possais dizer: Quem poderá subir ao céu por nós, para apanhá-la e no-la dar a conhecer, e assim possamos cumpri-la? Não está do outro lado do mar, para que possais dizer: Quem atravessará por nós, para apanhá-la e no-la dar a conhecer e assim possamos cumpri-la? Ao contrário, ela está bem ao teu alcance, está em tua boca e em tua mente, para poderes cumpri-la (Dt 30,11-14).

Uma terra

De todos os livros da Bíblia, o Deuteronômio é, sem dúvida, o que mais espaço dedica a esse tema da terra, que o percorre de cabo a rabo.

Dezenas de vezes nos encontramos com estas expressões ou outras parecidas:

> "A terra que o Senhor nosso Deus nos dá"; "A terra que o Senhor teu Deus te dá em herança"; "A terra que o Senhor teu Deus te dá em herança para que a possuas"; "A terra que eu lhes dou em possessão"; "A terra em que vais entrar para tomá-la em possessão"; "A terra que vais possuir ao passar o Jordão"; "Te introduzo na terra dos cananeus e a dou a ti em herança"; "Tomar posse da terra que o Senhor jurou dar a vossos pais" etc.

Ao falar da eleição, constatávamos a força com que o Deuteronômio sublinha seu caráter gratuito. A mesma gratuidade acompanha o dom da terra. Na realidade, o dogma da graça e a gratuidade é um dos princípios teológicos que informam todo o Deuteronômio. Em torno dele gira toda a história de Israel, sendo, por sua vez, uma das grandes motivações que determinam a formulação das leis. No que se refere concretamente à terra, seu caráter de dom gratuito de Deus é afirmado no conhecido "credo" deuteronômico:

> Meu pai era um arameu errante que desceu ao Egito com um punhado de gente para morar lá como estrangeiro. Mas ele se tornou um povo grande, forte e numeroso. Então os egípcios nos maltrataram e nos oprimiram, impondo-nos uma dura escravidão. E nós clamamos ao Senhor Deus de nossos pais, e o Senhor ouviu nossa voz e viu nossa opressão, nossa fadiga e nossa angústia; o Senhor nos libertou do Egito com mão poderosa e braço estendido, no meio de grande pavor de sinais e prodígios e nos introduziu neste lugar, dando-nos esta terra, terra onde corre leite e mel. Agora, pois, trago os primeiros frutos da terra que o Senhor nos deu (Dt 26,5-10; cf. tb. 6,20-25).

No fundo, todo esse "credo", que recapitula as antigas intervenções do Senhor em favor de seu povo (eleição dos patriarcas, êxodo, doação da terra), tem como objetivo último afirmar e reconhecer que a terra é um dom gratuito de Deus. E não só a terra, mas tudo o que cresce sobre ela é apresentado como produto da história providencial que guiou Israel até esse momento. É o que significam e simbolizam as primícias que o israelita deposita sobre o altar por meio do sacerdote.

Essas profissões de fé que os israelitas estavam obrigados a pronunciar periodicamente na liturgia formavam parte da pedagogia divina, que queria prevenir o povo contra a tentação de autocomplacência e autossuficiência, segundo se deixa entender em alguns textos do Deuteronômio; por exemplo:

> Não penses quando o Senhor teu Deus os expulsar de tua frente: Foi por minha justiça que o Senhor me introduziu na posse desta terra. Antes é pela iniquidade destes povos que o Senhor vai expulsá-los de tua frente. Portanto, não é por tua justiça nem pela retidão de teu coração que entrarás na posse desta terra, mas é pela maldade dessas nações que o Senhor as expulsa de tua frente e para cumprir o que jurou a teus pais, Abraão, Isaac e Jacó. Fica, pois, sabendo que não é por tua justiça que o Senhor teu Deus te dá a posse desta boa terra. Pois na verdade és um povo de cabeça dura (Dt 9,4-6; cf. 8,17-18).

Como se vê, mais uma vez o Deuteronômio insiste na gratuidade do dom da terra, excluindo qualquer direito ou título de propriedade que o povo pudesse aduzir. O único título é o amor e a fidelidade que Deus vem mostrando a seu povo desde a eleição dos patriarcas, e também a perversidade das nações que a habitavam, que se tornaram indignas de continuar nela (cf. Dt 8,7-20).

Nos extratos mais antigos do Deuteronômio predominam as descrições otimistas da terra, onde abundam as riquezas naturais, a fertilidade dos campos e dos rebanhos, a prosperidade de seu povo e de suas cidades:

> Quando o Senhor teu Deus te introduzir na terra que jurou a teus pais, Abraão, Isaac e Jacó, dar a ti, com cidades grandes e belas que não edificaste, casas cheias de toda espécie de bens que não acumulaste, cisternas já escavadas que não cavaste, vinhas e oliveiras que não plantaste; e quando comeres e te fartares, guarda-te de esquecer o Senhor que te libertou do Egito, do antro de escravidão (Dt 6,10-12).

> Pois o Senhor teu Deus vai introduzir-te numa terra boa, terra com torrentes, fontes e lençóis d'água subterrâneos que brotam nos vales e nos montes; terra de trigo, cevada, vinhas, figueiras e romãzeiras; terra de oliveiras, de azeite e mel; terra onde comerás o pão em abundância, onde não te faltará nada; terra cujas pedras são de ferro e de

cujas montanhas extrairás o cobre. Comerás e te fartarás, bendizendo o Senhor, pela boa terra que te deu (Dt 8,7-10).

Nessa linha situam-se as expressões "terra onde corre leite e mel" e "terra boa", que lemos meia-dúzia de vezes (a primeira) ou uma dúzia (a segunda) no Livro do Deuteronômio. Na realidade, não se trata tanto de esclarecimentos ou qualificativos geográficos quanto de conceitos teológicos. A terra é boa porque é um dom outorgado por Deus a Israel na qualidade de herança (Dt 4,21; 15,4 etc.). É boa porque sua posse é o cumprimento de uma promessa, referendada com juramento, repetida e esperada durante longo tempo (8,10; 9,6). É boa porque é um espaço de liberdade e descanso, após a longa travessia do deserto (Dt 12,10). É a terra onde corre leite e mel (Dt 6,3; 11,9 etc.), ou seja, a terra do bem-estar, na qual Israel pode realizar-se como povo eleito e cumprir nela a missão que lhe foi confiada.

Porém, nada se consegue de uma vez para sempre. Israel não poderá permanecer e desfrutar dessa terra boa a não ser mantendo-se fiel ao serviço do doador divino. Israel deve renovar todo dia a ação de graças pelo presente da graça divina e manter-se firme na obediência à vontade de Deus, se quiser prolongar seus dias na terra da salvação.

> Quando tiverdes filhos e netos e, já envelhecidos nessa terra, vos tiverdes corrompido, fazendo ídolos de qualquer tipo, praticando o que desagrada ao Senhor vosso Deus, e provocando-lhe a indignação – invoco hoje, como testemunha contra vós, o céu e a terra –, certamente não tardareis em desaparecer da terra de que ides tomar posse ao passar o Jordão. Não vivereis nela longos anos, mas sereis exterminados com toda a certeza (Dt 4,25-26; cf. 8,19-20; 28,15-68 etc.).

Tanto a terra como a lei, ambas procedem em última instância do mesmo Deus. Daí que o Deuteronômio estabelece entre elas uma estreita ligação. Lei e terra são para o Deuteronômio um binômio inseparável: quem perde uma, perde também a outra. Nos últimos extratos do Deuteronômio, o não cumprimento da lei é já um fato consumado, daí que a perda da terra e o exílio são apresentados como um fato pertencente ao passado:

As gerações vindouras, os filhos que depois de vós nascerem e os estrangeiros que vierem de terras longínquas, hão de dizer à vista das pragas e calamidades com que o Senhor castigará esta terra – terra de enxofre e sal, toda ela calcinada, onde nada se planta, nem germina, onde erva alguma cresce, cheia de escombros como Sodoma e Gomorra, Adama e Seboim, que o Senhor destruiu em seu furor –, vendo isto dirão todos os povos: "Por que o Senhor tratou assim esta terra? Por que esta ira e tão grande furor?" E se responderá: "Foi porque abandonaram a aliança do Senhor, o Deus de seus pais, que com eles fez quando os libertou do Egito, e foram servir a deuses estranhos, prostrando-se diante deles, deuses que não conheciam nem lhes tinha dado. Acendeu-se, então, o furor do Senhor contra esta terra a ponto de lançar sobre ela todas as maldições que estão escritas neste livro. O Senhor os arrancou desta terra com cólera, com furor, com grande indignação e os atirou em outras terras, como se vê hoje" (Dt 29,21-27).

1.2 Josué (conquista da terra)

1 Josué e a história deuteronomista

Uma vez que o Livro do Deuteronômio assentava as bases constitucionais do povo eleito e indicava os princípios teológicos que haveriam de informar sua vida, o Dta passou a ter em mãos os critérios que lhe serviriam de norma para submeter a exame a história e poder comprovar se esta se ajustava ou não à medida correta; em última análise, para poder comprovar do lado de quem está a justiça: Da parte de Deus ou da parte do povo?

O Dta começa o exame da história pela conquista da terra. É um período perfeitamente balizado pelos discursos de cunho deuteronomista; um colocado no princípio (cap. 1) e outro no final (cap. 23). Além de assinalar o começo e o final da conquista, os capítulos 1 e 23 de Josué proclamam a teologia deuteronomista da lei, segundo a qual, quando o povo se mostra fiel às cláusulas da aliança, Deus intervém em favor de Israel e acontece a bênção; em compensação, quando o povo descumpre a lei e corre atrás dos ídolos, desencadeia-se o castigo e ocorre a maldição.

Excetuado o pecado de Acã (Js 7–8), a conduta das tribos israelitas durante a vida de Josué foi irrepreensível. A geração de Josué foi exemplar (Jz 2,10). Por isso os ventos da conquista sopraram sempre a seu favor; os homens de Josué iam de vitória em vitória através de uma campanha triunfal, classificada de "guerra-relâmpago": as águas do Jordão separam-se milagrosamente, deixando o caminho livre para os israelitas, que passam a pé enxuto (Js 3–4); caem as muralhas de Jericó ao simples toque da trombeta (Js 6); os gabaonitas se rendem e pedem um pacto com Israel (Js 9); finalmente, as vitórias sobre a coalizão cananeia do Sul, em Gabaon (cap. 10), e sobre a coalizão do Norte, junto às águas de Merom (cap. 11), significaram para Josué e seu exército o domínio de toda a Palestina, tanto a meridional como a setentrional.

O Livro de Josué é primordialmente um escrito teológico. É uma representação da doutrina da aliança, construída na forma de relatos, discursos, ritos e ações guerreiras. Se o povo se mantém fiel à lei, Deus se mostra propício e a conquista avança. Se o povo descumpre seus compromissos, vem à tona o elemento punitivo da aliança e o exército recua.

Durante a vida de Josué, a resposta do povo foi predominantemente positiva, e por isso o Senhor deu asas à sua ação salvadora, e choveram sobre o povo dons e bênçãos. O maior deles foi o dom da terra. Costuma-se dizer que o verdadeiro protagonista do livro não é Josué, mas a terra, presente em todas as páginas. A entrada na terra é o cumprimento das promessas feitas aos patriarcas e repetidas a Moisés. É o auge de uma façanha que começou com a saída do Egito. A terra é primordialmente dom de Deus, prova da fidelidade divina e garantia de sua aliança com Israel:

> Deste modo, o Senhor deu a Israel toda a terra que jurou dar a seus pais. Eles tomaram posse e nela se estabeleceram. O Senhor lhes concedeu repouso de todos os lados, conforme tudo o que havia jurado a seus pais (Js 21,43-45).

> Eis que sigo hoje pelo caminho de todos os da terra. Reconhecei de todo o vosso coração e de toda a vossa alma que nem uma só coisa falhou de todas as boas palavras que o Senhor vosso Deus falara a vosso respeito (Js 23,14).

À primeira vista, o Livro de Josué tem toda a aparência de um livro épico, composto para cantar a conquista da terra, levada a cabo pelo sucessor de Moisés. Uma leitura mais atenta descobre, sem dúvida, que a conquista da terra não é tanto obra de Josué quanto um dom de Deus. Foi o Senhor quem entregou a terra aos israelitas, cumprindo assim as promessas feitas sob juramento aos pais. A doutrina da gratuidade e da graça, acentuada com tanta força no Deuteronômio em relação ao dom da terra, alcança uma de suas demonstrações mais esplêndidas no Livro de Josué.

2 *Arquitetura e materiais do livro*

O Livro de Josué compõe-se de duas partes, encerrando-se com três breves conclusões.

a) A conquista da terra (1–12)

Depois de um capítulo introdutório (cap. 1), Josué envia espiões a Jericó, os quais recebem hospedagem e apoio na casa de uma prostituta chamada Raab (cap. 2). Ato seguinte, os israelitas cruzam o Jordão na altura de Jericó e acampam em Guilgal (cap. 3–4), onde se procede à circuncisão do povo e acontece a celebração da primeira páscoa na terra de Canaã (cap. 5). Começa a conquista pela cidade de Jericó (cap. 6), seguindo-se a de Hai (cap. 8), no curso da qual descobre-se o pecado de Acã (cap. 7). Josué faz um pacto com os gabaonitas (cap. 9), pacto que desencadeia a formação de uma coalizão de cinco reis cananeus da Palestina Meridional, chefiados pelo rei de Jerusalém, os quais declaram guerra em Gabaon, sendo estrepitosamente derrotados (cap. 10). Na Palestina Setentrional formou-se, por sua vez, outra coalizão, chefiada pelo rei de Hasor, a qual foi também derrotada por Israel, que se apossou de todo o Norte do país (cap. 11). Numa recapitulação, a primeira parte do Livro de Josué termina com a enumeração dos reis vencidos e das cidades conquistadas (cap. 12).

b) Distribuição da terra entre as tribos (13–21)

Uma vez conquistada a terra, na segunda parte do livro processa-se a repartição da mesma entre as tribos, seguindo a seguinte ordem: primeiro, as tribos da Transjordânia (cap. 13); depois, as três grandes tribos (cap. 14–17); em seguida, as sete tribos restantes (cap. 18–19); finalmente, Js 20–21 enumeram os lugares de refúgio e as cidades levíticas.

A distribuição da terra entre as tribos, assim como o estabelecimento dos lugares de refúgio e as cidades levíticas, são o cumprimento de ordens e disposições contidas no Livro dos Números, onde se elencam os critérios que haverão de presidir a repartição e são dados inclusive os nomes dos encarregados de levá-la a cabo (Nm 33,50-56; 34,16-19). A distribuição da Transjordânia entre as tribos de Gad, Rúben e a meia-tribo de Manassés, acontece já em Nm 32, ou seja, antes de cruzarem o Jordão. Nm 35 indica também as cidades levíticas e os lugares de refúgio.

c) Três conclusões (22–24)

O Livro de Josué encerra-se com três conclusões: o regresso das tribos de Rúben, Gad e da meia-tribo de Manassés à Transjordânia (cap. 22); o discurso de despedida de Josué (cap. 23); e a grande assembleia de Siquém (cap. 24).

As tribos de Rúben, Gad e Manassés cumpriram o compromisso de colaborar com as demais na conquista da terra (Nm 32), e Moisés permite-lhes regressar à Transjordânia (Js 22).

Js 23 enquadra-se no paradigma literário "despedida" ou "testamento", muito frequente na Bíblia, tanto no Antigo como no Novo testamentos (testamentos de Jacó, Moisés, Josué, Samuel, Davi etc.; discursos de adeus de Jesus; testamento de Paulo; testamento dos doze patriarcas etc.: Gn 49; Dt 31 e 33; Js 23; 1Sm 12; 1Rs 2,1-9; Jo 13–17; At 20,17-38). O discurso de Js 23 tem correspondência com Js 1: ambos são obra do Dta e indicam o começo e o final do Livro de Josué em suas primeiras edições. A continuação de Js 23 deve ser buscada em Jz 2,6.

Enquanto Js 23 enquadra-se no paradigma "testamento", Js 24 segue o esquema "pacto" ou "aliança". Reproduz inclusive alguns dos elementos que integram os formulários dos pactos hititas, como o prólogo histórico (Js 24,2-13); o compromisso ou cláusula capital (v. 16-24); conclusão da aliança e proclamação da lei (v. 25-26); invocação das testemunhas (v. 26-27). O conteúdo de Js 24 representa um dos temas básicos do AT, pois trata da renúncia do povo aos deuses cananeus e a opção decidida e radical pelo Senhor. Uma opção assim pressupõe uma comunidade madura na fé javista e na profissão e formulação do dogma do monoteísmo.

Js 1–12

Js 1–12 é integrado por três classes de materiais: Js 2–9 forma o chamado "ciclo de Guilgal", que contém relatos quase todos referentes à conquista da tribo de Benjamim; Js 10–11 descreve as vitórias dos israelitas sobre as coalizões dos reis cananeus, uma no Sul (Gabaon) e outra no Norte (Hasor-Merom), vitórias que significam a conquista e o domínio de toda a terra prometida. Ambas as seções estão enquadradas dentro do marco que lhes é oferecido por Js 1 e 12, dois capítulos editoriais compostos pelo redator deuteronomista.

Em Js 1–12 podemos destacar, entre outras, duas características literárias: o estilo cultual e o caráter etiológico. A travessia do Jordão (cap. 3–4) e a conquista de Jericó (cap. 6), presididas ambas pela presença da arca, parecem mais uma procissão litúrgica do que uma expedição militar. A travessia do Jordão está, por sua vez, calcada na passagem do Mar Vermelho (Ex 14). Cultual é também Js 5, onde se descreve a circuncisão do povo e a celebração da primeira páscoa na terra prometida.

Em Js 2–10 são abundantes também os temas e relatos etiológicos, preocupados em explicar uma série de topônimos e fenômenos naturais e sociais que provocavam a curiosidade dos israelitas; por exemplo: Qual era a origem e o sentido das doze grandes pedras que podiam ser vistas num dos vales do Jordão e também junto ao santuário de Guilgal? (Js 3–4); Que explicação tinha o grande monte de ruínas que podia ser visto em

Hai?; e, dentro de Hai, o que significavam as pedras amontoadas numa das extremidades da cidade? (Js 8); e as grandes pedras que fechavam a porta da gruta de Maceda, por que estavam ali? (Js 10); O que significavam as ruínas de Jericó e qual era o sentido do monte de pedras que se levantava no Vale de Acor? (Js 6–7); Qual a razão da existência dos raabitas e dos gabaonitas no meio de Israel? (Js 2; 6; 9). A expressão "até o dia de hoje", que se repete até seis vezes em Js 2–10, é característica dos relatos etiológicos.

Js 13–21

A segunda parte (Js 13–21), conhecida como a "seção geográfica", é construída a partir de duas listas de nomes: uma lista referente às fronteiras das tribos, de época incerta; e uma lista de cidades, muito detalhadas quando se referem a localidades em Judá e Benjamim, e mais vaga quando se trata do resto das tribos. Esse fato pode ser um indício de que a lista de cidades remonta ao tempo da monarquia dividida.

3 Josué e a história

O Livro de Josué incorre em alguns anacronismos que contradizem abertamente a história. Supõe, por exemplo, que as doze tribos formavam um povo unido (Israel) no tempo de Josué. Supõe também que foram as doze tribos unidas que, chefiadas por Josué, conquistaram toda a terra desde o primeiro momento. Ambos os fatos – a integração das doze tribos numa só entidade política e a conquista de toda a terra – só se tornaram realidade dois séculos mais tarde, no tempo de Davi. Essas constatações constituem uma comprovação a mais daquilo que vínhamos dizendo desde as primeiras páginas desta monografia: os livros históricos não foram escritos nem devem, por isso, ser lidos a partir de critérios profanos e científicos, mas de princípios teológicos.

Isso significa que o Livro de Josué é pura ficção histórica, escrita com finalidades exclusivamente teológicas? Não se pode extrair do Livro de

Josué alguns dados históricos referentes, por exemplo, ao momento e ao modo de entrada das tribos na terra? O Livro de Josué não permite, pelo menos, afirmar o fato da entrada das tribos israelitas na terra e a identificação delas?

Essas e outras perguntas semelhantes foram recebendo, nos últimos decênios, respostas muito variadas e até contraditórias.

A "escola americana" (Bright, Wright, Cross etc.), encabeçada por W.F. Albright, concede um alto grau de confiabilidade ao relato bíblico do Livro de Josué. Claro, não desconhece a dimensão teológica, litúrgica e épica do texto sagrado, porém crê, ao mesmo tempo, que este, iluminado e complementado pelos dados da arqueologia, permite reconstruir com boa aproximação a data (por volta de 1200 a.C.) e o modo de entrada na terra (pela via da conquista), assim como afirmar a personalidade e a liderança de Josué.

A "escola alemã", cujos representantes mais qualificados são Alt e Noth, desconfia dos dados da arqueologia, em que se apoiam os americanos, e baseia sua argumentação sobretudo no texto bíblico, lido à luz de textos extrabíblicos, que permitem, por um lado, conhecer qual era a situação sociopolítica de Canaã no momento da entrada dos israelitas e, por outro, conhecer também qual era o processo de assentamento seguido pelas tribos do deserto quando passavam do nomadismo à vida sedentária, já que esse fenômeno não ocorreu somente com os filhos de Israel.

A partir desses pressupostos, a escola alemã chega à conclusão de que a entrada dos israelitas em Canaã não se realizou pela via da conquista – muito menos "relâmpago" –, mas foi um *assentamento pacífico*. Dada a organização geopolítica de Canaã, que concentrava a maior parte da população na planície, onde estavam as principais cidades-Estado, deixando o terreno montanhoso central meio despovoado, as tribos israelitas aproveitaram-se dessa circunstância para ir se assentando paulatina e pacificamente nas zonas montanhosas; uma vez consolidadas aí, com o tempo foram recorrendo às armas para enfrentar as cidades fortificadas. Martin Noth coloca o processo de assentamento das tribos entre meados do século XIV e final do XII a.C.

Um dos mais sólidos apoios a essa hipótese de um assentamento longo e trabalhoso vem de Jz 1,1–2,5, que representa uma versão do estabelecimento das tribos em Canaã bem diferente da versão do Livro de Josué. Em Jz 1,1–2,5 não é o povo unido, sob a direção de um único líder, que leva a cabo a conquista; são as tribos fragmentadas que individualmente (ou em pequenas coalizões) vão fazendo conquistas parciais e ao mesmo tempo percebendo que ainda faltam muitas cidades e territórios para serem conquistados. Também Js 15,63; 16,10; 17,12.18 deixam entrever que os cananeus não só não foram eliminados, mas inclusive mantêm firmemente suas posições na planície, sendo que os israelitas têm que dividir a terra com eles. A conquista total de Canaã não foi uma realidade plena antes dos dias de Davi (século X a.C.).

A "escola francesa", cujo maior expoente é a *História antiga de Israel*, de R. de Vaux, é de caráter eclético. É uma síntese magistral elaborada a partir das duas escolas citadas acima. Estas são algumas de suas conclusões: nem todas as tribos israelitas desceram do Egito; nem todas as que desceram o fizeram ao mesmo tempo; igualmente, nem todas as que saíram fizeram o mesmo caminho; houve diferentes êxodos e diferentes entradas na terra.

Fala-se de um primeiro êxodo-expulsão, que teria ocorrido em meados do século XVI a.C., coincidindo possivelmente com a expulsão dos hicsos (1552 a.C.). Faziam parte dele os grupos que com o tempo formariam a grande tribo de Judá. Penetraram em Canaã diretamente pelo Sul, a partir da Península do Sinai.

As futuras tribos de Efraim, Manassés e Benjamim, juntamente com outros grupos, saíram do Egito chefiadas por Moisés por volta de 1250 a.C. É o chamado êxodo-fuga. Eles se viram obrigados a dar uma grande volta pela Transjordânia, onde se instalaram alguns deles; os demais cruzaram o Jordão sob a direção de Josué e se assentaram na Palestina Central, por volta de 1230 a.C. Das tribos da Palestina Setentrional, algumas não vieram do Egito e outras se instalaram ali em data incerta. A destruição de Jasor no final do século XIII a.C., segundo os arqueólogos, parece confirmar a historicidade de Js 11. Nesse caso, o assentamento das tribos do Centro e do Norte, pelo menos de algumas delas, teria acontecido ao mesmo tempo.

Nos últimos anos foram aparecendo novas e variadas hipóteses sobre o assentamento dos israelitas na terra de Canaã, que coincide, por sua vez, com a origem mais ou menos remota de Israel como povo. Apesar de muitas diferenças, existem entre elas algumas coincidências ou denominadores comuns, que me limito a elencar.

As novas explicações coincidem em destacar a importância que teve na formação de Israel o elemento cananeu, seja considerando-se os cananeus como os antepassados de Israel (Mendenhall, Gottwald, Lemche), seja admitindo-se um longo processo de simbiose e de contato entre eles e as tribos israelitas (Volkmar Fritz). Nas novas hipóteses, as origens de Israel não se explicam tanto a partir de tribos e grupos vindos de fora, mas sobretudo a partir de mudanças, evoluções e revoluções sociais e políticas ocorridas dentro de Canaã. Mendenhall e Gottwald. por exemplo, falam da revolução dos camponeses, à qual se juntaram outros elementos marginalizados, como fator determinante da origem de Israel.

Também coincidem as novas hipóteses em afirmar a importância da arqueologia na hora de se reconstruir o assentamento e as origens de Israel na terra de Canaã. Em todas elas é crescente também a desconfiança em relação à versão da conquista, tal como é apresentada pelo Livro de Josué. O autor deuteronomista elaborou no Livro de Josué uma conquista teológica que não corresponde à realidade. O assentamento das tribos israelitas em Canaã e as origens de Israel como povo continuam sendo questões abertas, susceptíveis de novos modelos explicativos.

1.3 Juízes

1 Os juízes e a história deuteronomista

> Toda aquela geração foi reunir-se também com seus pais. Depois surgiu outra geração que não conheceu o Senhor nem as grandes obras que fez em favor de Israel (Jz 2,10).

Esse texto, próprio do autor deuteronomista, contém duas afirmações principais. Primeira, destaca a distinção de duas gerações ou etapas dentro da história de Israel: a do tempo de Josué (da conquista) e a do período dos juízes (a etapa pré-monárquica). Segunda, não só distingue as duas etapas, mas também emite uma avaliação ou juízo religioso sobre cada uma delas: juízo positivo para a geração de Josué, negativo para a geração dos juízes.

Tal como foi feito com o tempo da conquista, também a etapa dos juízes está delimitada por dois textos de procedência deuteronomista: o primeiro, de caráter histórico-doutrinal, serve de introdução (Jz 2,6–3,6); o segundo, em forma de discurso, faz a transição entre o período dos juízes e a monarquia (1Sm 12). Na concepção do autor deuteronomista, o período dos juízes ultrapassa os limites do livro. De fato, em 1Sm 7,15-17 e 8,1-3 Samuel e seus filhos aparecem como os últimos juízes, encerrando uma etapa da história de Israel. Também Eli recebe o título de juiz (1Sm 4,18). Depois deles começa a monarquia, segundo se assinala em 1Sm 12.

Do ponto de vista religioso, o Dta constata que o povo vai se degradando. Se excetuarmos o pecado de Acã, a geração de Josué tinha sido fiel às cláusulas da aliança. Na nova etapa que começa (a geração dos juízes), vão se alternando a fidelidade e a infidelidade. Essa dialética de graça e pecado é precisamente a quintessência da teologia deuteronomista, que encontra expressão clara e final no Livro dos Juízes. Nós a encontramos enunciada na introdução histórico-doutrinal (2,6–3,6), no começo do capítulo 6 (v. 7-10), e nos marcos redacionais em que se enquadram as histórias dos seis juízes "maiores", especialmente a de Jefté (10,6-16). Em todos esses textos encontramos repetido com precisão quase matemática o seguinte esquema ou paradigma de quatro tempos: "pecado-castigo-conversão-salvação".

Pecado

O primeiro tempo da sequência teológica (o pecado) é apresentado como a infidelidade do povo às cláusulas da aliança. Para expressá-la, o Dta emprega três fórmulas:

• Os israelitas fizeram o que é mau aos olhos do Senhor (2,11; 3,7.12; 4,1; 6,1; 10,6; 13,1).

• Abandonaram o Senhor e fizeram culto a Baal e Astarte (2,11.13; 3,7; 10,6).

• Prostituíram-se diante de outros deuses (2,17; 8,27.33).

Castigo

Não só o Dta, mas todos os teólogos e escolas do AT em geral apresentam os males físicos e morais como castigos de Deus. Esse aspecto punitivo da lei encontra no Livro dos Juízes estas três expressões:

• Enfureceu-se contra Israel a ira do Senhor (2,14.20; 3,8; 10,7).

• O Senhor os entregou nas mãos de seus inimigos durante "x" anos (2,14; 3,8.14; 4,2; 6,1; 10,7).

• A prosperidade dos povos vizinhos e suas incursões contra Israel são descritas como permitidas por Deus para provar a fidelidade de seu povo.

> Por isso o Senhor deixou ficar aquelas nações, sem as expulsar logo, e não as entregou a Josué (Jz 2,23).
>
> Estas nações ficaram para com elas provar Israel e saber se obedeceriam os mandamentos do Senhor, promulgados a seus pais por meio de Moisés (Jz 3,4).

Conversão

A pedagogia do castigo e a graça divina faziam com que os israelitas se arrependessem e voltassem para Deus. É o terceiro tempo da sequência teológica, que recebe as seguintes formulações:

> Então clamaram ao Senhor (3,9.15; 4,3; 6,6; 10,10);
>
> [...] pois o Senhor se compadecia de seus gemidos diante da tirania dos opressores (2,18; 10,16).

Salvação

O Senhor responde às súplicas do povo enviando-lhe "juízes" (2,16) e "salvadores" (3,9.15). Porém, a conversão do povo é efêmera, daí o emprego de expressões como estas: "O inimigo ficou humilhado sob a mão de Israel", ou "O país esteve em paz durante quarenta, oitenta ou vinte anos", ou seja, múltiplos e submúltiplos de quarenta, número que corresponde aos anos de uma geração (3,11.30; 5,31; 8,28).

Ao cabo de uma, duas ou meia-geração, os israelitas voltam a fazer o que é mau aos olhos de Deus, abandonando o Senhor e prostituindo-se perante outros deuses, com o que de novo se desencadeia a conhecida sequência de "pecado-castigo-conversão-salvação". É o esquema teológico enunciado na introdução doutrinal do livro (Jz 2,6–3,6), esquema que se repete seis vezes como um estereótipo com cada um dos seis juízes "maiores", até se converter no eixo central do Livro dos Juízes. A dialética "pecado-castigo", por um lado, e "conversão-salvação", por outro, é que dá lugar a essa alternância de tempos de fidelidade e infidelidade, que é uma das características do período dos juízes, segundo vimos acima.

2 Arquitetura e materiais do livro

O Livro dos Juízes é construído sobre as histórias de doze "juízes", seis "maiores" e seis "menores", que formam o corpo central da obra (3,7–16,31). Esse corpo é precedido de duas introduções (1,1–3,6) e encerra-se com dois apêndices (cap. 17–21).

a) Introdução histórico-geográfica (1,1–2,5)

É uma história resumida da instalação das tribos na terra de Canaã, que projeta uma imagem da conquista muito menos triunfalista do que a oferecida pelo Livro de Josué (cap. 1–12). Aqui não se fala de uma "guerra relâmpago", mas de um assentamento lento e difícil. Não se fala de um povo chefiado por um homem, mas de tribos isoladas ou agrupadas em coalizões reduzidas.

No sul de Canaã, as tribos obtiveram êxitos na montanha e fracassos na planície. A tribo de Benjamim não conseguiu conquistar Jerusalém. No centro, as tribos de Efraim e Manassés fracassaram em seus ataques contra cinco metrópoles cananeias (Betsã, Tanac, Dor, Jeblaam e Meguido) e contra Gazer. No norte, contaram êxitos parciais e alguns fracassos. A pequena tribo de Dã, quando chegou à planície marítima, não conseguiu instalar-se nela. Sem dúvida, os dados oferecidos por essa introdução de Jz 1,1–2,5 são dados mais realistas e mais próximos dos fatos do que a versão teológica da conquista elaborada pelo Livro de Josué (cap. 1–12).

Jz 2,1-5 é constituído por cinco versículos importantes, que fazem a ponte entre a primeira e a segunda introdução. Com relação à primeira, dão a razão teológica por que os cananeus estão conseguindo manter-se encravados dentro da terra prometida. O Senhor havia arrancado os israelitas do Egito, havia-lhes prometido e entregue a terra, mas também lhes havia ordenado que destruíssem os altares dos cananeus e não fizessem pactos com eles, no que desobedeceram ao Senhor. Por isso, Deus permite a presença dos nativos de Canaã no país, para desgraça dos israelitas. Com relação à segunda, esses versículos adiantam a dialética da aliança que vai ser exposta detalhadamente na introdução histórico-doutrinal (2,6–3,6).

b) Introdução histórico-doutrinal (2,6–3,6)

Esta introdução compõe-se de três partes, uma de caráter histórico (2,6-10) e duas de ordem doutrinária (2,11-19 e 2,20–3,6). Jz 2,6-10 é a continuação direta do Livro de Josué. De fato, os versículos 6-9 repetem quase ao pé da letra Js 24,28-31, tal como Esd 1,1-3 repete 2Cr 36,22-23. Ou seja, os versículos 6-9 estabelecem a conexão entre Josué e Juízes, assim como Esd 1,1-3 estabelece a conexão entre os livros das Crônicas e os livros de Esdras e Neemias. Jz 2,10 contrapõe as gerações ou etapas de Josué e Juízes e faz uma avaliação religiosa delas.

Jz 2,11-19 é a exposição da sequência teológica "pecado-castigo-conversão-salvação", sequência que serve de introdução a toda a história dos juízes e proporciona a chave para se entender toda a história posterior de Israel, especialmente a catástrofe do exílio, que é o lugar e o momento de onde parte a HDta.

Em Jz 2,20–3,6 torna a ser colocado o problema da permanência dos enclaves cananeus no meio de Israel. Repete-se mais uma vez a explicação já dada em Jz 2,1–3, no sentido de que isso se deve a que Israel violou a aliança. Acrescentam-se outras razões, inseridas por redatores posteriores, umas pessimistas (de que nem sequer aos juízes os israelitas davam ouvidos: Jz 2,17) e outras otimistas (era só para provar Israel: Jz 2,22; 3,1.4; ou para mantê-lo adestrado na arte da guerra: Jz 3,2).

c) Juízes maiores

Os seis juízes maiores são: Otoniel, Aod, Débora-Barac, Gedeão, Jefté e Sansão. Trata-se de homens e mulheres que a tradição israelita recorda com admiração, porque em determinados momentos de crise e perigo eles se puseram à frente de uma ou mais tribos, salvando o povo das mãos dos seus inimigos (cananeus, madianitas, moabitas, amonitas, filisteus...). Personagens de origem nem sempre muito relevante, mas sobre os quais descia o espírito do Senhor, convertendo-os em guias ou chefes carismáticos (Jz 3,10; 6,34; 11,29; 13,25; 14,6.19), que "salvavam" (3,31; 6,15; 10,1) e "libertavam" o povo em momentos de emergência. Otoniel e Aod recebem o apelativo de "libertadores" (3,9.15). A esses seis maiores cabe melhor o título de "salvadores" e "libertadores" do que de "juízes". Na realidade, os juízes são instrumentos escolhidos por Deus para levar a cabo uma salvação da qual Ele é que é o verdadeiro autor (3,9; 6,36-37; 7,7; 10,13).

As histórias dos juízes maiores são muito diferentes umas das outras, em extensão, conteúdo e forma literária. A história de Otoniel, por exemplo, é extremamente concisa; limita-se a dar os dados estritamente necessários para pendurar neles o conhecido esquema teológico do redator deuteronomista (3,7-11).

Também não está muito desenvolvida a história de Débora-Barac (4,1-24), apesar de seu notável interesse histórico-literário, especialmente o cântico de Débora (5,1-31). Em compensação, concede-se amplo espaço à história de Gedeão (6,1–8,35). Abimelec nem foi juiz, mas é objeto de um longo relato, porque, sendo filho de Gedeão, foi o primeiro na história de Israel (segundo o autor deuteronomista) a tentar converter-se pessoalmente em rei (9,1-57).

Jefté é, de si, um juiz "menor", como os que o precedem (10,1-5) e o sucedem (12,8-15). A respeito dele é dada a mesma classe de informações: sobre sua família (11,1-2), sobre a duração de seu mandato e sobre sua sepultura (12,7). Porém, foi transformado num juiz "maior" pelo redator deuteronomista, que fez uma série de adições e retoques: atribui-lhe uma história de libertação (10,17–11,11), prolongada com uma introdução doutrinal (10,6-16), e complementada com a mensagem de Jefté ao rei dos amonitas (11,12-28), com a história do voto de Jefté (11,29-40) e o conflito entre Efraim e Galaad (12,1-6).

A história de Sansão é diferente de todas as outras (Jz 13–16). É da tribo de Dã. Não recruta homens, preferindo manter uma luta pessoal e isolada contra os filisteus. Seu nascimento é precedido de uma dupla teofania a seus pais: será nazireu (consagrado) desde o seio materno e Deus infundirá nele o seu espírito (cap. 13). Casa-se com uma filisteia e faz as primeiras adivinhações (14,1-20). Provoca bastante os filisteus, mas não consegue expulsá-los do país (cap. 15–16). São histórias e lendas populares cheias de humor e ironia, elaboradas com o objetivo de zombar de inimigos que é preciso suportar. Sansão é um personagem paradoxal, contraditório. É extravagante e grotesco, mas ao mesmo tempo aparece como um nazireu, eleito e consagrado por Deus. Aí reside sua força hercúlea e lhe valeu um lugar entre os juízes.

d) Juízes menores

Os seis juízes menores são: Samgar, Tola, Jair, Abesã, Elon e Abdon (Jz 3,31; 10,1-5; 12,8-15). Excetuado Samgar, não lhes é atribuído nenhum ato salvador, nenhum feito especial, como é o caso dos juízes maiores; merecem apenas algumas breves notas, relativas à sua origem, sua família e ao lugar de sua sepultura. Também se diz deles que "julgarão" Israel durante um certo número de anos, que varia de um para outro.

Na realidade, a esses "menores" é que convém propriamente o título de "juízes", no sentido técnico da palavra. O verbo *shafat* (julgar) implicava não só administrar a justiça, mas incluía também outros poderes mais amplos de governo, semelhantes aos dados aos *sufetes* cartagineses e fenícios, que até etimologicamente se parecem com os *sofetim* hebreus. Esse sentido amplo de *shafat* é testemunhado também pelos textos de Mari (século XVIII a.C.) e de Ugarit (século XIII a.C.).

e) Dois apêndices

Jz 17–21 é um conjunto acrescentado ao Livro dos Juízes depois do exílio. Neles não se fala de ataques ou agressões procedentes de inimigos externos, nem de libertadores comparáveis aos juízes dos capítulos 3–16. O redator que acrescentou esses dois apêndices era, sem dúvida, pró-monárquico, e assim por quatro vezes chama a atenção para a anarquia que reinava em Israel antes do estabelecimento da monarquia (Jz 17,6; 18,1; 19,1; 21,25).

O primeiro apêndice (cap. 17–18) descreve a migração da tribo de Dã do seu território inicial, a oeste de Benjamim, para a parte alta do Vale do Jordão. A atenção do relato está centrada sobretudo na fundação do santuário de Dã e na origem de seu sacerdócio, ambos julgados negativamente. O ídolo do santuário é fruto de um duplo roubo; e o sacerdócio remonta a um levita errante, que serve a quem paga mais. Como esses fatos são anteriores à monarquia, o autor pró-monárquico não se preocupa com seu caráter negativo.

O segundo apêndice (cap. 19–21) tem como tema a guerra contra as tribos de Benjamim, suas causas e suas consequências. Ele se desenvolve em três tempos. Primeiro, relata-se o motivo da guerra, ou seja, o crime de Gabaá (cap. 19). Segundo, descreve-se o desenvolvimento da guerra: a convocação das tribos e as operações militares, com seus revezes iniciais, a emboscada e a vitória final dos israelitas (cap. 20). Terceiro, elencam-se as consequências da guerra, assim como a decisão dos israelitas de reabilitar os sobreviventes e oferecer mulheres aos benjaminitas, para assegurar a sobrevivência da sua tribo (cap. 21).

3 Os juízes e a história

Consolidação. Durante o período dos juízes, as tribos israelitas instaladas na terra de Canaã consolidaram a posse de seus respectivos territórios e foram adquirindo sua identidade definitiva, como Efraim, Manassés e Benjamim, dentro do tronco de Raquel. Outras perdem-na, ao serem absorvidas por tribos mais fortes. É o caso de Rúben e Simeão, que foram integradas às tribos de Gad e Judá, respectivamente.

Unificação. Os grupos e tribos que até então haviam seguido histórias e trajetórias diferentes tendem a unir-se, a confederar-se. Eram vários os fatores que trabalhavam a favor dessa união. Primeiro, tinham consciência de pertencer todos a uma mesma etnia, seguramente os amorreus ou arameus, semitas procedentes em última análise da Arábia. Segundo, a comunhão de fé no mesmo Deus (Javé). A fé no mesmo Deus foi um poderoso princípio unificador. Por um lado, distinguia as tribos israelitas de seus vizinhos, e isso as ajudava a afirmar a própria identidade. Por outro, à medida que os diferentes grupos e tribos iam se integrando na mesma comunidade de fé, unificavam-se também as tradições locais e particulares, até se converterem em história linear comum. Sem dúvida, o encontro periódico das tribos em torno do santuário da arca, para celebrar a fé comum, foi um fator importante no processo de unificação.

Defender-se de inimigos comuns. Pouco depois da entrada dos israelitas (por volta de 1220 a.C.), ocorreu o assentamento dos filisteus na Costa

Mediterrânea (por volta de 1175 a.C.), que passaram a disputar com os israelitas o domínio da terra, chegando inclusive a pôr em perigo a existência das tribos hebraicas. Essa hostilidade dos filisteus, junto com as dificuldades provenientes dos nativos do país (os cananeus) e dos povos vizinhos (madianitas, moabitas, amonitas etc.), foi o terceiro fator a favorecer a unificação.

Os juízes. Esse processo de consolidação e unificação foi presidido pelos juízes, que se punham à frente de uma ou mais tribos, em tempos de crise, gerada quase sempre pela hostilidade dos inimigos externos. Eles são os "libertadores ou salvadores", como gosta de chamá-los Lutero, ou "guias e chefes carismáticos", como os prefere chamar Max Weber. A missão dos juízes era pessoal e temporária. Uma vez superado o perigo, voltavam à sua vida anterior, e as tribos governavam-se por si mesmas. Não se confirmou a hipótese de Martin Noth, que queria ver os chamados "juízes menores" como funcionários anfictiônicos. A pretensa anfictionia de Martin Noth, à maneira das anfictionias gregas e latinas, não existiu em Israel. As tribos tinham vida autônoma. Não consta que tenha existido uma organização política comum a todas elas.

As seis tribos do Norte. Segundo Jz 5,14-17, foram seis as tribos que responderam à convocação feita por Débora: Efraim, Benjamim, Maquir (Manassés), Zabulon, Issacar e Neftali. Outras quatro tribos são recriminadas por não terem respondido ao chamamento: Rúben, Galaad (Gad), Dã e Aser. Silencia-se por completo sobre as tribos do Sul (Judá, Simeão e Levi), sem dúvida porque achavam-se separadas das do Centro e do Norte pela barreira formada pelas cidades-ferrolho: Gazer-Aialon-Gabaon-Jerusalém.

A partir de meados do período dos juízes, passou a existir no Centro-Norte da Palestina uma federação de seis tribos (cf. Jz 6,35; 7,23-24; Js 13–19, onde as fronteiras dessas seis tribos são descritas detalhadamente). As quatro que não responderam à convocação não deviam pertencer à liga, embora a crítica que lhes é feita constitua um convite implícito a que se integrem.

Israel e Judá. O elemento dominante na federação das seis tribos pertence ao grupo de Raquel. De fato, as três primeiras citadas, Efraim, Benjamim e Manassés, pertenciam ao tronco Israel-Raquel. Isso poderia explicar a frequência com que é citado *Israel* em Jz 5 (oito vezes nos doze primeiros versículos). Jz 5 é o texto bíblico mais antigo que fala de Israel em sua qualidade de povo ou entidade política que reúne ou quer reunir as dez tribos do Centro-Norte da Palestina.

Essa é a extensão que tem o nome de Israel nos dias de Saul e Davi, quando se fala separadamente de Israel e de Judá (2Sm 19,44; 1Rs 11,31). Unidos sob o poder pessoal de Davi, Israel e Judá continuarão mantendo sua autonomia militar e administrativa. Davi foi o rei de Israel e de Judá (2Sm 5,1-5). Era rei duas vezes.

Conclusão. A integração das doze tribos numa mesma árvore genealógica ou tribal, ou seja, o esquema das doze tribos, é uma construção ideal de um grande Israel, que data dos dias de Davi. Jamais existiu como organização política antes dele. Como Judá partilhava da mesma fé javista de Israel, o termo *Israel*, com essa conotação religiosa, estendeu-se com o tempo também a Judá.

4 Teologia dos juízes

A escola deuteronomista quis enquadrar sua teologia no marco histórico, a fim de ilustrar e encenar suas teses doutrinais em histórias e personagens concretos. É no Livro dos Juízes que se pode ver com mais clareza essa correlação e complementaridade entre história e teologia. O autor deuteronomista serviu-se das histórias de doze juízes, especialmente dos seis maiores, encarnando neles a sua doutrina teológica.

Os heróis que recebem o nome de juízes e se convertem em libertadores de uma ou mais tribos são de origens e de épocas muito diferentes. São diferentes também os conteúdos e os estilos das façanhas a eles atribuídas. Ao autor deuteronomista, porém, isso não importa. Ele não se pronuncia sobre seus personagens nem sobre a vida deles; simplesmente toma-os como exemplo e encarnação das suas teses teológicas.

Por isso, não se deve estranhar que existam dissonâncias entre o conteúdo próprio de cada uma das histórias dos juízes e a teologia oficial do Dta. As histórias dos juízes, por exemplo, falam de pluralidade de santuários, ao passo que o Dta só reconhece um lugar de culto (Dt 12). O Deuteronômio condena os sacrifícios humanos (Dt 12,30-32); mas na história de Jefté admite-se sua possibilidade (Jz 11). De si, as histórias dos juízes são locais, particulares e muitas vezes simultâneas; sem dúvida, o Dta as converte numa história comum e linear de todo o povo. O Dta deu aos relatos particulares uma dimensão universal: o protagonista da história passa a ser "todo Israel", e não mais heróis individuais, clãs e tribos concretos.

O Dta estava às voltas com um problema de alcance nacional, e por isso seu exame da história tende a generalizar, universalizar. Desde o primeiro versículo do Deuteronômio ele tem presente "todo Israel". "Todo Israel" é que leva a cabo a conquista, no Livro de Josué, apesar do que é dito em Jz 1,1–2,5. Do mesmo modo, aqui no Livro dos Juízes parte-se de relatos particulares, isolados e desconexos, para se construir artificialmente uma outra etapa da história de "todo Israel", compacta e delimitada.

Como vimos, nas histórias dos juízes encontramos verificados os princípios teológicos do Deuteronômio, especialmente a dialética da aliança: quando Israel é fiel, Deus lhe envia libertadores, e sobrevêm tempos de paz. Quando abandona o Senhor para seguir os ídolos, as maldições previstas pelo código deuteronômico desabam sobre o povo.

A sequência "pecado-castigo-conversão-salvação", repetida seis vezes com cada um dos juízes maiores, de maneira uniforme e constante, põe às claras algumas outras doutrinas teológicas; por exemplo: a debilidade e fragilidade do povo, especialmente em relação aos cultos pagãos; a ameaça que pesa sobre Israel por causa de suas constantes apostasias; a inesgotável paciência de Deus, que se manifesta na sempre repetida aparição de novos libertadores.

Talvez em nenhum outro livro do AT apareça com tanta ênfase a doutrina da graça, segundo a qual

> o que se julga loucura de Deus é mais sábio do que os homens; e o que se julga fraqueza de Deus é mais poderoso do que os homens [...] e o que o mundo julga fraco, Deus escolheu para confundir os fortes (1Cor 1,25-28).

Gedeão, por exemplo, dirige-se a Deus nestes termos:

> Perdão, meu Senhor!, disse Gedeão. Como posso salvar Israel? Minha família é a menor de Manassés, e eu sou o mais novo na casa de meu pai. Mas o Senhor lhe disse: Eu estarei contigo! Por isso baterás os inimigos como se fossem um só homem (Jz 6,15-16).

O que é dito de Gedeão vale também para os demais juízes. Nem Otoniel, nem Aod, nem Débora, nem Jefté, nem Sansão eram precisamente protótipos de sabedoria, de força, de virtude, nem se distinguiam por sua ascendência aristocrática. E, sem dúvida, Deus serviu-se deles para salvar seu povo, segundo a formulação de São Paulo: "Basta minha graça porque é na fraqueza que a força chega à perfeição" (2Cor 12,9). Gedeão tem consciência de que a salvação vem não de exércitos numerosos, mas da graça de Deus (Jz 7,2).

> Uns confiam em carros, outros em cavalos; nós, porém, no nome do Senhor nosso Deus, a quem invocamos (Sl 20,8).

1.4 Os livros de Samuel (dos juízes à monarquia)

1 Os livros de Samuel e a história deuteronomista

À medida que avança, a história vai se deteriorando. Durante a vida de Josué (primeira etapa), o povo manteve-se fiel às cláusulas da aliança, exceto no caso de Acã, e por isso a conquista da terra foi uma caminhada triunfal. No entanto, morreu a geração de Josué e sucedeu-a a geração dos juízes (segunda etapa), que não conhecia o Senhor nem o que este fizera por Israel (Jz 2,10). Daí que durante a etapa dos juízes nem tudo é positivo, e ao lado do bem aparece o mal. Alternam-se fidelidade e infidelidade.

Nesta terceira etapa, que começamos agora, a situação continua piorando. Segundo o Dta, a monarquia significa deslealdade e traição, do ponto de vista institucional. É a denúncia que se faz em 1Sm 12, um dos discursos editoriais mais marcantes da HDta:

> Portanto, agora ponde-vos de pé, para que possa discutir convosco e indicar-vos diante do Senhor todas as obras salutares que Ele prestou a vós e vossos pais! Quando Jacó foi para o Egito e vossos pais gritaram ao Senhor, Ele lhes enviou Moisés e Aarão que conduziram vossos pais para fora do Egito e lhes deram domicílio neste lugar. Mas eles não pensaram mais no Senhor seu Deus; então Ele os vendeu às mãos de Sisara, comandante militar de Hasor, às mãos dos filisteus e do rei de Moab, e estes travaram guerra com eles. Por isso gritaram ao Senhor e confessaram: Temos pecado, porquanto abandonamos o Senhor e prestamos culto aos baals e às astartes; agora salva-nos das mãos dos nossos inimigos e nós te serviremos! O Senhor enviou Jerobaal, Badã, Jefté e Samuel e vos libertou das mãos de todos os vossos inimigos, de modo que pudésseis morar em segurança. Quando, porém, vistes que Naás, rei dos amonitas, marchava contra vós, me dissestes: Não! Mas é um rei que deve reinar sobre nós, quando o Senhor vosso Deus é o vosso Rei.
>
> Pois bem, está aí o rei que escolhestes e pedistes; já vedes que o Senhor vos deu um rei. Se temerdes ao Senhor e o servirdes, se escutardes a sua voz e não fordes rebeldes contra o preceito do Senhor, tanto vós como o rei que reina sobre vós, seguireis ao Senhor vosso Deus. Se, porém, não escutardes a voz do Senhor, se fordes rebeldes contra o seu preceito, sua mão se fará sentir sobre vós e vossos pais.
>
> E agora tomai posição e reparai no grande prodígio que o Senhor vai operar diante dos vossos olhos. Porventura não se está fazendo atualmente a colheita do trigo? Pois eu vou invocar o Senhor para que mande uma trovoada e chuva, para que saibais com evidência quão grande mal cometestes aos olhos do Senhor, pedindo um rei (1Sm 12,7-17).

Posto na boca de Samuel, esse discurso de 1Sm 12 é uma peça redigida pelo deuteronomista, tendo a função de fazer a passagem do período dos juízes para o da monarquia, ou seja, serve para fazer a transição entre a segunda e a terceira etapas da HDta.

O discurso foi elaborado a partir de diferentes elementos e paradigmas literários. Tem muito de *testamento*, um gênero bastante frequente na

Bíblia, segundo vimos, ao falar de Js 23. Embora não se pronuncie a palavra, 1Sm 12 foi construído também sobre o paradigma *aliança*. Os versículos 6-13 correspondem ao "prólogo histórico" dos pactos de vassalagem de Anatólia, Síria e Mesopotâmia (cf. o que dissemos sobre o conteúdo e estrutura do Deuteronômio).

As imagens de testamento e aliança dão força e solenidade a 1Sm 12, um discurso muito importante dentro da concepção deuteronomista da história, por duas razões principais. Primeira, porque assinala o momento de transição entre o período dos juízes e a monarquia. Segunda, porque faz uma avaliação geral do regime monárquico. Essa avaliação global da monarquia, feita por 1Sm 12, será seguida pelo juízo particular sobre cada um dos reis, tanto do Norte como do Sul, em 1/2 Reis. A avaliação da monarquia por parte do Dta, tanto a global como a particular, é predominantemente negativa. Os desvios e o mau comportamento da maior parte dos reis foram precisamente as causas do exílio em que agora se encontra o povo, quando o Dta publica a última edição de sua obra.

Comparados entre si, o regime dos juízes e a monarquia, o autor de 1Sm 12 mostra-se favorável ao primeiro e crítico em relação à segunda. Claro, sabe que a etapa dos juízes não foi uma etapa ideal; contudo, crê que era preferível à monarquia, porque salvaguardava melhor a fé javista e o espírito da aliança. Os juízes eram suscitados diretamente pelo espírito de Deus, que vinha sobre eles e os convertia em "guias e chefes carismáticos". O verdadeiro e único rei era Deus. Ele é quem enviava os juízes para salvar o povo em momentos de emergência, mas uma vez superado o perigo, eles voltavam para a sua vida normal, e a única referência permanente para todas as tribos eram Deus e o santuário da arca.

O regime monárquico, por sua vez, fortalece muito a iniciativa do povo, o que pode até mesmo colocar em perigo a autoridade divina, que em última instância é a fonte de todo poder, segundo a tradição bíblica. Esse é o fundamento da denúncia feita por 1Sm 12,12-13:

> Quando, porém, vistes que Naás, rei dos amonitas, marchava contra vós, me dissestes: Não! Mas é um rei que deve reinar sobre nós,

quando o Senhor vosso Deus é o vosso rei. Pois bem, está aí o rei que escolhestes e pedistes; já vedes que o Senhor vos deu um rei.

Ao tomar a iniciativa, o povo introduziu um corte na dinâmica da história. No tempo dos juízes, era o Senhor quem enviava libertadores carismáticos, os quais salvavam o povo das mãos dos inimigos. No entanto, a tradição quebrou-se quando Israel viu-se agredido por Naás, rei dos amonitas. Em vez de recorrer, como das outras vezes, ao Senhor, para que enviasse um juiz libertador, as tribos israelitas tomaram a iniciativa e elegeram por conta própria o Rei Saul (1Sm 11,15).

Duas concepções de monarquia

No AT em geral, e de maneira especial nos livros de Samuel e Reis, coexistem duas concepções contrapostas de monarquia, uma mais idealizada e outra mais crítica. Geralmente são chamadas de corrente pró-monárquica e antimonárquica, porém essa linguagem não parece muito adequada, pois cremos que não se trata simplesmente de ser pró ou contra a monarquia; na verdade, trata-se de diferentes concepções ou posturas frente à monarquia. De fato, o próprio Samuel, que, de um lado, mostra-se crítico em relação à monarquia, por outro é ele quem preconiza e derrama o óleo da unção sobre a cabeça dos dois primeiros reis (Saul e Davi).

A monarquia, especialmente a dinastia davídica, sobrepuja todas as críticas, até se converter numa das esperanças mais firmes abertas ao futuro (a esperança messiânica).

À concepção idealista pertencem 1Sm 9; 10,1-16; 11, relatos esses referentes a Saul; os primeiros poderiam intitular-se: "A história do jovem que saiu para buscar os cavalos de seu pai e voltou coroado rei"; um título romântico, que por si só evoca o clima de euforia e otimismo que envolve a unção de Saul como rei. Realmente, trata-se de relatos cheios de encanto, ingenuidade e simplicidade, escritos com graça e simpatia. Os personagens que entram em cena mostram-se agradáveis e simpáticos: dos protagonistas (Samuel e Saul) aos criados deste último, passando pelos jovens que levam Saul até Samuel, pelos dois homens que lhe comunicam ter encontrado os animais, pelos três adoradores que o presenteiam com suas oferendas e pelo grupo de profetas que acolheu Saul.

Dentro da concepção idealista, ocupam lugar de destaque os textos relativos a Davi e sua dinastia, começando pela profecia de Natã (2Sm 7), seguindo pelos salmos reais ou messiânicos (2; 18; 20; 21; 45; 72; 89; 110; 132) e terminando com os oráculos proféticos (Is 7; 9, 11; Jr 23; Mq 5).

À concepção ou corrente crítica pertencem 1Sm 8; 12; costuma-se incluir também 1Sm 10,17-27, embora este pareça representar mais uma tradição independente, a meio-caminho entre a concepção idealista e a crítica. Dentro da corrente crítica deve-se colocar também a desqualificação do Rei Saul e da maior parte dos reis, tanto do Norte como do Sul (1Sm 13; 15: 1/2 Rs), a fábula de Joatão (Jz 9), e as inumeráveis denúncias e críticas que os reis, a monarquia e suas instituições recebem dos profetas.

Por detrás da corrente crítica adivinha-se a preocupação dos teólogos do AT de não concordar com a autonomia das instituições e realidades temporais, por medo de que o povo eleito passe a confiar mais nas forças humanas do que em Deus. É a célebre contraposição entre a postura de fé e a política da força, que está bem representada no confronto entre Davi e Golias. Davi diz a Golias:

> Tu vens contra mim com espada e lança e cimitarra; mas eu venho contra ti em nome do Senhor Todo-poderoso (1Sm 17,45).

Não é um confronto bélico, e sim um combate teológico. O mesmo se diz no Sl 20,8:

> Uns confiam em carros, outros em cavalos; nós, porém, no nome do Senhor nosso Deus, a quem invocamos.

A tentação da autonomia e da autossuficiência ameaçava sobretudo o regime monárquico, pois corria-se o risco de confiar mais no exército profissional e na política de alianças (própria da monarquia) do que em Deus. Davi, por exemplo, atraiu sobre si e sobre seu povo o castigo divino por confiar mais nos efetivos humanos do que em Deus (2Sm 24).

Na hora de ler e harmonizar os textos de ambas as concepções, sobretudo quando se encontram tão entrelaçados, como é o caso de 1Sm 8–12, convém recordar o que dissemos a respeito das duas edições da HDta. A maior parte dos textos da concepção idealista pertence seguramente à edição do tempo de Josias. Os da corrente crítica pertencem, sem dúvida, à edição do exílio.

2 *Arquitetura e materiais dos livros de Samuel*

Na antiga Bíblia hebraica, os livros de Samuel não estavam divididos em dois, formando um só rolo seguido. Foi a tradição grega dos LXX que dividiu o texto em dois livros de tamanhos mais ou menos iguais para facilitar o seu manejo na hora da leitura. A Bíblia grega também os uniu ao Livro dos Reis, que, por sua vez, também foi dividido em dois rolos, com o que formou-se um conjunto de quatro volumes, que recebeu o nome de livros dos *Reinos*. Os livros de Samuel correspondiam ao 1º e 2º dos Reinos, e os livros dos Reis correspondiam ao 3º e 4º dos Reinos. A Bíblia latina adotou a divisão da tradição grega, mas, em vez de livros dos Reinos, chamou os quatro de livros dos *Reis*.

Por influência das bíblias grega e latina, a divisão de Samuel em dois livros foi introduzida posteriormente, a partir dos séculos XV e XVI, também na Bíblia hebraica. Os primeiros que a adotaram foram os judeus espanhóis, segundo consta de um manuscrito do AT do ano de 1448. Logo foi difundida e generalizada através das bíblias hebraicas impressas por Félix Pratensis e Daniel Bomberg, em Veneza (de 1517 em diante).

Na hora de dividir a HDta nos atuais sete livros, a divisão adotada nem sempre foi a melhor. Quanto aos nossos livros, concretamente, a primeira parte de 1 Samuel apresenta afinidades claras com o Livro dos Juízes. Em 1Sm 7,15-17 e 8,1-3, Samuel e seus filhos aparecem como os últimos juízes, que encerram um período da história de Israel. Depois deles começa a monarquia. Seria de se esperar, portanto, que a divisão dos livros dos Juízes e Samuel fosse feita em 1Sm 12, dado que esse capítulo destina-se a fazer a transição dos juízes para a monarquia.

73

Também quanto ao final parece que a divisão entre os livros de Samuel e Reis não foi a mais acertada. É opinião comum que os dois primeiros capítulos de 1 Reis constituem o desenlace da história da *sucessão ao trono de Davi*, que se desenrola ao longo de 2Sm 9–20.

A própria divisão interna de Samuel em dois livros foi feita, segundo dissemos acima, por razões de ordem prática. Do ponto de vista lógico, a divisão atual, entre 1º e 2º Samuel, parte em dois o relato da morte de Saul e, sobretudo, corta a história da "ascensão de Davi ao trono".

Sem esquecer a conexão e dependência de 1/2 Samuel com os livros que os precedem e os seguem, é justo também reconhecer que 1/2 Samuel formam em si mesmos uma unidade literária, histórica e teológica tão autônoma que podem ser estudados à parte.

A unidade de 1/2 Samuel é dada sobretudo pelas três grandes figuras que protagonizam esse momento da história de Israel: Samuel, Saul e Davi. A força e a relevância desses três personagens (*dramatis personae*), que, além do mais, estão relacionados entre si, é suficiente para dar ao conjunto unidade e coesão. Precisamente a partir das *dramatis personae* (protagonistas da obra), dividimos 1/2 Samuel em seis partes.

a) História de Samuel (1Sm 1–7)

1Sm 1–7 está integrado por três unidades literárias principais: infância de Samuel (1–3); história da arca (4–6); Samuel, juiz de Israel (7).

Entre essas três unidades existem diferenças de conteúdo e de forma. Na história da arca (4–6), por exemplo, em nenhum momento entra o nome de Samuel. Dentro da própria história de Samuel há diferenças entre as tradições da infância e o relato de sua atuação como juiz. Ou seja, tudo leva a pensar que as unidades que integram atualmente 1Sm 1–7 existiram, em algum momento, como peças autônomas e independentes.

Mas existem também entre elas alguns elementos ou temas comuns, que fazem de 1Sm 1–7 um todo homogêneo e unitário. Entre a infância de Samuel e a história da arca, inicialmente autônomas, o tema comum é o santuário de Silo, junto com a arca e a família de Eli, que exercia o sacerdócio nesse santuário. Quer dizer, as duas histórias movem-se dentro do mesmo marco: o santuário de Silo. Nas duas está presente a arca. Das duas histórias participam Eli e seus filhos Hofni e Fineias. Outro tema comum é a pessoa de Samuel, dado que é o protagonista da primeira e da terceira unidades. Ou seja, 1Sm 1–7 começa com Samuel e termina com Samuel; é o que se chama *inclusão*: uma figura literária que consiste em *incluir* um relato ou um livro inteiro dentro de um tema, uma frase ou um episódio, que se repete do começo ao fim; o Evangelho de Lucas, por exemplo, começa no templo e termina no templo.

b) Samuel e Saul (1Sm 8–15)

Não querendo ficar em inferioridade em relação aos demais povos, já governados por reis, e vendo-se obrigados a unir esforços para defender-se e enfrentar os filisteus, os israelitas abandonam o regime tribal e adotam a monarquia. O encarregado de fazer a transição é Samuel. É ele quem unge Saul como primeiro rei (8–12). Do ponto de vista político, cultural e militar, a monarquia era vista pelo povo eleito como um passo qualitativo para frente.

Os capítulos 13–14, com sua introdução em 13,1 e sua conclusão em 14,47-52, apresentam-se como se fossem a história do reinado de Saul, mas de fato não contêm mais que algumas seções de guerra, que cobrem apenas o período de um dia. O reinado de Saul vai continuar nos capítulos 15–31. Dentro do capítulo 13, os versículos 7b-15a interrompem o relato de guerra para dar lugar a uma primeira versão da censura a Saul por parte de Samuel. No capítulo 15 temos a segunda versão da crítica a Saul.

c) Saul e Davi (1Sm 16–2Sm 1)

Esta seção, que alguns autores estendem até 2Sm 5, ou mesmo 8, em geral é intitulada história da *ascensão de Davi ao trono*. Claro, está muito longe de ser uma história unitária e homogênea. Nos relatos referentes às relações, geralmente conflituosas, entre Saul e Davi (1Sm 16,14–2Sm 1), abundam as duplicações, e por isso poder-se-ia falar de histórias paralelas. Em todo caso, ao longo desses capítulos descobre-se a linha positiva sempre ascendente de Davi, que acaba por levá-lo até o trono, e a curva negativa descendente de Saul, que, privado do espírito do Senhor e dominado pela suspeição, pela inveja, pela mania de perseguição e pela superstição (cap. 28), caminha inexoravelmente para a reprovação total, decretada já em 1Sm 15, e para a morte.

Essa linha de mão dupla – positiva para Davi e negativa para Saul – está balizada por uma cadeia de quinze oráculos, que anunciam, de um lado, o reinado para Davi e, de outro, a reprovação de Saul. Os quinze oráculos são estes: 1Sm 13,14; 15,28; 16,1; 18,8; 20,13-16; 20,30-31; 23,17; 24,21; 25,28-31; 26,25; 28,16-17; 2Sm 1,10; 3,9-10; 3,17-18; 3,21.

Ao ódio crescente de Saul o autor contrapõe o amor e a simpatia do povo, dos servidores e dos filhos de Saul (1Sm 18,1-5.16.22.28.30; 19,4; 23,3).

Jônatas, Micol e Samuel, todos arriscam suas vidas para salvar Davi, como Aquimelec e sua família sacerdotal, que por causa dele é vítima de uma matança coletiva (1Sm 16–22). Doeg, o edomita, e Nabal, o calebita, são uma exceção, e por isso são julgados negativamente (1Sm 22; 25).

As expressões de amor e simpatia por Davi, o realce que recebem suas nobres qualidades, e sua eleição divina como condutor (1Sm 13,14), são todos recursos editoriais mediante os quais o Dta anuncia a ascensão de Davi ao trono:

- quando entra para o serviço de Saul, o autor apresenta Davi com qualidades próprias de um rei (16,18);
- quando regressa vitorioso, depois de ter matado o gigante Golias, as mulheres o colocam acima do próprio Saul (1Sm 18,7): "Saul matou seus mil, Davi seus dez mil";
- seu casamento com Micol, filha de Saul, lhe dá direito ao trono, depois da morte de Saul e de seus filhos (1Sm 18,17-30);
- Jônatas é o primeiro da casa de Saul a saudar Davi como futuro rei. Coloca-o, inclusive, acima de si próprio (18,4; 20,13-16; 23,17);

• o próprio Saul saúda-o como seu sucessor (20,31; 23,17). São especialmente significativos os dois anúncios que Saul pronuncia a favor de Davi, quando este se recusa a matá-lo (24,20-21; 26,25);

• até os filisteus reconhecem Davi como rei (21,11-12);

• a história de Abigail (1Sm 25) alcança seu clímax nas palavras que esta pronuncia para saudar Davi como chefe (v. 30). As palavras de Abigail evocam e retomam o que foi dito em 1Sm 13,14, sobre a reprovação de Saul e a eleição de Davi;

• nos capítulos 16–22 de 1Sm encontramos vários relatos duplicados ou triplicados que apontam sempre na mesma direção: exaltação de Davi e humilhação de Saul. Por três vezes Davi toca sua lira para alegrar Saul, que reage agressivamente. Em duas ocasiões, Saul oferece a Davi alguma de suas filhas em casamento. As intervenções de Jônatas, filho de Saul, a favor de Davi repetem-se várias vezes. Em diversas ocasiões, Davi foge de Saul, e por duas vezes recusa-se a matá-lo. Por duas vezes procurou refugiar-se no país de Aquis, rei de Gat. São frequentes também os relatos desdobrados em dois tempos ou duas cenas, como o casamento com Micol, as relações de Davi com os sacerdotes de Nob, a ofensiva dos filisteus contra Saul, o relato sobre a derrota de Saul e sua morte. Todos esses desdobramentos e repetições formam uma barreira de relatos que giram sempre em torno do mesmo eixo central: a ascensão de Davi e o declínio de Saul.

d) Davi, rei (2Sm 2–8)

Depois dos repetidos anúncios pronunciados em favor de Davi como rei, a partir de 1Sm 16, e inclusive antes, finalmente chega a hora da realidade. Primeiro ele é coroado rei de Judá, e, logo que resultaram inviáveis as tentativas para garantir a sucessão estável de Saul, é coroado também rei de Israel. Davi conquista Jerusalém e, uma vez vencidos os filisteus, translada para lá a arca, com a qual a cidade recém-conquistada converte-se em capital do reino e em cidade santa, ou seja, morada do Senhor, que está presente na arca. As vitórias sobre os povos vizinhos consolidam o reino de Davi, que alcança o *status* de um pequeno império.

Nesta seção brilha com luz própria a profecia de Natã (2Sm 7,1-17). Jogando com o duplo significado do substantivo "casa", que pode significar tanto "casa de Deus" (templo) como "casa real" (família-dinastia), o autor de 2Sm 7 elabora o que poderíamos chamar de *carta magna* da dinastia davídica: "Tua casa e tua realeza subsistirão para sempre diante de mim" (v. 16).

Referindo-se a essa profecia-promessa, Davi chama-a, em 2Sm 23,5, de "pacto-aliança". De fato, a eleição de Jerusalém como cidade santa e a eleição da dinastia davídica como depositária das promessas divinas tornavam-se os dois artigos de fé, os dois dogmas que inauguram uma nova etapa na história da salvação. O binômio "Davi-Jerusalém" vinha a somar-se ao binômio "Moisés-Sinai", que representava o núcleo do credo antigo, o qual se enriquecia agora com dois novos artigos de fé.

O pacto de Deus com Davi e sua dinastia será o aval e o argumento que mantêm alta a moral e viva a esperança do povo, nos momentos difíceis. Enquanto permanecer acesa a "lâmpada de Davi", nada estará definitivamente perdido (1Rs 11,36; 15,4; 2Rs 8,19). A profecia de Natã constitui o ponto de partida do chamado messianismo real, ou seja, a promessa ultrapassa Salomão, primeiro sucessor de Davi (v. 13) e projeta-se para o futuro, à espera do rei ideal (Is 7; 9; 11; Mq 4–5 etc.).

e) A sucessão de Davi (2Sm 9–20)

2Sm 9–20, junto com 1Rs 1–2, tradicionalmente recebe o nome de história da *sucessão de Davi*, sendo considerado o bloco mais original e homogêneo dos livros de Samuel, e inclusive como uma das primeiras manifestações (e peça mestra) da historiografia universal (E. Meier). Os historiadores modernos são mais sóbrios em suas apreciações (cf., p. ex., J. van Seters).

A curiosidade em torno do sucessor de Davi é a questão que mantém viva a atenção do leitor através desses capítulos. Vão sendo descartados todos os possíveis candidatos, primeiro Meribaal, neto de Saul, e também os filhos mais velhos de Davi (Amnon, Absalão e Adonias), até que afinal alça-se Salomão, filho de Davi e Betsabeia, a mulher de Urias que Davi tomou para si, depois de mandar matá-lo. A esses episódios finais é dedicado amplo espaço nos capítulos 10–12.

A grandeza e a fidelidade de Urias contrastam com a baixeza e a mesquinhez de Davi. São como que dois painéis de um mesmo díptico, feito de luz e de sombras. Deitado à porta do palácio, com o pensamento voltado para a arca e seus companheiros de armas que se encontravam na frente de batalha, renunciando ao conforto e aos prazeres que Davi lhe oferecia, Urias aparece no quadro moral pintado pelo autor de 1Sm 11 como o protótipo da lealdade ao seu rei, da solidariedade aos colegas de armas e de devoção ao Deus presente na arca. É o painel de luz, de nobreza, de fidelidade. O painel de sombras cabe a Davi, convertido em prisioneiro das paixões mais vis e abjetas, que o levam a recorrer a artimanhas inconfessáveis para manter a imagem e as aparências, enquanto executa propósitos criminosos. Contudo, o núcleo principal da história da *sucessão de Davi* é formado pela seção de Absalão. Os oito capítulos de 2Sm 13–20 têm como tema central a rebelião de Absalão, rebelião que provoca uma série de crises e dissensões políticas que põem em perigo a estabilidade e o futuro do reino. A rebelião é acompanhada de múltiplos eventos de caráter familiar, embora estes, em si mesmos, não interessem tanto ao autor, e sim suas implicações e consequências políticas.

Esse é o caso do incesto de Amnon. Ainda que pareça ter sentido em si mesmo, indubitavelmente não passa de um primeiro ato e o princípio desencadeador da ampla e complexa história da rebelião de Absalão.

Seguramente, a intenção última do autor aponta inclusive para além da rebelião de Absalão. O tema de fundo de 2Sm 9–20 é, segundo vimos acima, a questão da sucessão: saber quem vai ser o sucessor de Davi. Embora de maneira implícita e velada, em 2Sm 12,24-25 diz-se que o eleito para suceder Davi é seu filho Salomão. Por isso, vão sendo excluídos os demais filhos do rei. Nessa linha, o crime de Amnon indica e prepara sua exclusão e eliminação, conforme se pressente já em 2Sm 13,22 e será descrito a partir do versículo 23.

Para chegar ao poder, Absalão começou atuando como costumam fazer todos os políticos: criticando a forma de atuação do poder estabelecido e oferecendo uma alternativa mais justa e mais eficaz (2Sm 15,1-6). A oferta de Absalão era dirigida especialmente às tribos e aos homens de Israel. O mesmo será feito, mais tarde, por Seba (2Sm 20) e por Jeroboão (1Rs 12). Absalão aproveita o descontentamento do reino do Norte para jogá-lo contra seu pai Davi e, dessa maneira, conseguir o triunfo da rebelião.

Entre os reinos do Norte e do Sul existiam diferenças e tensões de ordem teológica, institucional, social e econômica. As tribos do Norte tinham suas preferências pelas tradições antigas (o binômio "Moisés-Sinai"). Parecia-lhes que a monarquia dinástica introduzida por Davi não respeitava suficientemente os direitos do povo, posto que este não tinha voz na hora de eleger os reis. Eles viam-se submetidos a trabalhos forçados (1Rs 5,27-32; 9,15-21), serviços próprios de escravos e prisioneiros de guerra. Enfim, sentiam-se discriminados.

Depois de quatro anos dedicados sobretudo a ganhar para sua causa o apoio do Norte, Absalão volta-se para o Sul. Valendo-se de uma piedosa artimanha, transladou-se para Hebron (2Sm 15,7-12). Ali tinha nascido; ali Davi tinha sido coroado. Possivelmente contrariados com a decisão de Davi de transferir a corte para Jerusalém, os hebronitas deram boa acolhida a Absalão. Em Hebron consumou-se a rebelião aberta e publicamente. Aquitofel será um dos apoios mais importantes de Absalão.

Informado da rebelião de Absalão em Hebron e dos apoios com que contava, Davi achou mais prudente fugir. Abandonou o palácio e a cidade de Jerusalém e fugiu para o deserto de Judá, acompanhado de quase todo o pessoal da corte (2Sm 15,13-37). O relato da fuga é acompanhado de algumas reflexões e preces que lhe dão um certo tom de procissão penitencial (v. 23.30-31). Houve autores que viram na humilhante saída do rei da cidade santa, e no seu retorno triunfal e glorioso (cap. 19), uma dramatização de caráter litúrgico-cultual. Certamente trata-se de uma história teologizada, segundo manifestam textos tão explícitos quanto 2Sm 15,25-26 e 16,10-12.

Logo que chegou ao topo do Monte das Oliveiras, Davi encontra-se com Siba, servidor de Meribaal, que lhe oferece animais e provisões para a travessia do deserto. Quando o rei soube que Meribaal, senhor de Siba, estava em Jerusalém esperando o momento para poder recuperar o reino de seu avô Saul, Davi despojou-o das propriedades que lhe tinha entregue anteriormente (cap. 9) e as transferiu para Siba, como recompensa por esse gesto de generosidade (2Sm 16,1-4).

Um pouco mais adiante, na altura de Baurim, saiu ao encontro de Davi um homem da família de Saul chamado Semei, que prorrompeu em maldições contra o rei e lançava pedras sobre ele e sua comitiva. Davi não permitiu que Abisaí matasse o parente de Saul, por entender que o que acontecia ali era uma coisa de Deus, não dos homens (2Sm 16,5-14).

Os encontros com Siba e Semei também se alinham, mais ou menos estreitamente, com o tema da sucessão de Davi. Meribaal tinha esperança de recuperar o reino de Israel (2Sm 16,3) e Semei pronuncia-se abertamente contra Davi e a favor da casa de Saul (16,7-8).

Davi dirigiu-se ao céu nestes termos: "Senhor, frustra o conselho de Aquitofel" (2Sm 15,31). Deus escutou a oração de Davi. Apesar de ser mais sensato o conselho de Aquitofel, Absalão seguiu o de Cusai, e essa decisão significou a sua ruína (2Sm 16,15–17,23). "[...] o Senhor tinha determinado fazer fracassar o plano excelente de Aquitofel com o fim de arrastar Absalão à desgraça" (2Sm 17,14). Deus então salva Davi das mãos de Absalão, tal como o havia livrado anteriormente das ciladas de Saul (1Sm 23,14; 30,6).

Absalão é derrotado e morto na Transjordânia, local até onde chegara na perseguição a seu pai. Davi fica sabendo da morte do filho, é tomado por uma dor profunda e cai em depressão, até que Joab o tira de seu ensimesmamento; ele, então, volta para Jerusalém, com a aquiescência da população de Israel e de Judá, entre as quais afloram algumas tensões e rivalidades (2Sm 17,24–19,44).

Em 2Sm 20 produz-se uma nova tentativa de rebelião, por obra de Siba, ao grito de: "Cada qual para sua tenda, Israel!" (2Sm 20,1). O mesmo grito presidirá, mais tarde, o cisma das tribos do Norte, chefiadas por Jeroboão (1Rs 12,16).

f) Apêndices (2Sm 21–24)

Esses apêndices são como que um parêntese que interrompe a história da *sucessão de Davi*, a ter continuidade em 1Rs 1–2. Eles são integrados por quatro peças soltas referentes ao reinado de Davi. Os capítulos 21 (v. 1-14) e 24 são dois relatos de sabor arcaico que apresentam algumas afinidades entre si: no primeiro fala-se de uma fome de *três anos* e, no segundo, de uma peste de *três dias*. Os capítulos 21,15-22 e 23,8-39 são crônicas integradas por histórias, notas e listas relativas às guerras e aos heróis de Davi. Os capítulos 22 e 23,1-7 são dois poemas, que reproduzem o Sl 18 do saltério e as últimas palavras de Davi, respectivamente.

Entre esses apêndices merece atenção especial 2Sm 24. Já apontamos sua relação com o capítulo 21,1-14. Em ambos os textos fala-se de calamidades públicas interpretadas como castigos por pecados cometidos, num caso, por Saul e, no outro, por Davi. No caso de Saul, é uma fome que dura três anos; no caso de Davi, é uma peste que dura três dias. Em ambos os casos invoca-se o favor divino, que afinal chega: Deus teve piedade do país (21,14 e 24,25).

Em 2Sm 24 distinguem-se três temas, que inicialmente poderiam ter tido vida independente e que foram se integrando no relato atual, com uma coerência relativamente aceitável. Os três temas são: o censo (v. 1-10), a peste (11-15), a aquisição da eira de Areuna para aí se levantar o altar (16-25).

Depois de ter feito o censo, Davi sentiu remorso e disse ao Senhor: "Cometi um grande pecado" (v. 10). Essa passagem deve ser interpretada à luz da teologia da graça, segundo a qual as vitórias e a salvação em geral devem-se não aos efetivos humanos, mas à força de Deus. Essa é a teologia dentro da qual se enquadram o canto de Ana (1Sm 7,10-12) e a vitória de Davi sobre Golias (1Sm 17) etc. Tendo em vista essa doutrina, poderíamos concluir que o pecado de Davi foi depositar sua confiança não na força e na graça de Deus, mas nos efetivos humanos. Por isso ele mandou fazer o censo, para ver com quantas pessoas podia contar.

3 Os livros de Samuel e a história

1/2 Samuel referem-se a um dos momentos mais importantes da história do AT. É o momento em que Israel se constitui como povo, no sentido estrito da palavra. Pela primeira vez na história as tribos israelitas, agrupadas nos reinos do Norte (Israel) e do Sul (Judá), reúnem-se em torno de Davi como único rei e em torno da cidade de Davi (Jerusalém) como única capital política e cidade santa. Ou seja, pela primeira vez as tribos formam uma unidade política e religiosa, um povo.

O nascimento de Israel como povo coincide com o nascimento da monarquia, com o nascimento do profetismo, com o nascimento do sacerdócio sadoquita, com a eleição de Jerusalém (Sião) como capital do reino e cidade santa, com a eleição de Davi e da dinastia davídica como depositários de promessas importantes, que se converteriam em garantia das esperanças messiânicas. Esses dois últimos acontecimentos (a eleição de Sião e a eleição da dinastia davídica) introduzem no credo israelita o binômio "Davi-Sião", dois novos artigos de fé que somam-se aos antigos dogmas presididos pelo binômio "Moisés-Sinai" (eleição dos patriarcas, êxodo, entrada na terra: cf. Dt 26,5-10).

Segundo dissemos acima, a etapa histórica coberta por 1/2 Samuel articula-se em torno das figuras de *Samuel, Saul* e *Davi*, que guardam estreita relação entre si e dão unidade e coesão a todo o conjunto.

a) Samuel: juiz, profeta, sacerdote

Samuel é o último dos *juízes* (1Sm 7). Seus dois filhos foram rechaçados pelo povo, que pediu a Samuel lhe desse reis e não juízes (1Sm 8). Com Samuel encerra-se, por isso, o período dos juízes e abre-se o tempo da monarquia. Os dois primeiros reis (Saul e Davi) foram ungidos por Samuel. Samuel está na fronteira entre duas etapas importantes da história de Israel. Aí reside parte da sua grandeza.

Samuel é o último juiz e o primeiro *profeta*. Coincidindo com o nascimento da monarquia, nasce também o movimento profético, em cujo ponto de partida está precisamente a figura de Samuel (1Sm 3). Monarquia e profetismo são duas instituições contemporâneas e complementares. O profetismo significa o elemento carismático que recorda aos reis que toda a vida do povo eleito – com suas instituições, incluída a monarquia – deve ser presidida e guiada pela palavra e pela mão de Deus. Um bom exemplo dessa presença e soberania divinas encontramos no fato de que a unção sagrada (e, no seu caso, a reprovação) chega aos reis por meio dos profetas, porta-vozes e mediadores entre Deus e o povo. Samuel ungiu Saul e Davi e também reprovou o primeiro.

A relevância maior de Samuel está na sua condição de profeta. Como profeta, Samuel fala em nome de Deus. Através de Samuel, a Palavra de Deus podia ser ouvida por todo Israel, de Dã a Bersabeia. "Todo Israel, de Dã até Bersabeia, reconheceu que Samuel era um profeta do Senhor, digno de fé" (1Sm 3,20). Samuel divide com Saul e Davi o protagonismo de 1/2 Samuel, e é, sem dúvida, o maior deles. Samuel personifica e simboliza a presença de Deus no meio do seu povo. Samuel é garantia de acerto nesse momento tão importante da história de Israel. A pessoa e a palavra de Samuel são a chave que nos permite ler e entender os acontecimentos de 1/2 Samuel.

R. de Vaux estabelece o seguinte paralelismo entre Samuel e João Batista: os dois surgem na aurora de duas importantes etapas da história da salvação. Samuel aparece no limiar da era davídica. João Batista anuncia a era do Messias, descendente de Davi. Os dois são filhos de mães estéreis. Os dois são filhos da oração de seus pais. Os dois são profetas.

Samuel é o encarregado de comunicar ao sacerdote Eli e à sua casa, a família sacerdotal dos elidas, a desqualificação e a reprovação decretadas contra eles por Deus (1Sm 3,11-14). Samuel exerce também a função de *sacerdote* (1Sm 7; 13; 15). Contudo, das três facetas ou dimensões de Samuel, a sacerdotal é a de menor relevância. De fato, não é ele quem substitui Eli e sua família, e sim Abiatar, um sobrevivente da própria família elida (1Sm 22,20-23), juntamente com Sadoc, cujo sacerdócio é profetizado em 1Sm 2,35. Abiatar caiu em desgraça e foi afastado do sacerdócio da corte de Salomão (1Rs 2,26-27).

Para o autor de 1 Samuel, Samuel é uma figura-chave. Por ele passam os fios e os grandes temas de um dos momentos mais importantes da história de Israel. Ele é o protagonista da transição do regime tribal para a monarquia. Pelas mãos de Samuel começa o movimento profético, a instituição mais influente da história bíblica, com repercussões importantes para a própria história universal. A sua sombra leva-se a cabo a renovação do sacerdócio. A tradição foi generosa com ele e o converteu em protagonista de muitas histórias e relatos. Chegou inclusive a atribuir-lhe a composição dos dois livros que levam seu nome (1/2 Samuel), atribuição que, é preciso reconhecer, carece de fundamento.

b) Saul

O processo de unificação que foi ocorrendo entre as tribos, especialmente as do Centro-Norte da Palestina, teve seu auge num primeiro ensaio monárquico, por obra de Saul. Metade juiz e metade rei, Saul faz a transição do regime carismático dos juízes para o Estado monárquico. Tal como os juízes, Saul é um libertador eleito por Deus (1Sm 10,1), coberto pelo espírito do Senhor (1Sm 11,6). Mas pela primeira vez na história das tribos a eleição divina vai acompanhada do reconhecimento e da proclamação por parte do povo (1Sm 11,15): o chefe carismático (o juiz) converteu-se no rei institucional.

Claro, era um ensaio muito incipiente e elementar, começando pela própria cidade de Saul, Gabaá, que era apenas a capital de um reino. Quanto ao seu poder defensivo e ofensivo, tinha conseguido organizar unidades com capacidade de atacar de surpresa, mas sem possibilidade de enfrentar em campo aberto os carros de guerra dos filisteus. No primeiro confronto sério com esses temíveis guerreiros, no Monte Gelboé, o exército israelita foi derrotado, sofrendo grandes perdas: inclusive Saul e seus filhos caíram em combate.

O crescente poderio dos filisteus, junto com o cerco dos amonitas, pelo Leste, e dos amalecitas, pelo Sul, obrigou as tribos israelitas a abrir-se para o regime monárquico, capaz de integrar todos os efetivos dentro de uma organização militar permanente e estável, sob a direção de um rei que garanta sua coordenação e continuidade.

c) Davi

Tal como havia ocorrido com as tribos da Palestina Central-Setentrional (Israel), também com as da Palestina Meridional (Judá) aconteceu o processo de transição do regime tribal para a monarquia. Quando da morte de Saul, os representantes dos grupos do Sul, integrados à grande tribo de Judá, reuniram-se em Hebron e aí proclamaram Davi como rei (2Sm 2,4).

Davi reinou sobre Judá, em Hebron, por sete anos e meio, ao cabo dos quais vieram a Hebron as tribos do Centro-Norte e o proclamaram rei também de Israel. Davi converteu-se em rei de Judá e de Israel.

Mas o Sul se encontrava isolado do resto do país por causa do reino dos jebuseus, cuja capital era Jerusalém. Davi conquistou esse último enclave jebuseu e instalou-se na recém-conquistada Jerusalém, que passou a ser a capital do reino unido. Mediante a transferência da arca, converteu-a também em cidade santa, ou seja, morada do Senhor.

Davi tinha dotes extraordinários como estrategista militar e político, o que lhe permitiu terminar de uma vez por todas a conquista da terra, submetendo definitivamente os enclaves cananeus que ainda subsistiam, tanto no Sul (Jerusalém) como no Norte (Meguido-Tanac). Pode-se dizer que em Davi cumpriu-se a promessa da terra, feita a Abraão. Davi inclusive ampliou seus domínios sobre os povos vizinhos, chegando a criar um pequeno Estado com relevância social e política na região.

A criação desse pequeno império viu-se favorecida pelo vazio de poder que se produziu nesse momento no Oriente Próximo, devido ao desaparecimento do poder hitita e à decadência por que estavam passando o Egito e a Mesopotâmia.

4 Significado institucional e teológico de 1/2 Samuel

Na Bíblia, todos os livros são teológicos, até os chamados históricos (1/2 Samuel), porque a história bíblica é sagrada, ou seja, foi escrita a partir da fé e com a intenção de compartilhar essa fé com os leitores. 1/2 Samuel, além de seu valor teológico, são também ricos do ponto de vista institucional, pois têm como tema principal a fundação da monarquia, com as outras instituições que a acompanham.

a) Davi, rei ideal

Como pessoa, como rei e como pai da dinastia davídica, Davi seguiu uma trajetória sempre ascendente ao longo da história bíblica, até se converter em protótipo do Messias, o futuro rei ideal que haveria de nascer do seu sangue. Adornado de todas as qualidades físicas, morais e espirituais, Davi aparece em 1/2 Samuel com todo o fascínio de um herói legendário: aparência bonita, fiel na amizade, justo e nobre com os inimigos, estadista, poeta e músico.

Mas a grandeza de Davi é, sobretudo, de ordem religiosa. Mostra-se respeitoso com Saul e evita matá-lo, porque é o ungido do Senhor. Está consciente da sua condição de rei, da dignidade e, ao mesmo tempo, das obrigações daí decorrentes. Sabe o que é o pecado, porque é homem como os demais, mas também experimentou o que é o perdão. Sua piedade e virtudes religiosas ficam evidentes na transladação da arca, no desejo de construir o templo, no respeito dedicado aos profetas, aos sacerdotes e demais instituições sagradas.

A tendência a idealizar Davi alcança seu cume, como veremos adiante, na história do Cronista. O Davi de 1 Crônicas é o homem e o rei ideal, todo sol e luz, sem manchas nem sombras. Uma leitura comparada das histórias deuteronomista e cronista permite descobrir a liberdade dos historiadores bíblicos na hora de abordar os personagens e os acontecimentos. Claro, não é uma liberdade caprichosa. É uma liberdade exigida pelos condicionamentos principais. Primeiro, pelos pressupostos teológicos de cada um dos historiadores. Segundo, pela finalidade a que se propõe e pelos destinatários a que se dirige a obra. Essa liberdade que descobrimos no Cronista está presente também nos demais historiadores bíblicos, inclusive no Dta.

b) Saul, o rei reprovado

A figura de Saul inspira compaixão. Nem Samuel, encarregado de pronunciar a reprovação sobre ele, o perdoa (1Sm 15,11.35). Outros reis também cometeram infrações, inclusive maiores do que as de Saul, como Davi. Todos eles tiveram perdão. Por que Saul não o teve?

Antes de se dar uma resposta convém recordar que o relato da reprovação de Saul não é uma crônica dos fatos, mas uma interpretação teológica dos mesmos. Na verdade, temos duas versões da reprovação de Saul, uma em 1Sm 13,7b-15a e outra em 1Sm 15. Quando esses relatos foram escritos, o reinado de Saul já pertencia ao passado. Saul e sua família já tinham desaparecido e o trono era ocupado pela dinastia de Davi. A intenção do autor que escreveu esses capítulos não era reconstruir os fatos tal como ocorreram, mas dar uma explicação teológica dos mesmos.

Já sabemos que as visões e as explicações teológicas da Bíblia são variadas e plurais, segundo as circunstâncias de autor, tempo e lugar. O próprio reinado de Saul recebe uma avaliação teológica na história cronista que é mais negativa do que a de 1 Samuel (cf. 1Cr 10,13-14). Em compensação, a interpretação teológica de Davi em 1 Crônicas é totalmente idealizada. A visão idealizada que Oseias e Jeremias (Os 2,16-25; Jr 2,1-3) nos dão da travessia do deserto não coincide com a leitura pessimista de Ezequiel (cap. 20) e do Sl 78.

Resumindo, a interpretação teológica dos fatos e das pessoas tem uma certa margem de subjetividade. Os teólogos que fizeram a leitura dos reis e reinados de Saul e Davi foram mais generosos com o segundo do que com o primeiro. Sem dúvida, tinham dados e razões para tal, mas esses dados e razões escapam quase que totalmente ao leitor de hoje.

Seguramente, na vida de Saul ocorreram dois acontecimentos infelizes. Primeiro, sua morte trágica e prematura no Monte Gelboé, em combate contra os filisteus. Segundo, uma série de intrigas e conspirações dentro de sua família, as quais impediram que algum de seus filhos pudesse sucedê-lo no trono.

De acordo com a teologia do momento, devia-se buscar uma explicação para esses fatos infelizes, que eram interpretados como castigo, já que, segundo a doutrina da retribuição rígida e automática professada pelo AT, não há castigo que não tenha sido causado por algum pecado. Em outras palavras, a história de Saul foi elaborada teologicamente com a finalidade de explicar a razão dos trágicos acontecimentos que tiveram lugar no final de sua vida.

Também o Cronista retocou e reinterpretou o relato da morte de Josias, com a finalidade de explicar por que esse piedoso rei havia morrido trágica e prematuramente em Meguido, sob as mãos do faraó (comparar 2Cr 25,19-25 com 2Rs 23,28-30).

À luz dessa concepção teológica da história, de certo modo podemos entender a reprovação sofrida por Saul. O que geralmente conhecemos como a história da *ascensão de Davi ao trono* (1Sm 16–2Sm 1) poderia ser batizada também com o nome de história do *destronamento de Saul*. Sem saber muito bem por que, o autor ou autores de 1/2 Samuel exaltaram Davi e humilharam Saul. Exaltação-humilhação são como que cara e coroa da história desses reis. Ocorre aqui uma contraposição similar à que estabelecem os evangelistas entre Jesus e João Batista, conforme as palavras de João: "É preciso que Ele cresça e eu diminua" (Jo 3,30).

c) Monarquia

A monarquia era uma das instituições mais importantes em todos os povos do Antigo Oriente Próximo. Os reis é que garantiam, segundo os ideólogos-teólogos da corte, a estabilidade moral, material, social e política do povo. Os maiores beneficiários da missão salvadora e tutelar dos reis eram os pobres e necessitados. Assim se apresenta, por exemplo, o Rei Hamurabi, no prólogo e no epílogo de seu famoso código:

Prólogo

Então Anum e Enlil me designaram
para promover a prosperidade do povo,
a mim, Hamurabi,
príncipe piedoso e temente aos deuses,
para implantar a justiça no país,
para destruir o ímpio e o malvado,
para que o poderoso não oprima o fraco,
para alçar-me como sol sobre os homens,
para iluminar a terra.

Epílogo

Carreguei no colo os povos da Suméria e da Acádia;
prosperaram sob a minha proteção,
governei-os em paz;
estiveram sob o abrigo do meu poder;
o poderoso não podia oprimir o fraco,
e se fez justiça ao órfão e à viúva.
Eu estabeleci meu código
para administrar a lei ao povo,
para dotar de ordenanças o país,
para assegurar a justiça aos oprimidos.

Existe uma abundante literatura, tanto no Egito como na Mesopotâmia, sobre os bens e bênçãos de ordem espiritual, moral e material que os reis e as monarquias proporcionavam a seus respectivos povos.

Na monarquia egípcia os faraós eram considerados deuses. Na Mesopotâmia e em Anatólia concediam-se aos reis atributos divinos, embora nunca tenham sido divinizados em vida, no sentido estrito da palavra. Os hititas divinizavam os reis depois de mortos. De certo modo, essa ideologia-teologia da monarquia era comum a toda a Bacia Mediterrânea, pois também na Grécia e em Roma os imperadores eram, às vezes, divinizados.

Em Israel era impossível a divinização dos reis, pois isso chocava-se frontalmente com a fé monoteísta. Contudo, os reis, a partir precisamente de Salomão, filho de Davi, são proclamados filhos adotivos de Deus: "Eu serei para ele um pai, e ele será meu filho" (2Sm 7,14). Mediante a unção, os reis convertiam-se em pessoas sagradas e nasciam para uma nova vida, a vida de filhos de Deus. No dia da unção e da coroação eram pronunciadas sobre o novo rei estas palavras em nome de Deus: "Tu és meu filho, eu hoje te gerei" (Sl 2,7; cf. tb. os Sl 89; 110; 132).

Junto com a imagem da filiação adotiva encontra-se o paradigma da aliança, outra metáfora que também é empregada pela Bíblia para expressar as relações entre Deus e a dinastia davídica (2Sm 23,5; Sl 89,4.40; Jr 33,20-21; 2Cr 7,18; 13,5; 21,7). Em 2Sm 7 não se lê expressamente a palavra "aliança", e sim alguns termos que são sinônimos: "graça" (*hesed*, v. 15), "favor" (*tôbah*, v. 28), "palavra" (*dobar*, v. 25 e 28). Em geral, o conteúdo de 2Sm 7 coincide com o conteúdo da aliança.

A aliança entre Javé e a dinastia davídica tem caráter de promessa, tal como a aliança de Abraão (Gn 15 e 17). Em ambos os casos Deus faz promessas de maneira gratuita e incondicional. Diferenciam-se da aliança do Sinai, que é condicional e bilateral. Nas alianças de Abraão e Davi, Deus se compromete a manter suas promessas eternamente, sem que o descumprimento das obrigações, por parte dos beneficiários, possa invalidá-las (Gn 17,8.13 e 2Sm 7,12-16).

A aliança de Davi, inicialmente graciosa e sem condições, foi reinterpretada e retocada posteriormente. A destruição de Jerusalém e do templo, junto com o exílio e o destronamento da dinastia davídica, forçaram a adaptação dos textos à nova situação do exílio. Em 1Rs 2,4; 8,25; 9,4-5, por exemplo, o cumprimento das promessas feitas a Davi e a permanência da aliança estão condicionados ao cumprimento da lei. A mesma formulação condicionada foi introduzida no Sl 132,12, em contraposição ao Sl

89,29-38, onde a aliança aparece formulada em termos incondicionais e absolutos, tal como em 2Sm 7,14-15.

Apesar dessas formulações condicionadas, a aliança de Davi, junto com suas promessas, continuará viva e em vigor, como o demonstram os textos messiânicos dos salmos e dos profetas, que continuam esperando um descendente, um rebento e uma luz, para prosseguir iluminando e presidindo o futuro do povo de Deus (Is 7; 9; 11; Jr 23; 1Rs 11,36; 15,4; 2Rs 8,19 etc.).

d) Jerusalém

Na história e na teologia do AT, Jerusalém está estreitamente relacionada com Davi e a dinastia davídica. A eleição de Jerusalém (Sião) como capital do reino e sede da arca, e a eleição de Davi e sua descendência como dinastia eterna, são dois dogmas recentes do credo israelita, formando o binômio "Davi-Sião", paralelo ao binômio "Moisés-Sinai", compêndio e resumo dos dogmas antigos (patriarcas-êxodo-Sinai-terra). A eleição de Jerusalém e a eleição da dinastia davídica foram associadas já desde o começo pelo próprio autor de 2 Samuel, que coloca uma como continuação da outra em 2Sm 6–7. Essa associação mantém-se ao longo da tradição, como o demonstra o Sl 132, que as celebra juntas e as sobrepõe com toda naturalidade.

Jerusalém era ao mesmo tempo a cidade de Javé (cidade santa) e a cidade de Davi (capital do reino). Ou seja, é preciso distinguir nela dois aspectos, o religioso e o político.

Do ponto de vista político, a importância de Jerusalém segue uma curva descendente. Conhece um momento de apogeu durante os reinados de Davi-Salomão, mas a morte deste divide a monarquia, e Jerusalém leva a pior, ao ficar como capital do pequeno reino de Judá. Não demorou muito, as grandes potências da época impuseram sua soberania sobre a Palestina, e Jerusalém passa a ser tributária sucessivamente do Egito, Assíria, Babilônia, Pérsia, Grécia e Roma.

Em compensação, como cidade religiosa, sua importância seguiu uma trajetória ascendente. A destruição da cidade e do templo, por obra de Nabucodonosor, junto com o exílio, não arrefeceu a fé sionista e o amor dos israelitas pela cidade santa. Pelo contrário, o Sl 137 é um bom testemunho da saudade que os exilados sentiam de Jerusalém. A partir do exílio, Israel converte-se numa "Igreja" integrada por comunidades, boa parte das quais vivendo fora da Palestina; todas, porém, têm os olhos voltados para Jerusalém, por reconhecer nela o centro religioso de todos os judeus, dos que moram na Palestina e dos que vivem na diáspora.

Jerusalém está no alto, sobrepuja todas as montanhas, e para ela confluem nações e povos numerosos, inclusive pagãos, porque de Sião sai a lei e de Jerusalém ecoa a palavra do Senhor (Is 2,1-5). Na época do exílio ocorre uma abundante produção literária sobre Jerusalém como centro de confluência dos povos. Podemos citar, entre outros textos, Is 54; 60; 62; Sl 87, que poderiam intitular-se "Sião, mãe dos povos".

A partir do exílio, Jerusalém vai perdendo inclusive consistência histórica e geográfica, para converter-se em categoria teológica. Começa-se a falar da nova Jerusalém, da Jerusalém celeste e escatológica, tema que alcança seu cume no NT (cf. Ap 21–22). Ao longo desse trajeto, foram sendo vinculados a Jerusalém vários temas, tomados muitas vezes das mitologias orientais. Eis alguns deles:

A montanha dos deuses. A pequena colina sobre a qual se assenta Jerusalém foi sendo engrandecida pela fé dos israelitas e pela pena dos escritores, até se converter numa montanha (Is 2,2); é a montanha onde vivem e se reúnem os deuses, ou seja, algo como o Olimpo da literatura cananeia (Sl 48,2; Is 14,13).

O rio do paraíso. A fonte de Jerusalém se transforma, por obra da fé e da devoção popular, num caudaloso rio paradisíaco que alegra a cidade de Deus e proporciona a seus habitantes saúde e abundância (Ez 47).

Escudo contra as forças do caos. Graças à presença de Deus, que vive no meio dela, Jerusalém não será arrastada pelas águas do caos, nem as forças do mal prevalecerão sobre ela (Sl 46,2-6).

Vitória sobre os inimigos e as forças do mal. Deus aparecerá de repente e derrotará os reis estrangeiros que se reuniram para atacar Jerusalém. A guerra será abolida e haverá uma era de paz (Is 14,32; 17,12-14; 18,1-6; 29,1-8; 31,4-9; Ez 38–39; Sl 46,7-12; 48,5-9; 76,4-10).

Centro ecumênico. Os sobreviventes das nações reconhecerão a soberania do Senhor e subirão em peregrinação até Jerusalém para apresentar suas oferendas e pagar tributo (Is 2,2-4; 18,7; Zc 14,16-19; Sl 76,12-13).

1.5 Os livros dos Reis (a monarquia)

1 Os livros dos Reis e a história deuteronomista

Juntamente com os Juízes, 1/2 Reis são os livros históricos em que mais ficaram marcadas as pegadas da teologia deuteronomista. Também aqui, como em Juízes, o autor ou autores deuteronomistas traduziram seu pensamento teológico aproveitando-se de uma *moldura redacional* que se repete de maneira uniforme com cada um dos reis: compõe-se de uma *introdução*, um *juízo* de valor sobre cada rei e uma *conclusão*.

Já a partir de Davi, Salomão e Jeroboão, encontramos frases estereotipadas sobre a duração de seus reinados, a sepultura do rei e o nome do sucessor (1Rs 2,10-12; 11,41-43; 14,19-20). Mas é sobretudo a partir de Roboão que a fórmula se torna uniforme. Exemplifiquemos.

Introdução

"Roboão, filho de Salomão, subiu ao trono de Judá. Tinha 41 anos quando começou a reinar e reinou 17 anos na cidade de Jerusalém, que entre todas as tribos de Israel o Senhor escolheu para pôr ali o seu nome. A mãe de Roboão se chamava Naamã e era amonita" (1Rs 14,21-22).

Juízo

O juízo é tríplice:

• "Ele praticou o que é mau aos olhos do Senhor".

• "Ele praticou o que é reto aos olhos do Senhor, mas não desapareceram todos os santuários das alturas e o povo continuava oferecendo sacrifícios e queimando incenso" (1Rs 15,11-14; 2Rs 12,3-4; 15,3-4.34-35).

• "Praticou o que agrada ao Senhor, seguindo em tudo o exemplo do seu antepassado Davi" (2Rs 18,3; 22,2).

Conclusão

"O resto da história de Roboão, e tudo o que fez, acha-se registrado no *Livro dos Anais dos Reis de Judá...* Roboão repousou com os pais, sendo enterrado com eles na cidade de Davi... Seu filho Abiam lhe sucedeu no trono" (1Rs 14,29-31).

A *introdução* indica, portanto, o nome do rei, e às vezes nomeia-se também o pai; indica a duração do reinado, o ano do reinado do colega do reino vizinho (isso até a queda da Samaria e o desaparecimento do reino do Norte). A introdução é susceptível de algumas variações, conforme se trate dos reis do Sul ou do Norte. Somente no primeiro caso se dá o nome da mãe e a idade do rei no momento da subida ao trono.

Em relação ao *juízo*, a primeira fórmula é a mais frequente: é repetida 34 vezes; aplica-se de maneira invariável a todos os reis do Norte. O reino do Norte era considerado radicalmente viciado, devido ao pecado original de Jeroboão, que estabeleceu o culto cismático nos santuários de Dã e Betel (1Rs 12,26-33 etc.). Ao pecado de Jeroboão somou-se o de Acab, que introduziu em Israel o culto a Baal, influenciado por sua esposa Jezabel, oriunda da Fenícia, terra pagã (1Rs 16,31-32; 22,53-54 etc.).

Aplicada aos reis do Sul, a primeira fórmula refere-se ao culto javista que se dava ao Senhor nas alturas, ou seja, nos santuários provinciais (1Rs 14,23; 15,3; 2Rs 16,4), ou também à adoção dos costumes religiosos introduzidos por Acab (2Rs 8,18.27), assim como ao culto e sacrifícios oferecidos aos deuses estrangeiros (2Rs 21,2s.; 22,21-22).

A segunda fórmula aplica-se a seis reis do Sul (Asa, Josafá, Joás, Amasias, Azarias e Joatão). Esses seis reis são elogiados, mas não de maneira total e absoluta, e sim com uma restrição: não fizeram desaparecer os santuários das alturas, ou seja, os santuários cismáticos das províncias, que estavam proibidos pela lei do Deuteronômio (Dt 12).

A terceira fórmula aplica-se somente a Ezequias e a Josias, os dois reis reformadores do Sul, que recebem o elogio cabal e completo porque se ajustaram plenamente ao cânon ou protótipo de seu pai Davi.

A *conclusão* remete ao Livro dos *Atos de Salomão* (1Rs 11,41) e aos *Anais dos reis de Israel* e *Anais dos reis de Judá* (1Rs 14,19.29), obras que devem ser consultadas por aqueles que desejam uma informação mais completa sobre os respectivos reis. Os *Anais dos reis de Israel* são citados 17 vezes e os *Anais dos reis de Judá*, 15. Na conclusão são incluídos também alguns dados sobre a morte e a sepultura do rei, assim como o nome do sucessor.

a) Balanço pessimista

A conclusão final a que chega o Dta, em sua análise dos reis, é claramente negativa. Os 19 reis do Norte são todos eles condenados, sem exceção. Dos 20 reis do Sul, só 2 se salvam: Ezequias e Josias. Os demais são todos censurados, em maior ou menor grau.

Apesar de suas periódicas infidelidades, os juízes mantinham uma tônica constante, feita de quedas e arrependimentos. Além disso, no período dos juízes era mais o povo que pecava, justamente porque não obedecia aos seus dirigentes (Jz 2,17). Na monarquia, porém, são os próprios reis os principais responsáveis e os causadores da degradação, pois com seus pecados arrastam o povo pelo mesmo caminho. À medida que avança a história, a situação vai se deteriorando cada vez mais. A ação dos profetas e as reformas de Ezequias e Josias só conseguem adiar a catástrofe, que já se pressente iminente e inevitável.

Como dissemos, o critério seguido pelo Dta, na hora de avaliar os reis, foi tomado do Deuteronômio. O dogma da unicidade de Deus e a lei de um só santuário foram os dois grandes princípios que o Dta teve presentes no exame de cada um dos reis.

b) Outros elementos redacionais deuteronomistas

Além do juízo que acompanha cada rei, o Dta distribuiu ao longo dos livros dos Reis toda uma série de discursos, profecias, reflexões pessoais e retoques redacionais, que enfatizam a dimensão teológica dos acontecimentos e assinalam a direção da história. Destacamos, a seguir, alguns deles, a título de exemplo.

Intervenção de Salomão. O redator deuteronomista aproveita a transferência da arca e a dedicação do templo, data importante na história bíblica (1Rs 6,1), para inserir uma longa intervenção de Salomão, que consta de três corpos: discurso (1Rs 8,14-21), oração (8,22-53) e bênção (8,54-61). Pela boca de Salomão o Dta faz uma extensa exposição das chaves e princípios teológicos que determinam a marcha da história: a presença de Deus no meio de seu povo, sempre pronto a cumprir a sua palavra, desde que o povo mantenha-se também fiel a seus compromissos; a doutrina de um único santuário; o reconhecimento do Templo de Jerusalém como santuário nacional de todo Israel, segundo testemunha-o a presença dos anciãos como representantes de todo o povo.

Resposta de Deus. O oráculo-resposta de Deus contém a interpretação deuteronomista da queda de Jerusalém. Deus havia escolhido a cidade santa para morada do seu nome, e havia se comprometido para sempre com Davi e sua dinastia. No entanto, as promessas de Deus implicavam, por sua vez, o compromisso e a fidelidade de Israel. Como essa condição falhou, Deus fez recair o castigo sobre a cidade e o povo (1Rs 9,1-9).

Profecia de Aías de Silo. A maior parte de 1Rs 11 é obra do Dta. Uma vez mais, a concepção deuteronomista da aliança encontra sua confirmação na divisão do reino, atribuída ao descumprimento da lei por parte de Salomão (1Rs 11,11-13 e 11,31-39).

Oráculo de Aías de Silo. De novo o Dta traduz sua teologia por meio das palavras de Aías de Silo. O abandono do Senhor por parte de Jeroboão, para cultuar outros deuses, terá como resultado a destruição não só da dinastia do próprio Jeroboão, mas de todo o reino do Norte. A morte do filho de Jeroboão já é sinal e presságio de que o castigo pelo pecado do rei, anunciado por Aías, será inexoravelmente cumprido (1Rs 14,7-16).

Reflexão teológica. A queda da Samaria dá ao Dta a oportunidade de inserir em sua obra um dos comentários teológicos mais completos (2Rs 17,7-23). Ao invés de atender às exortações dos profetas, os reis e o povo do Norte, a começar pelo próprio Jeroboão, haviam abandonado o Senhor para correr atrás dos cultos e práticas dos cananeus; portanto, a destruição da Samaria e o desaparecimento do reino do Norte não são mais que a conclusão lógica das premissas de infidelidade postas pelos israelitas. Uma adição posterior implica o reino do Sul (Judá) na mesma reprovação (v. 19-20).

Vaticínios sobre a destruição de Jerusalém e o exílio. De vez em quando o Dta repete a mesma tese: os reis, especialmente o ímpio Rei Manassés, junto com o povo, abandonaram o Senhor para correr atrás dos deuses estrangeiros e seguir suas detestáveis práticas e suas abomináveis obras; por isso, Deus vai deixar cair sobre Jerusalém o merecido castigo: a cidade santa e o templo serão destruídos e o povo será exilado para a Babilônia (2Rs 20,16-19; 21,11-15; 22,15-20; 23,26-27).

2 Arquitetura e materiais dos livros dos Reis

Os livros dos Reis, que originalmente eram um só, cobrem a história dos reis de Israel e de Judá, desde a morte de Davi (por volta de 970 a.C.) até o exílio na Babilônia (ano 587 a.C.), ou seja, um espaço aproximado de quatro séculos.

São integrados por três corpos bem-definidos, embora um tanto desiguais:

a) história de Salomão (1Rs 1–11);

b) história sincrônica dos reinos divididos, da morte de Salomão até a queda da Samaria (1Rs 12–2Rs 17);

c) história do reino de Judá, da queda da Samaria ao exílio (2Rs 18–25).

a) História de Salomão (1Rs 1–11)

Os dois primeiros capítulos da história de Salomão (1Rs 1–2) são a continuação e o final da crônica da *sucessão de Davi* (2Sm 9–20). A sucessão ao trono ainda não estava regulamentada, pois a monarquia era uma instituição muito recente em Israel. Possivelmente, não estava institucionalizada nem mesmo a monarquia dinástica, na qual a sucessão fazia-se seguindo o direito de primogenitura. Daí que, ao aproximar-se a morte de Davi, formam-se, para sucedê-lo, duas candidaturas apoiadas por seus respectivos grupos, a de Adonias e a de Salomão.

Ao final, fazendo valer um presumido juramento prévio em favor de Salomão – do qual, na realidade, não há registro na história anterior –, este foi coroado rei, apoiado pelo Profeta Natã, pelo General Banaías e por Betsabeia. A intervenção de Betsabeia a favor de seu filho Salomão e contra Adonias traz à memória a lembrança de Rebeca, que arrebatou a bênção de Esaú e facilitou-a para Jacó.

Os nove capítulos restantes (1Rs 3–11) descrevem diversos aspectos do reinado de Salomão, que podemos agrupar em torno destas quatro epígrafes: o sábio Salomão (3,1–5,14); Salomão construtor (5,15–9,25); Salomão comerciante (9,26–10,29); as sombras do reino (1Rs 11).

Chama a atenção o amplo espaço que o autor concede à história de Salomão, sobretudo se comparada com as histórias dos outros reis, que em alguns casos se resumem a poucos versículos. Isso talvez se deva a três razões. Primeira, enfatizar a importância do Templo de Jerusalém, convertido no único santuário legítimo pela teologia e pela legislação deuteronomista. Segunda, fazer constar que em Salomão cumpriram-se as promessas feitas a Davi. Nesse sentido, Salomão foi idealizado na mesma linha de seu pai Davi. Terceira, deixar entrever o esplendor e a grandeza que Israel teria alcançado se os reis tivessem se mantido fiéis à aliança.

Em 1Rs 11,41 remete-se o leitor que queira saber mais sobre Salomão para um livro que leva o título de *História de Salomão*. Sem dúvida, esse livro foi uma das fontes usadas pelo Dta para compor essa seção de 1Rs 3–11. Mas ao lado dessa fonte deviam existir outras, pois esses capítulos apresentam indícios de ser o resultado de um amplo processo de elaboração no qual intervieram várias mãos, que trabalharam a partir de diferentes materiais. Durante esse processo de formação, a figura de Salomão foi sendo idealizada, mas não ao ponto de se silenciar sobre os aspectos negativos de sua vida (1Rs 11). A história de Salomão seguiu um processo semelhante ao de seu pai Davi, que também foi idealizado, mas sem que seus pecados tenham sido esquecidos.

b) História sincrônica dos dois reinos (1Rs 12–2Rs 17)

Com a morte de Salomão produziu-se a divisão do reino, ou, melhor dizendo, retorna-se à situação anterior, quando o povo estava dividido em tribos ou reino do Norte (Israel) e tribos ou reino do Sul (Judá). A partir desse momento, 1/2 Reis se convertem em história sincrônica dos dois reinos, na qual alternam-se as resenhas dos 19 reis do Norte com as dos 12 reis do Sul. Além dos dados e avaliação de cada um dos reis, o autor resenha, com maior ou menor amplitude, as lutas intestinas entre os dois reinos e os confrontos com os povos vizinhos, especialmente os arameus e os edomitas. Espaço e relevo muito especial alcançam os ciclos de Elias e Eliseu. Assim, podemos destacar nesta etapa de 1/2 Reis as seguintes seções:

A divisão do reino (1Rs 12–13)

O Dta interpreta e explica a divisão do reino como um castigo de Deus pelos pecados de Salomão (1Rs 11). Na realidade, entre o Norte e o Sul existiam diferenças e tensões de ordem teológica, política e econômica que vinham de longe. As tribos do Norte estavam enraizadas nas tradições mosaicas (o binômio "Moisés-Sinai"), enquanto que as do Sul preferiam as tradições davídicas (o binômio "Davi-Sião").

As tribos do Norte tinham a impressão de que Davi e Salomão introduziram na corte e no Templo de Jerusalém alguns elementos ambíguos, tomados das monarquias pagãs vizinhas, que não se ajustavam totalmente à ortodoxia javista e ao espírito tradicional. Entendiam também que Davi e Salomão haviam submetido as tribos a pressões fiscais e serviços pessoais que elas julgavam exorbitantes e abusivas (1Rs 5,27-32; 9,15-21, apesar do que é dito em 9,22 e 11,28). Tinham a convicção de que se exigia delas uma contribuição para os gastos do Estado superior à contribuição das tribos do Sul, o que as levava a sentir-se discriminadas.

Quando Absalão deu o golpe de Estado contra seu pai Davi, um dos argumentos que utilizou a seu favor e contra seu pai foi justamente o descontentamento das tribos do Norte (2Sm 15,1-10; cf. tb. 19,41-44). Tendo optado pelas grandes obras (a construção do templo e a reconstrução de cidades-fortaleza, com seus consequentes equipamentos de carros e cavalos), Salomão viu-se obrigado a aumentar a pressão sobre seus súditos tendo em vista a manutenção dos trabalhos e serviços públicos, com o que foi crescendo o descontentamento de todos, especialmente das tribos do Norte. A irritação deve ter alcançado seu momento mais forte quando Salomão viu-se obrigado a ceder a Hiram, rei de Tiro, 20 cidades do reino do Norte em troca de materiais e pessoal técnico para a construção do Templo de Jerusalém (1Rs 9,10-14).

Essas são algumas das razões que estão por trás da separação das tribos do Norte, quando da morte de Salomão. À frente da revolta pôs-se Jeroboão, responsável precisamente pelas obras públicas durante o reinado de Salomão. Ele não estava de acordo com a política de Salomão, indispôs-se com o rei e viu-se obrigado a fugir para o Egito para salvar a vida (1Rs 11,26-40). A separação tinha como *slogan*: "Para tuas tendas, Israel! Não queremos nada com o filho de Jessé!", o mesmo grito de rebelião que, anos atrás, havia lançado o benjaminita Siba (2Sm 20,1; 1Rs 12,16). Junto com a rebelião e a secessão política levou-se a cabo também o cisma religioso, pois Jeroboão elevou à categoria de "santuários reais", como centros oficiais de culto, antagônicos ao Templo de Jerusalém, os antigos lugares santos, carregados de história e de teologia: Dã e Betel, situados na fronteira norte e sul do novo reino (1Rs 12–13).

O ciclo de Elias (1Rs 17–2Rs 1)

Elias entra em cena sem aviso prévio e desaparece sem deixar rastro. O ciclo de Elias não é, pois, uma biografia completa do profeta, mas uma série de episódios soltos, a maior parte dos quais enquadra-se na moldura de uma seca, que dura três anos (1Rs 17–18). São eles: Elias na Fonte Carit, onde é alimentado milagrosamente (17,1-6); Elias na Fenícia, onde multiplica os alimentos e ressuscita o filho da viúva de Sarepta (17,7-24); Elias vai ao encontro de Acab (18,1-19); juízo de Deus sobre o Monte Carmelo, onde Elias enfrenta sozinho 450 profetas de Baal (18,20-40); fim da seca (18,41-46).

O extermínio dos profetas de Baal provocou a ira de Jezabel contra Elias, o qual vê-se obrigado a fugir para o deserto de Berseba, onde recebe forças do alto para continuar sua fuga-peregrinação até o Horeb, o monte de Deus. Aqui, qual novo Moisés (cf. Ex 33,18-23; 34,5-8), é-lhe dado ver e experimentar a presença do Senhor, que o estimula a continuar lutando pelo javismo, ao mesmo tempo em que lhe ordena ungir como reis Hazael, de Damasco, e Jeú, de Israel, e também ungir Eliseu como profeta e seu sucessor (1Rs 19).

Integram o ciclo de Elias outros dois episódios: a denúncia e a condenação de Acab e Jezabel pelo assassinato cometido na presença de Nabot (1Rs 21), e o anúncio da morte de Ocozias, filho de Acab, por buscar a cura nos deuses pagãos e não no Deus de Israel (1Rs 1). 1Rs 21 é um relato de caráter paradigmático, que denuncia o despotismo dos reis e afirma os direitos dos cidadãos à propriedade e à vida (cf. 2Sm 12). Por pobre que seja, todo homem tem direitos invioláveis, pois é imagem de Deus.

Todos esses episódios, ainda que isolados entre si, formam um conjunto unitário, porque se desenrolam dentro do mesmo marco histórico e geográfico e, sobretudo, dentro do mesmo marco teológico. Do ponto de vista geográfico, a maioria dos episódios situa-se na fronteira entre Israel e a Fenícia (Monte Carmelo, p. ex.), e alguns deles dentro da própria Fenícia. O marco histórico é formado pelos reinados de Acab e Ocozias, sucessores de Amri e pertencentes à mesma dinastia dele.

Amri é seguramente o rei mais importante e influente do reino de Israel. Reinou por seis anos em Tersa, ao cabo dos quais comprou a colina da Samaria, construiu ali a capital e para lá transferiu a corte, proporcionando ao reino do Norte uma importância e uma estabilidade dinástica que duraria quarenta longos anos. Tanto é verdade que os textos assírios conheciam o reino do Norte como a "casa de Amri".

A transferência da capital de Tersa para Samaria não se fez somente por motivos estratégicos, mas sobretudo por razões de ordem política. Samaria está voltada para o Mediterrâneo e para a Fenícia, e é nessa direção que se orienta, a partir desse momento, a política de Amri e de seus sucessores. É o que fica evidente com o casamento de Acab, filho de Amri, com Jezabel, filha do rei-sacerdote de Sidon (1Rs 16,31).

A política pró-Fenícia trouxe para Israel vantagens políticas e econômicas importantes, pois encontrou nos reis fenícios um firme aliado frente à hostilidade dos arameus de Damasco e, além disso, pôde comercializar seus produtos através dos portos do Mediterrâneo.

No entanto, essa política foi nefasta do ponto de vista moral e religioso. A atração que os deuses e os cultos pagãos estrangeiros exerciam habitualmente sobre os israelitas viu-se incrementada e favorecida pela própria corte. Jezabel, esposa de Acab, não só praticava pessoalmente o baalismo, mas também mandou erguer um templo na Samaria em louvor a Baal e converteu-se numa ativa militante da religião pagã, arrastando consigo uma boa parte da população e o próprio rei, segundo a versão deuteronomista (1Rs 16,31-33).

A ofensiva paganizante de Jezabel provocou a reação dos autênticos javistas. O texto sagrado fala de sete mil israelitas que não dobraram os joelhos diante de Baal (1Rs 19,18). À frente da resistência, como intrépido e valente campeão, colocou-se Elias, que se tornou o símbolo da luta do javismo contra a idolatria. A personalidade teológica de Elias encontra expressão realista e plástica no confronto dramático que acontece sobre o Monte Carmelo entre Elias e os 450 profetas de Baal (1Rs 18,20-40). Elias, com suas palavras e seus milagres, proclama que o verdadeiro Deus e o autor da vida é Javé e não Baal. Ele é que fertiliza os campos, que multiplica o pão e o azeite, que ressuscita os mortos; Ele é que é o Deus de Israel, e não o Baal da rainha Jezabel; o Deus de Israel é também o defensor dos direitos das pessoas, por pobres que sejam, e é Ele quem concede a cura a Ocozias.

O ciclo de Eliseu (2Rs 2–13)

Embora tenha sido chamado para o ministério profético por Elias, em 1Rs 19,19-21, Eliseu só entra em ação em 2Rs 2, coincidindo com a assunção ou rapto de seu mestre, que lhe deixa como herança dois terços de seu espírito, ou seja, a parte correspondente aos primogênitos (2Rs 2,1-18).

Os relatos do ciclo de Eliseu, que aparecem entre os capítulos 2 e 13 de 2 Reis, descrevem a atuação do profeta em duas áreas principais: a política e a taumatúrgica. Entre suas atuações políticas contam-se: a expedição contra Moab (2Rs 3), as guerras arameias e a unção de Jeú como rei (6,8–9,13). Os milagres (uma dezena deles) encontram-se em 2Rs 2,19-25 e em 2Rs 4,1–6,23; mesmo depois de morto realiza um milagre (2Rs 13,14-21).

Alguns milagres parecem-se com os de Elias, como por exemplo a multiplicação do azeite e dos pães (2Rs 4,1-7.42-44) ou a ressurreição do filho da sunamita (2Rs 4,8-37); ou seja, são mais teológicos e importantes. Outros são mais populares e pitorescos, como por exemplo o saneamento de uma fonte, a maldição proferida sobre algumas crianças, que foram mortas por duas ursas (2Rs 2,19-25), a desintoxicação da panela envenenada, a cura de Naamã, o sírio, o martelo perdido e encontrado (2Rs 4,38–6,7) etc. Estes últimos foram batizados de *fioretti* franciscanos de Eliseu.

No aspecto político, as intervenções e a influência de Eliseu, tanto no âmbito nacional como internacional, tiveram maior alcance do que as do próprio Elias. Ele teve papel importante na entronização de Jeú e sua dinastia, com o consequente extermínio e aniquilação da dinastia de Amri, cumprindo-se dessa forma as maldições pronunciadas por Elias contra Acab e Jezabel (2Rs 9–10). Eliseu converteu-se em paladino nacional da luta contra os moabitas (2Rs 3) e, sobretudo, contra os arameus de Damasco (2Rs 6–7). Foi a alma da resistência patriótica quando Israel teve que sofrer revezes militares, de forma que o Rei Joás, visitando-o em seu leito de morte, disse-lhe: "Meu pai, meu pai, carro de Israel e sua parelha!" (2Rs 13,14). A influência política de Eliseu ultrapassou as fronteiras de Israel. Encontramo-lo presente em Damasco, capital dos inimigos tradicionais de Israel, onde preconiza Hazael como rei (2Rs 8,7-15).

Embora sem a ênfase e a dramaticidade de Elias, a defesa do javismo e a luta contra o baalismo continuam sendo, no caso de Eliseu, o motivo principal da vida e da missão do profeta, junto com o exercício da misericórdia e a assistência social aos necessitados, bem como a defesa dos direitos dos pobres.

Elias e Eliseu coincidem com o momento de transição do profetismo coletivo de caráter extático para o período canônico, no qual marcam presença os profetas escritores chamados clássicos. Tanto Elias como, sobretudo, Eliseu pertencem às associações ou fraternidades proféticas, presididas por um mestre a quem chamam de "senhor" (2Rs 6,5) ou de "pai"

(2Rs 6,21; 8,9; 13,14). Logo depois da morte de Eliseu, começam a ecoar no reino do Norte as vozes de Amós e Oseias, os primeiros profetas escritores ou clássicos, junto com Isaías e Miqueias, que exercem o ministério no reino do Sul.

c) História do reino de Judá (2Rs 18–25)

A terceira parte de 1/2 Reis cobre a história do reino do Sul (Judá) depois que este ficou sozinho, pois o reino do Norte foi dominado por Salmanasar V e passou a fazer parte do Império Assírio. São 135 anos de história, o espaço de tempo que vai da queda da Samaria (722/721 a.C.) à destruição de Jerusalém e ao exílio na Babilônia (587 a.C.).

Com exceção de Ezequias e Josias – que levam a cabo profundas reformas religiosas, que lhes valem o aplauso e o juízo favorável do autor deuteronomista –, os demais reis deixam muito a desejar, especialmente o trio Manassés-Amós-Joaquim, tradicionalmente qualificados de reis ímpios. O reino de Judá caminha celeremente para a ruína.

A ruína de Judá será o ponto-final da história do povo eleito? A destruição de Jerusalém e o exílio terão a última palavra?

Parece que não, a julgar pelos últimos versículos de 2 Reis (25,27-30), que falam da reabilitação de Jeconias, libertado do cárcere e admitido à mesa do rei da Babilônia.

Os capítulos 18–20 de 2 Reis, dedicados ao reinado de *Ezequias*, encontram-se reproduzidos com algumas variantes em Is 36–39. Isso se deve, sem dúvida, ao fato de Isaías ser o mentor de Ezequias. Possivelmente existiu uma coleção de tradições referentes às atuações de Ezequias e Isaías que serviu de fonte, tanto para o autor deuteronomista que compôs a história de Ezequias, em 2Rs 18–20, como para os discípulos de Isaías que editaram a vida, pregação e atuação de seu mestre em Is 1–39.

A história do reinado de Ezequias abre-se e fecha-se com a já conhecida fórmula de rigor aplicada a todos os reis, com a particularidade de que a avaliação recebida por Ezequias é extraordinariamente positiva, devido à sua fidelidade à lei e à reforma religiosa (2Rs 18,1-8 e 20,20-21). O corpo da seção compõe-se das seguintes peças: evocação da queda da Samaria (18,9-12); descrição duplicada ou até triplicada da invasão de Senaquerib, com a consequente libertação de Jerusalém (18,13-16 e 18,17–19,37); enfermidade e cura de Ezequias (20,1-11); embaixada do rei da Babilônia (20,12-19).

Onde há um rei como Ezequias, que confia em Deus, que ora, que é fiel à aliança, que se deixa guiar pela palavra dos profetas e leva a cabo uma reforma religiosa, o êxito está assegurado: necessariamente tem que atrair as bênçãos do céu sobre si mesmo, sobre sua casa e sobre seu povo. Essa é a teologia que preside e determina as atuações e os acontecimentos do reinado de Ezequias. Nem tudo é positivo no modo de proceder de Ezequias. A boa acolhida que oferece à embaixada da Babilônia deixa entrever que nem sempre confia em Deus, pois também põe esperança nas alianças políticas e nos efetivos humanos. Daí que também a Ezequias é anunciado o saque de Jerusalém e a deportação da nobreza para a Babilônia (2Rs 20,16-19).

De todos os reis, o mais elogiado é *Josias*:

> Não houve antes um rei como ele que se tivesse voltado para o Senhor de todo o seu coração, com toda a sua alma e força e em pleno acordo com a Lei de Moisés (2Rs 23,25).

Todos esses traços que configuram o perfil de Josias correspondem exatamente às características que devem estar presentes num javista perfeito, segundo a concepção deuteronomista (Dt 6,5). Josias encarna esse ideal: é o deuteronomista perfeito.

São várias as razões que estão por detrás desses elogios tão inflamados. Primeira, real ou supostamente, durante o reinado de Josias ocorre no Templo de Jerusalém a descoberta do *Livro da Lei*, que, segundo todos os indícios, deve ser identificado com o Deuteronômio, em alguma de suas primeiras edições (2Rs 22). Segunda, esse livro converte-se no código ou programa de uma reforma de grande alcance, na qual Josias estava inteiramente engajado (2Rs 23). Terceira, segundo dissemos acima, é bem possível que a primeira edição da HDta tenha sido composta nesse momento, precisamente com a finalidade de animar, apoiar e fortalecer a reforma levada a cabo pelo piedoso Rei Josias.

Como se vê, o Rei Josias está rodeado de Deuteronômio e deuteronomistas por todos os lados. Não se deve estranhar, por isso, que esses teólogos e mestres espirituais tenham querido fazer do rei reformador o protótipo de sua teologia e espiritualidade.

A situação havia chegado a tal ponto de deterioração que sequer o piedoso Rei Josias e sua reforma foram capazes de aplacar a ira de Deus:

> Apesar disto, o Senhor não desistiu da grande cólera que o inflamava contra Judá, porque Manassés o tinha irritado demais. O Senhor disse: Expulsarei também Judá da minha presença, como o fiz com Israel, e rejeitarei Jerusalém, esta minha cidade escolhida, e o templo onde eu disse que estaria o meu nome (2Rs 23,26-27).

A própria morte prematura e trágica de Josias, nas mãos do Faraó Necao, em Meguido, já é presságio e prelúdio da catástrofe que se avizinha.

3 Os livros dos Reis e a história

1/2 Reis cobrem o espaço de tempo que vai da entronização de Salomão (por volta de 970 a.C.) à reabilitação de Jeconias em seu exílio na Babilônia (ano 562 a.C.); ou seja, aproximadamente 400 anos. Trata-se de uma das mais importantes etapas da história de Israel, do ponto de vista político, institucional e literário.

a) Como realidade política

Como realidade *política*, Israel alcança a categoria de Estado autônomo e independente, que entra com uma personalidade própria no concerto das forças do Antigo Oriente Próximo. Em seu fervor épico e religioso, a Bíblia atribui à monarquia de Davi e Salomão o *status* de um pequeno império, com amplos domínios territoriais, ao qual foram submetidos, na qualidade de vassalos, os reinos limítrofes. Prova da relevância política de Israel, nesse momento, é o casamento de Salomão com uma filha do faraó do Egito (1Rs 3,1). A linguagem exuberante e entusiástica da Bíblia contrasta, neste momento da história de Israel, com o silêncio total e absoluto dos textos extrabíblicos. Em nenhum dos numerosos documentos contemporâneos dos povos vizinhos aparece qualquer referência aos nomes de Davi e Salomão, nem a suas atuações como reis.

Israel e Judá nos documentos dos povos vizinhos

Os documentos extrabíblicos que testemunham a existência e presença de Israel e de Judá no cenário político do Antigo Oriente Próximo começam alguns decênios depois da morte de Salomão. A título de exemplo, citamos os mais significativos.

• *853: inscrição assíria que fala de Acab de Israel.* Trata-se de uma inscrição que descreve a campanha de Salmanasar III contra uma coalizão de reis sírio-palestinos, chefiadas por Adadezer de Damasco, entre os quais figura Acab de Israel. A coalizão sírio-palestina é derrotada pelo rei da Assíria em Qarqar do Rio Orontes, no ano 853 a.C.

• *852/842: inscrição de Mesa, rei de Moab.* Gravada sobre uma estela de basalto negro de 1,10m de altura por 0,60cm de base, a inscrição de Mesa consta de 34 linhas, nas quais fala-se das relações entre Moab e Israel, mencionando expressamente o rei israelita Amri e também o povo de Gad, que há longo tempo vivia na Transjordânia. Os fatos referidos na inscrição de Mesa, encontrada em 1868 em Moab, por um missionário alemão, e conservada atualmente no Museu do Louvre (Paris), situam-se, em termos gerais, entre os anos 852/842 a.C.

• *841: tributo de Jeú, rei de Israel.* Do tributo pago por Jeú a Salmanasar III conserva-se nos documentos assírios um duplo testemunho: um é o texto escrito, e o outro é uma gravação esculpida na pedra, na qual aparece o próprio Jeú ou um seu embaixador prostrado diante do rei da Assíria, rosto no chão, com a seguinte inscrição explicativa:

> Tributo de Jeú, filho de Omri: recebi dele prata, ouro, um vaso de ouro, um recipiente de ouro, taças de ouro, adornos de ouro, estanho, um bastão para a mão do rei e outros objetos de madeira.

• *738: tributo de Manaém.* Manaém, rei de Israel, figura numa lista de reis que pagam tributo a Teglatfalasar III, da Assíria. Esse documento assírio coincide com 2Rs 15,9-20, que fala do mesmo tributo, especificando também os metais e os objetos que o compunham. Tanto a referida lista, gravada numa estela, como os anais assírios colocam o pagamento do tributo por volta do oitavo ano do reinado de Teglatfalasar III (738 a.C.).

• *722: queda da Samaria.* A data da queda da Samaria continua sendo uma questão discutida e incerta. A Bíblia (2Rs 17,5-6; 18,9-11) e a chamada Crônica babilônica atribuem a conquista da Samaria a Salmanasar V (ano 722 a.C.). No entanto, na inscrição dos Fastos é Sargon II quem atribui a si próprio o assédio e a conquista da cidade (ano 721 a.C.):

> Sitiei e conquistei a cidade da Samaria; tomei como presa 27.290 habitantes dela. Reuni 50 carros deles e fiz o resto trabalhar em seu ofício [...].

Propuseram-se várias soluções para o problema colocado por esses dados contraditórios. Alguns autores pensam que houve uma dupla conquista da Samaria (H. Tadmor). Outros acreditam que a Samaria se rendeu aos assírios ou foi conquistada por eles até quatro vezes seguidas, todas elas por volta do ano 720 a.C. Em 727/726, Oseias, rei de Israel, havia se submetido a Salmanasar V, que terminou uma campanha começada por seu antecessor. Em 725/724, Salmanasar V teria atacado a Samaria, prendido o Rei Oseias e convertido a região numa província do Império Assírio. Em 722/721, a Samaria teria sido conquistada depois de um assédio de três anos, como consequência da rebelião da cidade e da entronização de um novo rei. Finalmente, em 720/719, Sargon II teria se apoderado definitivamente da cidade e de todo o reino do Norte, convertendo-o numa província da Assíria (J.H. Hayes e J.K. Kuan). São muitos, porém, os que continuam sustentando a existência de apenas uma conquista, levada a cabo por Salmanasar V, em 722 a.C., conquista que depois Sargon II atribuiu a si próprio, tão logo subiu ao trono, em 722/721.

• *701: Campanha de Senaquerib contra a Judeia.* A subida de Senaquerib ao trono, em 704 a.C., foi recebida com uma sublevação generalizada em quase todos os pontos do império. Isso constrangeu-o a organizar campanhas de castigo, com o objetivo de recuperar o domínio e a autoridade perdidos. Entre os revoltosos figurava, como elemento muito ativo, Ezequias, rei de Jerusalém, que, tal como os demais, conheceu a força punitiva do imperador da Assíria, segundo relatam os anais assírios de Senaquerib:

> Quanto a Ezequias, rei de Judá, que não havia se submetido ao meu jugo, assediei e conquistei 46 de suas cidades fortificadas e muitas outras cidades pequenas, por meio de rampas de aproximação, ataques com aríetes, combates de infantaria, minas, obras de sapa e fendas nos muros. Fiz com que saíssem de seu interior, e contei como espólio 2.150 pessoas entre jovens e velhos, homens e mulheres, junto com uma infinidade de cavalos, mulas, camelos, bois e gado menor. Ele (o rei), mantive-o preso dentro de Jerusalém, sua cidade real, como pássaro na gaiola. Levantei um muro em torno dele, e todo aquele que ousasse cruzar suas portas tinha que pagar caro. Saqueei as cidades conquistadas e as entreguei a Mitinti, rei de Asdod; a Padi, rei de Ecron; e a Silibel, rei de Gaza. Ou seja, reduzi seu território e ainda exigi, além do tributo que vinha cobrando, um imposto novo a título de vassalagem, a ser pago anualmente. O citado Ezequias caiu esmagado debaixo do esplendor da minha majestade. Mandou-me até Nínive, minha cidade real, os Urbi e seus soldados de elite, tirados do corpo de guarda de sua residência real em Jerusalém, junto com 30 talentos de ouro, 800 de prata, pedras preciosas, antimônio, cornalina, leitos e cadeiras de marfim, peles e presas de elefantes, ébano, buxo, todo tipo de tesouros e objetos preciosos, bem como suas filhas e concubinas, cantores e cantoras. Ele me enviou também mensageiros com os tributos, que prestaram ato de obediência e submissão (Tirado dos anais inscritos no célebre *Prisma* de Senaquerib).

Essa descrição dos anais de Senaquerib coincide basicamente com os dados oferecidos por 2Rs 18–20 e Is 36–39, a respeito da campanha do rei da Assíria contra Judá e Jerusalém. A leitura comparada dos anais assírios com o texto bíblico recomenda-se por si mesma. Tal como ocorreu com o tributo de Jeú, neste caso, além do texto escrito dos anais do *Prisma*, temos as imagens dos célebres baixos-relevos descobertos no palácio imperial de

Nínive, que são conservados atualmente no museu britânico de Londres. Sobre painéis de pedra, neles é encenada a conquista de Laquis, uma das 46 cidades de Judá subjugadas por Senaquerib, segundo seus anais. As escavações arqueológicas levadas a cabo em Laquis confirmaram de maneira surpreendente as cenas e as imagens que os baixos-relevos oferecem da cidade, com suas muralhas, torres e portas, assim como a forma e a estratégia do ataque de conquista.

• *701: inscrição do túnel de Siloé.* Ao ver que Senaquerib e seu exército iam avançando pela Fenícia e Filisteia, a caminho da Judeia, Ezequias apressou-se em fortificar a capital (Jerusalém), consolidando as muralhas e as torres e assegurando abastecimento de água por meio de um canal ou túnel que mandou escavar sob a colina do Ofel. Esse túnel foi descoberto pelos arqueólogos nos tempos modernos, junto com uma inscrição gravada numa lápide de pedra que comemora o encontro, no meio da colina, das duas brigadas de escavadores que abriram o canal. Este é o texto da inscrição encontrada em 1880 no extremo sul do canal e que atualmente é conservada no museu de antiguidades de Istambul:

> [...] a perfuração. Esta foi a história da perfuração. Enquanto os perfuradores brandiam suas picaretas na direção uns dos outros, e quando só restavam três côvados para perfurar, ouviu-se a voz dos operários que se chamavam uns aos outros, já que através da rocha se ouvia a ressonância que cruzava em ambas as direções. Nesse dia, os perfuradores golpearam uns contra os outros, picareta contra picareta. E as águas começaram a correr da fonte até o tanque, num trajeto de mil e duzentos côvados, sendo de cem côvados a altura do trecho do túnel acima da cabeça dos perfuradores.

Os povos vizinhos nos documentos bíblicos

Da mesma maneira como os textos extrabíblicos testemunham a existência e a presença do povo da Bíblia dentro do quadro internacional do Oriente Próximo, também a Bíblia oferece dados e testemunhos valiosos relativos aos diferentes povos do antigo Crescente Fértil.

Concretamente, os livros dos Reis são testemunhas do papel secundário que o Egito desempenhava nesse momento, no concerto internacional, segundo se depreende de suas informações: sobre as campanhas de Sesac (1Rs 14,25-26), Taraca (2Rs 19,9) e Necao II (2Rs 29,33-34); sobre as intrigantes manobras egípcias contra os pujantes impérios assírio (2Rs 17,4) e babilônico (2Rs 23,34; 24,20); e sobre a sujeição a este último (2Rs 24,7).

Os livros dos Reis são também testemunhas da independência e predomínio do reino arameu de Damasco, que, após a morte de Salomão, converte-se na força dominante na região sírio-palestina e chega a ser, sob Benadad II e Hazael, o principal inimigo de Israel e Judá, para converter-se depois em aliado ocasional, diante da ameaça do Império Assírio.

Os livros dos Reis são testemunhas diretas e excepcionais da ascensão e supremacia dos dois grandes impérios da época: o assírio e o babilônico. Tanto o reino de Israel como o de Judá sofreram os ataques sucessivos dessas duas superpotências militares até serem conquistados por elas e transformados em províncias, primeiro Israel, pela Assíria, e depois Judá, pela Babilônia (cf. 2Rs 15,19.29; 16,7-9; 17,3-6; 18–19; 24–25).

Quadro cronológico dos reis de Israel e de Judá

Graças aos dados oferecidos por 1/2 Reis, complementados com os proporcionados pelos documentos extrabíblicos, podemos estabelecer o seguinte quadro aproximado da cronologia dos reis de Israel e de Judá:

Reis de Judá	(anos a.C.)	Reis de Israel	(anos a.C.)
Roboão	931-914	Jeroboão*	931-910
Abiam	914-911		
Asa	911-870	Nadab	910-909
		Baasa*	909-885
		Ela	885-884
		Zambri*	884
		Amri*	884-874
Josafá	870-848	Acab	874-853
		Ocozias	853-852
Jorão	848-841	Jorão	852-841
Ocozias	841	Jeú*	841-813
Atalia	841-835		
Joás	835-796	Joacaz	813-797
Amasias	796-767	Joás	797-782
		Jeroboão II	782-753
Azarias/Ozias	767-739	Zacarias	753
		Selum*	753
		Manaém*	752-741
Joatão	739-734	Faceias	741-740
Acaz	734-727	Faceia*	740-731
Ezequias	727-698	Oseias*	731-722
Manassés	698-643		
Amon	643-640		
Josias	640-609		
Joacaz	609		
Joaquim	609-598		
Jeconias	598-597	* Indica as mudanças de dinastia no reino	
Sedecias	597-587/586	de Israel.	

b) Do ponto de vista institucional

Do ponto de vista *institucional*, 1/2 Reis assistem ao desenvolvimento e consolidação da monarquia, com as correspondentes instituições civis, militares e religiosas que ela carrega consigo. Entre as instituições civis ocupam lugar importante a burocracia da corte e a administração do Estado. Entre as instituições religiosas destaca-se o templo, junto com o pessoal sagrado (sacerdotes e levitas) e as festas litúrgicas.

c) Do ponto de vista literário

Do ponto de vista *literário*, durante o período da monarquia vêm à luz as primeiras produções literárias de certa envergadura do AT, e também os primeiros livros. Tradicionalmente se acreditou que, à sombra do palácio real e do templo, formou-se algum centro acadêmico no qual era educada a família real e o pessoal político e técnico que dividia a responsabilidade de governo e a administração do Estado (corpo diplomático, funcionários, arrecadadores, arquivistas...). Desses centros ou escolas teriam saído os autores que deram forma literária às primeiras produções escritas do AT, como, por exemplo, as histórias javista e eloísta, a história da sucessão de Davi, os primeiros salmos, as primeiras coleções de provérbios, as primeiras coleções de leis etc.

Até os anos de 1970 do século XX, professava-se no mundo bíblico, quase que como um axioma, a convicção de que as primeiras produções literárias, especialmente no campo da historiografia, apareceram em Israel junto com o nascimento da monarquia, ou seja, durante os reinados de Davi-Salomão, qualificados como a época da "primeira ilustração". Desse modo, meio milênio antes que a Grécia conhecesse um Heródoto (meados do século V a.C.), Israel já escrevia obras de alta qualificação histórica.

Essa convicção da ciência bíblica tradicional era compartilhada por não poucos orientalistas e inclusive por estudiosos do mundo clássico, como E. Meier (1855-1930), que considerava a historiografia bíblica, sobretudo a história da *sucessão de Davi*, um dos textos historiográficos mais antigos da história universal, ou até mesmo o mais antigo (*Geschichte des Altertums*, II, 2. 2. ed. Stuttgart/Berlim, 1931, p. 281-286).

Um bom expoente da postura clássica tradicional é este texto de P. Grelot, tomado de um manual de ampla divulgação no mundo bíblico:

Uma vez criada a monarquia urbana, todo um povo de escribas ocupa-se dos assuntos do palácio: cuidam dos anais dos reinados, mantêm o arquivo, redigem a correspondência, administram os bens da casa real, arrecadam os impostos. Escolas cuidam da formação desse pessoal; com os filhos dos funcionários, os príncipes reais e os membros das famílias aristocráticas recebem ali uma educação mais aprimorada; naturalmente, o clero do santuário real beneficia-se desse movimento. Essas instituições adquirem, sob Salomão, uma magnitude nunca vista; assim, tudo está preparado para que se desenvolva uma literatura culta que, embora enraizada na tradição popular, está marcada com o selo da casta de letrados que a produz (*Introducción crítica al AT*. Barcelona, 1981, p. 818).

A partir dos anos de 1970 emerge uma corrente caudalosa de autores, procedente de todas as áreas geográficas, de todas as línguas e escolas, que tende a atrasar no tempo a produção literária do AT. As obras que tradicionalmente eram colocadas nos primeiros tempos da monarquia são agora colocadas na sua etapa final, ou inclusive levadas para os dias do exílio e do pós-exílio. No que se refere à historiografia, um dos autores mais representativos da nova corrente é John van Seters, que dedicou uma volumosa monografia ao estudo da historiografia bíblica, à luz das literaturas do Antigo Oriente Próximo e da historiografia grega (*In Search of Historiy*. New Haven/Londres, 1983).

Ao final de sua monografia de 399 páginas, Van Seters conclui afirmando que o ponto de partida da historiografia israelita é a história deuteronomista, cujo parente mais próximo – espiritual e literariamente – é Heródoto. Van Seters avalia muito positivamente a redescoberta da HDta por parte de Martin Noth, mas lhe parece que o professor alemão falhou ao conceder demasiada importância e antiguidade às fontes e tradições anteriores, não insistindo nem desenvolvendo suficientemente a contribuição redacional própria do autor deuteronomista. Ou seja, Van Seters nega a antiguidade que se vem atribuindo às fontes da HDta, por exemplo a antiguidade da história da *sucessão de Davi*. Nega também a antiguidade da tradição javista.

4 Os livros dos Reis são uma história teológica

Como todos os demais livros da HDta, 1/2 Reis são essencialmente teológicos. Ao autor de 1/2 Reis não interessam tanto os aspectos políticos, sociais e econômicos da história, e sim sua dimensão religiosa. Reinados tão importantes – politicamente falando – como os de Amri e Jeroboão II, que marcam os momentos de maior esplendor do reino do Norte, são reduzidos pela pena do Dta a dados protocolares da fórmula habitual.

Em compensação, os acontecimentos religiosos adquirem uma extensão exagerada; como, por exemplo, tudo o que se refere ao templo, ao cisma religioso do reino do Norte, às histórias de Elias e Eliseu, que encarnam a luta contra a política paganizante de Acab e Jezabel, ao desaparecimento do culto a Baal em Judá, à morte de Atalia, assim como às obras levadas a cabo no templo por Joás (2Rs 11–12), às reformas de Ezequias e de Josias etc. Em poucas palavras, o Dta não é um historiador preocupado em reconstruir o passado tal como realmente aconteceu, mas um teólogo que a partir de sua fé faz uma leitura religiosa da história, sem se importar muito com os acontecimentos de caráter profano.

A história da monarquia é primordialmente uma teologia. O Dta está interessado em demonstrar que o trágico final dos reinos é a consequência lógica da progressiva degradação dos reis, quase todos eles infiéis às cláusulas da aliança, especialmente ao primeiro mandamento (monoteísmo) e à lei do único santuário, tal como estão formulados no Deuteronômio.

a) Uma história profética

A dimensão teológica de 1/2 Reis torna-se perceptível e quase tangível na abundância de profetas que desfilam por suas páginas. Presentes ao longo de toda a HDta, os profetas são especialmente numerosos em 1/2 Reis. Dos 47 capítulos que formam os dois livros, 22 deles são consagrados a relatos que têm como protagonistas os profetas:
- Natã (1Rs 1);
- Aías de Silo (1Rs 11,29-39; 14,7-11);

- O homem de Deus que veio de Judá e o velho profeta de Betel (1Rs 13);
- Jeú, filho de Hanani (1Rs 16);
- Elias (1Rs 17–2Rs 1);
- Cem profetas escondidos por Abdias (1Rs 18);
- Profeta anônimo (1Rs 20);
- Miqueias, filho de Jemla (1Rs 22);
- Eliseu (2Rs 2–13);
- Comunidade de profetas de Betel (2Rs 2);
- Comunidade de profetas de Jericó (2Rs 2);
- Comunidade de profetas de Guilgal (2Rs 4,38-41);
- Discípulo de Eliseu (2Rs 9);
- Jonas, filho de Amati (2Rs 14,25);
- Profetas em geral (2Rs 17,7-23);
- Isaías (2Rs 18–20);
- Profetas em geral (2Rs 21,10-15);
- Hulda (2Rs 22);
- Profetas em geral (2Rs 23–24).

Os profetas não só revelam e marcam o curso e o sentido teológico da história, mas ao mesmo tempo pronunciam vaticínios, oráculos e profecias, que se cumprirão em prazos de tempo mais ou menos longos. A divisão da monarquia em dois reinos (1Rs 12,15) é o cumprimento do anúncio feito por Aías de Silo, anúncio acompanhado neste caso pelo gesto do manto dividido em doze pedaços (1Rs 11,29-39). A destruição do santuário cismático de Betel, por obra de Josias (2Rs 23,15-18), é o cumprimento da palavra pronunciada pelo homem de Deus vindo de Judá três séculos antes (1Rs 13,1-10). Em 1 Reis encontramos repetido até 25 vezes esse esquema literário-teológico de "promessa-cumprimento", e 20 vezes em 2 Reis. Dentre os principais, podemos enumerar os seguintes:

- A remoção e expulsão da família de Eli da corte de Salomão e do ministério sacerdotal (1Rs 2,26-27) é o cumprimento da palavra pronunciada pelo homem de Deus em 1Sm 2,27-30.

• A construção do templo por obra de Salomão (1Rs 8,20) é o cumprimento da palavra pronunciada pelo Profeta Natã (2Sm 7,13).

• O extermínio da casa e dinastia de Jeroboão (1Rs 15,29) é o cumprimento da maldição pronunciada contra ela por Aías de Silo (1Rs 14,2-18).

• O extermínio da dinastia de Baasa (1Rs 16,12) é o cumprimento da maldição pronunciada contra ela pelo Profeta Jeú, filho de Hanani (1Rs 16,1-4).

• A reconstrução de Jericó, por obra de Hiel, ao preço de seus filhos Abiram (primogênito) e Segub (caçula) (1Rs 16,34), é o cumprimento da palavra pronunciada por Josué (Js 6,26).

• A derrota e a morte de Acab (1Rs 22,35-37) é o cumprimento da palavra pronunciada por Miqueias, filho de Jemla (1Rs 22,17).

• A morte de Ocozias (2Rs 1,17) é o cumprimento da palavra de Elias (2Rs 1,6).

• A matança da casa e dinastia de Acab (2Rs 9,7-10; 10,17) é o cumprimento da maldição pronunciada contra ela pelo Profeta Elias (1Rs 21,21-24.27-29).

• A morte ignominiosa de Jezabel (2Rs 9,36) é também o cumprimento da palavra de Elias (1Rs 21,23).

• O traslado do cadáver do piedoso Rei Josias para Jerusalém, a fim de ser enterrado em paz (2Rs 23,30), é o prêmio dado por Deus pelo seu bom comportamento, segundo havia anunciado a Profetisa Hulda (2Rs 22,18-20).

• O assalto de Nabucodonosor contra Joaquim e Judá (2Rs 24,2) é o cumprimento do castigo anunciado pelos profetas por causa dos pecados de Manassés (2Rs 21,10-15).

• O roubo dos vasos e objetos sagrados do Templo de Jerusalém (2Rs 24,13) é o cumprimento da palavra dirigida por Isaías ao Rei Ezequias (2Rs 20,17).

• O mau comportamento de Sedecias, que provocou a ira de Deus e atraiu sobre o reino de Judá o castigo final (2Rs 24,20), é o cumprimento do vaticínio pronunciado pela Profetisa Hulda (2Rs 22,15-17).

Essa rede de vaticínios, oráculos e profecias, com seus respectivos cumprimentos, constitui uma verdadeira infraestrutura que dá aos livros dos Reis (e a toda a HDta) unidade, coesão e dinamismo. Entre as profecias e o cumprimento das mesmas criam-se outros tantos arcos de tensão, que mantêm viva a atenção do leitor e dão à obra um certo sentido dramático. O arco de tensão entre a predição e o cumprimento pode abarcar, às vezes, várias gerações, por exemplo entre 1Rs 13,2 e 2Rs 23,16-18; em outras ocasiões, a profecia cumpre-se imediatamente (cf. 2Rs 1,6 e 1,17).

Retrojeção da história

Essa técnica de mostrar o presente como o cumprimento e realização de uma palavra pronunciada no passado é uma figura histórico-literária que os biblistas costumam chamar de "retrojeção da história" (alguns falam de "projeção", mas projetar para trás é uma contradição). Consiste fundamentalmente em colocar no passado a origem ou a razão de ser dos acontecimentos atuais. Por exemplo, toda a desilusão posterior com a monarquia, experimentada e sofrida durante longos anos, é apresentada como uma advertência feita previamente por Samuel ao povo, quando Israel ainda não tinha rei (1Sm 8; 12). Os abusos da monarquia, que alcançaram com Salomão um de seus momentos mais graves (1Rs 10,26–11,13), aparecem preanunciados pelo Deuteronômio (17,14-20), não só antes da existência da monarquia, mas inclusive antes de as tribos entrarem na terra prometida.

Particularmente significativa é, nesse sentido, a apresentação feita pelo Pentateuco das leis e das instituições de Israel. Todos os códigos legais do AT, junto com as instituições correspondentes, são retrojetados para o período anterior à entrada na terra de Canaã, para serem colocados dentro do marco da aliança do Sinai, à sombra de Moisés, o legislador por antonomásia. A conquista da terra e a definição de suas fronteiras, que só se tornaram realidade completa nos dias de Davi-Salomão, são retrojetadas para o tempo de Josué.

Eficácia da palavra divina

A predileção pelo esquema "promessa-cumprimento" obriga, às vezes, os autores bíblicos a formular vaticínios, oráculos e profecias que na realidade não existiram. Isso, naturalmente, não significa nenhum atentado aos dogmas da inspiração e da verdade bíblicas, posto que se trata de um recurso histórico-literário usado com intenção teológica.

No fundo dessa forma de apresentar a história está a convicção teológica dos autores sagrados de que a história em geral, e muito particularmente a história de Israel, não é senão o desenvolvimento e a realização da Palavra de Deus pronunciada periodicamente por seus profetas:

> Pois o Senhor Deus não faz coisa alguma sem revelar seu segredo a seus servos, os profetas (Am 3,7).

Deus é o senhor da história; tudo o que acontece é a realização de seu desígnio de salvação e cumprimento de sua vontade. Tudo foi querido e previsto por Ele. A história não é efeito da casualidade nem fruto da vontade humana, mas produto e resultado da palavra criadora e eficaz de Deus.

• Os cananeus levam uma vida sensual e foram subjugados pelos israelitas porque sobre eles pesa a maldição de Noé. Ao invés, os israelitas são livres e vivem em prosperidade porque têm a seu favor a bênção pronunciada sobre eles por Sem (Gn 9,24-27).

• A vida atual das tribos e as características de cada uma delas estão determinadas pelas palavras pronunciadas sobre elas por Jacó e Moisés (Gn 49 e Dt 33).

• Judá tem a supremacia sobre as demais tribos porque assim foi predito por Jacó (Gn 49,10).

• A tradicional inimizade entre os edomitas (descendentes de Esaú) e os israelitas (descendentes de Jacó) é resultado de uma palavra pronunciada por Deus sobre eles, no momento mesmo em que nasceram (Gn 25,22-23).

E continuaríamos a lista sem fim de predições, bênçãos e maldições que marcam a história sagrada e determinam o curso venturoso ou desventuroso da mesma.

b) Discursos e reflexões redacionais deuteronomistas

Além do juízo teológico que acompanha cada um dos reis, e das profecias que balizam suas respectivas histórias, conforme acabamos de ver, o Dta distribuiu, ao longo dos livros dos Reis, discursos, reflexões e retoques redacionais que põem em relevo o sentido teológico dos acontecimentos e da história. Destacamos a seguir alguns dos mais significativos:

Intervenção de Salomão na inauguração do templo (1Rs 8). 1Rs 8 é integralmente dedicado à festa de inauguração e dedicação do templo. Ocupa um lugar destacado no conjunto dos livros dos Reis, como cume de toda a seção dedicada à construção do templo (1Rs 5,15–9,9). Esse trecho está estruturado em cinco unidades dispostas de forma concêntrica. A unidade central é constituída pela "oração de Salomão" (1Rs 8,22-53), autêntica pedra angular do capítulo, que compendia e recapitula a teologia deuteronomista sobre o templo. Essa unidade central é emoldurada por bênçãos/ ações de graças (1Rs 8,14-21 e 1Rs 8,54-61) que evocam as intervenções salvíficas de Deus em favor de seu povo, as quais culminam com a construção do templo. Recordam a fórmula litúrgica de bênção empregada pelos sacerdotes (Nm 6,23-26). A "oração de Salomão" e as duas bênçãos estão, por sua vez, emolduradas por outros dois relatos que fazem as vezes de introdução (1Rs 8,1-13) e conclusão (1Rs 8,62-66), respectivamente. Os fios condutores de todos esses capítulos giram sempre em torno do templo e do sentido que este tem para a vida e a história de Israel.

Discurso do Senhor (1Rs 9,1-9). Numa nova teofania, que recorda a aparição divina em Gabaon (1Rs 3,14-15), o Senhor apresenta-se a Salomão e lhe dirige um discurso como resposta à sua oração no dia da dedicação do templo. Trata-se de uma composição de cunho deuteronomista, que repete mais uma vez a clássica interpretação da história própria dessa escola, referida especialmente à destruição do templo e à queda de Jerusalém. O Dta remonta às origens do templo e põe na boca de Deus a explicação última desses dolorosos acontecimentos: o templo nunca foi um salvo-conduto incondicional, pois desde o início esteve sujeito às condições da aliança e à sua dialética de bênçãos e maldições. A proteção divina emanada do templo exigia a fidelidade dos reis e do povo; o castigo posterior punia a infidelidade destes.

O discurso-resposta estrutura-se em três partes. A primeira refere-se especialmente ao templo e concretiza os modos da presença divina: seu nome, seus olhos e seu coração estão sempre presentes nele, como expressão de sua divindade; ele está sempre pronto a escutar (1Rs 9,3). A segunda refere-se à promessa dinástica (2Sm 7), formulada aqui em termos condicionais, referentes à observância da lei e da aliança: a uma observância total corresponde a promessa da perpetuidade do trono de Israel (1Rs 9,4-5). A terceira desenvolve as consequências do descumprimento da lei, consequências que afetam não só a dinastia davídica e seus reis, mas todo o povo e ao templo (1Rs 9,6-9). Oferece-se, assim, uma razão explícita para a queda de Jerusalém e suas trágicas consequências. O exílio, longe de ser uma experiência incompreensível, é algo tão lógico em suas causas teológicas que até as pessoas que o veem de fora podem entendê-lo (1Rs 9,8-9; cf. Dt 29,22-28; Jr 22,8-9).

Reflexão teológica sobre a queda da Samaria (2Rs 17,7-23). A queda da Samaria e o desaparecimento do reino do Norte oferecem ao Dta uma boa ocasião para inserir em sua história um dos muitos comentários redacionais que balizam sua obra (cf., p. ex., Js 9; 12; 23; Jz 2,11-19; 1Sm 12; 1Rs 8). Em 2Rs 17,7-23 aparecem condensados os motivos que, do ponto de vista deuteronomista, foram a causa da queda da Samaria e da ruína do reino do Norte. Ao pecado de Jeroboão – que vem a ser o pecado original que vicia todos os reis do Norte – acrescentam-se agora outras considerações procedentes dos círculos proféticos (especialmente Jeremias) e dos autores do Deuteronômio. Essas considerações proféticas referem-se, sobretudo, aos cultos idolátricos em todas as suas formas e manifestações, ao sincretismo religioso, aos sacrifícios humanos, às quedas contínuas do povo nos mesmos pecados, sem prestar atenção nem dar ouvidos às vozes dos profetas, que o chamavam frequentemente à conversão.

Segundo o Dta, a queda da Samaria e o desaparecimento do reino do Norte são o cumprimento das palavras pronunciadas reiteradamente pelos profetas, em nome de Deus. Esse é um dos aspectos em que o redator insiste ao longo da sua obra, pois aí deita raízes sua concepção da história. Segundo ele, a história não é produto da casualidade nem fruto da vontade humana; antes, é o resultado da palavra eficaz e criadora de Deus.

Reflexão deuteronomista sobre o reinado de Manassés (2Rs 21,2-18). O Dta já havia estendido suas reflexões teológicas sobre a queda da Samaria ao reino de Judá (2Rs 17,19). Isso não impede que agora centre sua atenção exclusivamente no reino do Sul e lhe dedique um comentário teológico muito semelhante às reflexões de 2Rs 17,7-23. O juízo a respeito de Manassés, o mais negativo de todos, é como que uma recapitulação das causas que levaram Judá a essa situação crítica. Por causa dos pecados de Manassés e do povo, Judá está a ponto de incorrer no mesmo destino de Israel. Nesse sentido, 2Rs 21,2-18 é a continuação de 2Rs 17,7-23; em parte, 2Rs 21 está construído sobre 2Rs 17.

c) O Davi da teologia

Já vimos que os teólogos e os autores de 1/2 Samuel transformaram Davi no rei ideal. Chegaram mesmo a rebaixar a figura de Saul e acentuar seus traços sombrios, com a finalidade de ressaltar mais o brilhantismo da figura de Davi. Em 1/2 Reis, Davi já não é apenas o rei ideal, convertendo-se num paradigma ou protótipo, de acordo com o qual são avaliados os demais reis, a começar pelo próprio Salomão.

Como se não tivesse sua própria personalidade, autônoma e independente, *Salomão* é julgado a partir de sua comparação com Davi, considerado (este) como o cânon ou a medida dos demais reis.

• De Salomão, por exemplo, diz-se que sentou-se no trono de Davi, em cumprimento daquilo que o Senhor havia prometido a seu pai por meio do Profeta Natã (1Rs 2,12.24). Durante o famoso sonho de Gabaon, Salomão pronuncia estas palavras:

> Tu foste grande amigo de teu servo Davi, meu pai, porque ele andou na tua presença com sinceridade, justiça e retidão de coração para contigo. Por isso tu lhe conservaste esta grande amizade, dando-lhe um filho que hoje está assentado no seu trono. Pois bem: Senhor meu Deus, Tu fizeste rei ao teu servo, como sucessor de meu pai Davi, embora eu seja ainda um homem muito novo e não me saiba conduzir (1Rs 3,6-7).

• É dito que o destino de Salomão, do seu reino e de todo Israel depende de sua fidelidade ao caminho traçado por seu pai Davi:

> Quanto a ti, se andares na minha presença, como o fez teu pai Davi, de coração sincero e reto, praticando tudo o que te mandei, e observando os meus decretos e preceitos, darei estabilidade duradoura ao teu trono real sobre Israel, como o prometi a teu pai Davi nestes termos: Não te faltará sucessor que ocupe o trono de Israel (1Rs 9,4-5; cf. tb. 3,14 e 6,12).

• Em 1Rs 11 é dito que Salomão enamorou-se de muitas mulheres estrangeiras, que o perverteram:

> Quando Salomão ficou velho, as suas mulheres lhe desviaram o coração, fazendo-o seguir deuses estranhos, de modo que seu coração já não pertenceu integralmente ao Senhor seu Deus, ao contrário de seu pai Davi [...]. Assim Salomão praticou o que desagrada ao Senhor, não prestando ao Senhor obediência integral como seu pai Davi (1Rs 11,4.6).

• Sem dúvida, "em atenção ao teu pai Davi" (1Rs 11,12), a divisão do reino não ocorrerá durante a vida de Salomão. Mais ainda, "em atenção a Davi" o reino não se separará da tribo de Judá (11,13.32.34):

Mas não tirarei todo o reino da sua mão [...], o manterei como soberano enquanto viver [...]. Mas a seu filho darei uma tribo para que meu
servo Davi sempre tenha uma lâmpada em minha presença, na cidade
de Jerusalém (11,36; cf. 15,4; 2Rs 8,19).

• *Jeroboão*. Não só os reis do Sul, pertencentes todos eles à dinastia
davídica, mas inclusive alguns do Norte, como Jeroboão, são julgados de
acordo com sua fidelidade ao paradigma Davi. Diz o Senhor a Jeroboão,
por meio do Profeta Aías de Silo:

> Se obedeceres a todas as minhas ordens e andares nas minhas veredas,
> praticando o que me agrada, guardando os meus preceitos e manda-
> mentos, como o fez meu servo Davi, então estarei contigo, construirei
> para ti uma casa estável, como a construí para Davi [...] (1Rs 11,38).

O desvio do modelo davídico atrai o infortúnio sobre a casa de Jeroboão e sobre o reino do Norte: Jeroboão,

> não procedeste como meu servo Davi, que guardou os meus manda-
> mentos e me seguiu de todo o coração, praticando só o que me agrada.
> Procedeste pior que todos os teus predecessores [...]. Por tudo isso vou
> trazer desgraça para a casa de Jeroboão [...] (1Rs 14,8-10).

• *Abias*, sucessor de Roboão, "não pertenceu integralmente ao Senhor
seu Deus, como tinha sido o coração de seu antepassado Davi" (1Rs 15,3).
Contudo, "em atenção a Davi", mantém-se acesa a "lâmpada" em Jerusalém (15,4).

• *Asa* "praticou o que agrada ao Senhor, a exemplo de seu antepassado
Davi" (1Rs 15,11), e seu filho *Josafá*

> seguiu em tudo o caminho de seu pai Asa, não se apartando dele e
> praticando tudo o que agrada ao Senhor (22,43).

• O filho de Josafá, *Jorão*, abandonou o caminho de Davi para seguir
"o caminho dos reis de Israel" (2Rs 8,18), com os quais contraíra parentesco ao casar-se com Atalia, filha de Acab. Mas de novo o Senhor mantém

o reino de Judá, "em atenção a Davi", a quem havia prometido que nunca lhe faltaria uma "lâmpada" acesa em Jerusalém (8,19).

• *Amasias* "praticou o que agrada ao Senhor, mas não tanto como seu antepassado Davi" (2Rs 14,3).

• *Acaz* "não praticou o que agrada ao Senhor seu Deus, como o tinha feito seu antepassado Davi" (2Rs 16,2), ou seja, afasta-se, como tantos outros reis, do paradigma ideal.

• *Ezequias* é um dos poucos que alcança o ideal davídico: "Praticou o que agrada ao Senhor, seguindo em tudo o exemplo do seu antepassado Davi" (2Rs 18,3). Por isso, recebe a promessa do Senhor: "Protegerei esta cidade (*Jerusalém*) e a salvarei em atenção a mim e ao meu servo Davi" (19,34; 20,5-6).

• *Josias*, tal como Ezequias, alcança plenamente o ideal:
> Praticou o que agrada ao Senhor, trilhando sempre o caminho do seu antepassado Davi, sem se desviar nem para a direita nem para a esquerda (2Rs 22,2).

Resumindo, o ideal davídico não só dá unidade a 1/2 Reis, como também mantém viva a esperança inclusive nos momentos mais críticos, por exemplo quando produz-se a divisão da monarquia, após a morte de Salomão, ou quando sobem ao trono reis que se desviam do protótipo "Davi". Enquanto estiver acesa a "lâmpada" que brilha em Jerusalém na presença do Senhor, nem tudo estará definitivamente perdido.

1.6 Chamamento à conversão e à esperança

1 Chamamento à conversão

Segundo Martin Noth, a HDta estaria voltada exclusivamente para o *passado*. O autor ou autores deuteronomistas pretendiam demonstrar unicamente que a catástrofe de 587 a.C. era a conclusão lógica da história do povo, marcada pela infidelidade e pelo pecado. A HDta limitar-se-ia, portanto, a constatar o final de Israel como povo autônomo e independente, e a explicar as razões teológicas desse fato. Nessa hipótese, a HDta se manteria numa linha puramente negativa, sem qualquer alusão a esperanças positivas abertas ao futuro.

Se abrigasse alguma esperança em relação ao futuro – diz Noth – o autor deveria manifestá-la nas passagens em que fala, por exemplo, do exílio (1Rs 8,44-53; 2Rs 17,7-23; 21,10-15). Alguns autores (Von Rad) sublinham a importância dos últimos versículos de 2Rs 25,27-30, que falam da libertação de Jeconias, como prova e garantia de esperança. Mas Martin Noth considera essa informação demasiado banal para fundamentar-se nela alguma garantia quanto ao futuro. É certo que Dt 4,29-31 e 30,1-10 apelam à conversão dos exilados e alimentam, consequentemente, a confiança num futuro melhor. No entanto, novamente Noth descarta esses chamamentos, qualificando-os de adições posteriores sem maior importância.

É, de fato, muito difícil resignar-se a aceitar essa interpretação tão negativa de Martin Noth. Consideradas as coisas do ponto de vista dos leitores, já não era pouco constatar que o Dta raciocinava teologicamente, procurando o sentido dos trágicos acontecimentos que haviam posto fim, primeiro ao reino do Norte e, depois, ao do Sul. Porém isso não bastava. Era preciso também projetar luz sobre o momento *presente*, cheio de incertezas e desesperança.

A HDta está calcada nos esquemas teológicos da pregação profética e os profetas, quando recorriam ao passado, faziam-no levados pela preocupação de encontrar uma resposta para os problemas que seus contemporâneos colocavam. Não é provável, pois, que o Dta tenha submetido a exame um período tão amplo da história simplesmente para constatar o desaparecimento de Israel e suas instituições e para justificar o fato do ponto de vista teológico. Não é provável que o Dta tenha se contentado em explicar o *passado*, sem ter uma palavra interpeladora e sem trazer uma resposta às necessidades do momento *presente*.

Em seu estudo sobre o querigma da HDta, H.W. Wolff descobriu nesta uma mensagem positiva para a geração do exílio, qualificando-a como *chamamento à conversão*. Essa leitura de Wolff tem maior consonância não só com a pregação profética, que citávamos há pouco, mas também com a pedagogia e a dialética da história da salvação do AT em geral. Segundo os historiadores-teólogos do AT, a história da salvação é feita de *pecado-castigo-conversão-salvação*.

Esse é, por exemplo, o esquema que se descobre em Gn 2–11, onde aos pecados de Adão, de Caim, dos "filhos de Deus" e dos construtores da torre de Babel seguem-se os respectivos castigos, mas ao castigo seguem-se a conversão e a salvação. A Adão-Eva é prometido o triunfo da descendência da mulher sobre a serpente e sua descendência; Caim é distinguido com um sinal protetor que garante sua inviolabilidade; o dilúvio-naufrágio, desencadeado pela união dos filhos de Deus com as filhas dos homens, não foi total, pois Deus se reservou uma família como semente da nova humanidade; aos construtores da torre de Babel – obrigados a dispersar-se pela face da Terra numa multidão de povos e línguas – foi prometido que em Abraão e sua descendência recobrariam de novo a unidade e a bênção. Em suma, na história da salvação, a última palavra não cabe ao castigo, mas à salvação.

Esse mesmo esquema histórico-salvífico é que preside o desenvolvimento da HDta, segundo vimos acima, ao falar do Livro dos Juízes, onde o encontramos repetido de maneira sistemática com cada um dos seis juízes maiores.

Aplicado o esquema ao espaço de tempo que cobre a HDta, teríamos as seguintes equivalências. Da entrada na terra, sobretudo a partir dos juízes, e sobretudo a partir dos reis, até a queda da Samaria e de Jerusalém, temos o tempo da degradação progressiva (= *pecado*). Com a queda da Samaria-Jerusalém e do exílio começa o *castigo*. Neste preciso momento da história, quando Israel se achava cumprindo o castigo, é que o Dta escreve sua história. Ou seja, estamos no segundo tempo do célebre esquema de quatro elementos. O Dta esperava que se repetisse o ciclo completo? Dito de outra maneira: Esperava o Dta a *conversão* do povo e a consequente *salvação* divina? A resposta parece que deva ser afirmativa. Segundo a dinâmica geral da HDta, ao castigo seguia-se sempre a conversão-salvação. Logicamente, assim devia acontecer também neste momento.

Um exame da HDta vai nos confirmar efetivamente que esse postulado lógico é uma realidade. Percorrendo suas páginas, vamos nos defrontar com o chamamento à conversão em vários momentos da obra, alguns deles muito importantes.

1Sm 7,3:
> Então Samuel falou a toda a casa de Israel nestes termos: Se quiserdes converter-vos ao Senhor de todo o coração, afastai do vosso meio os deuses estranhos e as astartes [...].

Na qualidade de profeta, Samuel chama o povo à conversão, uma conversão que deve traduzir-se na adesão ao único Deus e na renúncia a todo tipo de ídolo. Essa é uma doutrina tipicamente deuteronomista, segundo vimos acima, ao falar da teologia do Deuteronômio.

1Rs 8,33-35; 8,46-53: por quatro vezes repete-se nesses versículos o chamamento à conversão, expressa com o termo técnico hebreu *shub* (voltar-se para Deus = converter-se). Encontramo-nos num momento importante da HDta, dado que esses versículos pertencem à intervenção de Salomão na festa da dedicação do templo. Os versículos 46-53, colocados no contexto do exílio, refletem bem os sentimentos do Dta e seus destinatários, que veem como única saída, nesse momento crítico de sua história, a conversão para Deus.

2Rs 17,13:

> Todavia o Senhor tinha advertido seriamente Israel e Judá por intermédio de todos os profetas e videntes nestes termos: Voltai dos vossos maus caminhos e guardai os meus mandamentos e preceitos [...].

Ao recordar aos exilados o tema predileto dos profetas (o chamamento à conversão), o Dta lhes está oferecendo esse caminho como única tábua de salvação no momento.

2Rs 23,25:

> Não houve antes um rei como ele que se tivesse voltado para o Senhor de todo o seu coração, com toda a sua alma e força, e em pleno acordo com a Lei de Moisés [...].

Ao apresentar o piedoso Rei Josias, protótipo do rei perfeito, como a encarnação do ideal da conversão, o Dta está fazendo um chamamento implícito à conversão de todo o povo.

Dt 4,29-31; 30,1-10. Formulados no estilo exortativo e homilético, próprios do Deuteronômio, esses versículos não só constituem um urgente chamamento à conversão, como também marcam algumas das características que esta deve ter. Não se pede tanto uma conversão e uma volta às práticas cultuais quanto que se tome consciência da própria culpa, peça-se perdão e mude-se de conduta, abram-se os ouvidos à voz de Deus que fala por Moisés e comprometa-se com a observância das cláusulas da aliança. Segundo a teologia deuteronomista, esse tipo de conversão não é só obra do esforço humano, mas, sobretudo, um dom da graça de Deus, um dom que o povo pode esperar confiantemente, apoiado na fidelidade de Deus às promessas feitas aos patriarcas (Dt 4,31).

2 Chamamento à esperança

A HDta está voltada para o *passado*, enquanto trata de dar uma resposta às interrogações colocadas pelos trágicos acontecimentos que puseram fim aos reinos de Israel e de Judá. Encerra também uma mensagem atual, para o momento *presente*, pois, segundo acabamos de ver, quer ser um chamamento à conversão do povo que se acha no exílio quando é escrita a obra. Ela abrigaria também alguma esperança quanto ao *futuro*? Segundo Von Rad, a resposta deve ser claramente positiva.

A HDta – diz Von Rad – não é uma história profana, nem tampouco a descrição da fé ou das instituições de Israel, mas a história da palavra dinâmica e eficaz de Deus, tal como foi se realizando na vida de Israel. Pois bem, essa palavra é dupla. Deus pronunciou uma palavra de ameaça e maldição que se acha consignada sobretudo em Dt 28,15-68, palavra que se cumpriu com a ruína de Samaria e de Jerusalém. Em seu aspecto negativo e punitivo, a Palavra de Deus é a palavra que destrói, ou seja, a palavra como lei.

Mas Deus pronunciou também uma palavra positiva de promessa e esperança, que se acha expressa sobretudo na profecia de Natã (2Sm 7). E a palavra que salva, ou seja, a palavra como evangelho. A palavra-evangelho tem que se realizar tal como a palavra-lei. A profecia de Natã era a tocha que irradiava luz e esperança nos momentos críticos. Enquanto estiver acesa a "lâmpada de Davi", nada estará irremediavelmente perdido (2Sm 21,17; 1Rs 11,36; 15,4; 2Rs 8,19). Nem o exílio consegue apagar a esperança do Dta. Von Rad sublinha o significado e o alcance que têm, no todo da HDta, os versículos finais, referentes à reabilitação de Jeconias em pleno exílio: são como que uma porta aberta à esperança (2Rs 25,27-30).

Von Rad não só destaca a importância da profecia de Natã, mas também convida os leitores a fixar-se em seu caráter de promessa e em sua formulação incondicional. Natã fala em nome de Deus e se dirige a Davi nestes termos:

> Eu serei para ele (Salomão) um pai, e ele será meu filho. Se ele proceder mal, eu o castigarei com vara de homens e com golpes humanos. Mas não retirarei dele a minha benevolência, como a retirei de Saul, que eliminei da tua presença. Tua casa e tua realeza subsistirão para sempre diante de ti; teu trono ficará estável para sempre (2Sm 7,14-16).

Frente à aliança do Sinai, que era bilateral e onerosa, a aliança davídica, tal como a patriarcal, é unilateral e graciosa. Esse caráter gracioso e promissor é acentuado pela afirmação, repetida duas vezes, de que a aliança de Davi será eterna. Embora se exija a obediência ao Senhor, por parte dos reis (filhos e sucessores de Davi), sem dúvida essa obediência não é considerada como condição *sine qua non* para a continuidade da aliança. A alusão ao castigo do(s) filho(s) de Davi (v. 14-15) tem precisamente a finalidade de reforçar a afirmação de que o pecado de Salomão e seus sucessores não poderá invalidar nem anular a aliança. O fracasso da dinastia de Saul não se verificará com a de Davi.

Segundo demonstrou D.J. McCarthy, a profecia de Natã é peça-chave na HDta. Está na mesma linha de toda a série de discursos e reflexões teológicos que formam as grandes articulações da obra deuteronomista. Da importância que o Dta concede à profecia de Natã falam claramente as 14 referências a ela feitas ao longo de 1/2 Reis, umas mais, outras menos explícitas (1Rs 2,4.45; 3,6-7.14; 5,5; 6,12; 11,32.34.36.39; 15,4-5; 2Rs 8,19).

Dado o caráter apodítico e absoluto da promessa, e dada a relevância que o autor lhe concede no conjunto da obra, logicamente devemos concluir que o Dta tinha razões suficientes para confiar no futuro e para expressar essa esperança através de sua história. Claro, a nação encontrava-se em ruínas, muitos cidadãos estavam no exílio e o rei se achava preso. Nessas circunstâncias, o autor deuteronomista não devia esperar o cumprimento da palavra-evangelho a curto prazo. Tudo leva a pensar que nesse momento é que as esperanças dinásticas sofreram um processo de transformação, através do qual foram passando do nível histórico ao plano da fé messiânica. De fato, a edição da HDta coincide com os oráculos messiânicos dos livros proféticos.

Citemos, a título de exemplo, Jr 23,5-6 e Is 55,3, ambos compostos na época do exílio. Contemporâneo do Dta é também Ezequiel, cuja segunda parte conta com numerosos textos messiânicos e escatológicos.

2
História do Cronista

Introdução

Pelo final da dominação persa, ou, mais provavelmente, nos começos da era grega (por volta de 300 a.C.), leva-se a cabo em Jerusalém a composição de uma volumosa obra histórica que cobre o espaço de tempo que vai de Adão até a restauração pós-exílica protagonizada por Neemias e Esdras. Claro, somente a etapa monárquica e o período da reconstrução pós-exílica são tratados com amplitude. Os cinquenta anos do exílio (entre 587-538 a.C.) são passados por alto, e os longos séculos que vão de Adão à monarquia reduzem-se a esquemáticas linhas genealógicas.

Segundo São Jerônimo, essa magna obra pode ser considerada a "Crônica completa da história divina". Nessa denominação do célebre exegeta de Belém inspira-se o título de *História do Cronista*, que lhe foi dado pela ciência bíblica moderna. Ela está integrada pelos seguintes quatro livros: *1/2 Crônicas* (chamados anteriormente de Paralipômenos), *Esdras* e *Neemias*.

A *História do Cronista* é uma nova versão da história de Israel, em boa parte construída a partir dos mesmos materiais da *História deuteronomista*, os quais foram elaborados a partir de novos critérios e princípios teológicos, dado que a situação histórica e cultural vivida pelo Cronista é também nova, e novos são, por sua vez, os destinatários da sua obra.

Quando o Cronista redige sua história (pelo final do século IV a.C.), a época do exílio e as desventuras de Israel já estão muito longe. Judá é uma província irrelevante dentro do Império Grego e a comunidade judaica assentada em Jerusalém reflete sobre sua existência anterior e pensa no futuro, procurando esclarecer seus elementos constitutivos essenciais, sua relação com Deus, ao mesmo tempo em que se reafirma e se autoidentifica a partir de um novo ideal de esperança (Sáenz-Badillos).

1 Arquitetura da história do Cronista

O Cronista constrói sua história sobre dois grandes momentos da vida de Israel: a monarquia e a restauração pós-exílica.

a) Na *etapa monárquica*, segundo se descreve em 1/2 Crônicas, o autor distingue quatro tempos sucessivos:

Pré-história da monarquia (1Cr 1–9)

Depois de resumir esquematicamente, no capítulo 1, a cadeia genealógica entre Adão e Jacó-Israel, pai das doze tribos, o autor dedica os oito capítulos restantes a relembrar a história de cada uma delas, histórias que são elaboradas à base de listas de nomes e árvores genealógicas.

Na intenção do Cronista, esses nove primeiros capítulos querem ser a pré-história da monarquia davídica. Assim o demonstra a relevância que concede à tribo de Judá (= tribo de Davi), que é colocada em primeiro, apesar de ser a quarta na ordem genealógica. Dedica-lhe também 102 versículos (2,1–4,23), frente aos 10 versículos que constituem a média das demais tribos, excetuadas as de Levi (81 versículos) e a de Benjamim (47 versículos). A exceção de Levi deve-se ao fato de que o Cronista pertencia, sem dúvida, a essa tribo; e, além disso, porque era a tribo dedicada ao serviço do Templo de Jerusalém, que é um dos temas prediletos de nossa história, como veremos adiante. A exceção de Benjamim deve-se, provavelmente, ao fato de que no território dessa tribo estava localizada Jerusalém, capital do reino de Davi, que é, por sua vez, outro dos temas favoritos do Cronista.

Reinado de Davi (1Cr 10–29)

Depois de evocar a genealogia de Saul e descrever sua morte, no capítulo 10, o resto do primeiro Livro das Crônicas é todo ele consagrado à vida e à obra de Davi: sua eleição como rei, conquista e eleição de Jerusalém como capital do reino, traslado da arca, vitórias de Davi, preparativos para a construção do templo e organização do culto.

Chama a atenção o grande espaço concedido pelo Cronista à atividade cultual de Davi. Dos 522 versículos que lhe dedica no total, 329 referem-se à sua atividade religiosa e cultual. Somente 193 são reservados para suas atividades civis e militares.

Reinado de Salomão (2Cr 1–9)

Para o Cronista, o fato central do reinado de Salomão é a construção do templo. Ou seja, temos aqui a mesma hierarquia de preferências que a encontrada na história de Davi. Os aspectos profanos da vida e da obra de Salomão são reduzidos ao mínimo e ocupam lugar secundário em relação à sua atividade religioso-cultual.

Os demais reis de Judá (2Cr 10–36)

No quarto tempo desfilam, pela pena do Cronista, os reis da dinastia davídica, que vão desde a divisão, após a morte de Salomão, à queda de Jerusalém e o exílio na Babilônia. Repete-se mais uma vez o mesmo fenômeno dos reinados anteriores: o autor estende-se nas histórias dos reis que levam a cabo reformas religioso-cultuais e abrevia as histórias dos demais. Concretamente, aos quatro reis reformadores – Asa, Josafá, Ezequias e Josias – dedica treze capítulos, restando para os outros dezesseis reis catorze capítulos.

b) A *restauração pós-exílica*, segundo os livros de Esdras e Neemias, cobre também quatro etapas:

Repatriação dos exilados (Esd 1–6)

Consequente com a política tolerante e condescendente dos aquemênidas, sobretudo em matéria religiosa, Ciro, rei dos persas, publica no verão de 538 a.C. um edito autorizando os judeus exilados na Babilônia a regressar à sua pátria. Organiza-se a primeira caravana de repatriados, dirigidos por Sasabassar, espécie de alto-comissário, que deve assegurar a devolução de todos os vasos sagrados e dos objetos de culto levados à Babilônia por Nabucodonosor, assim como levar a cabo a restauração do Templo de Jerusalém. Sasabassar desaparece inesperadamente de cena e em seu lugar aparece Zorobabel. Alguns autores pensam que se trata do mesmo personagem, com nomes diferentes.

A partir de 538 foram chegando a Jerusalém sucessivas caravanas de judeus. A edificação do templo, que havia começado com muito fervor num primeiro momento, logo viu-se obstaculizada pelas intrigas e hostilidades dos samaritanos. Estimulado pelos profetas Ageu e Zacarias, Zorobabel pôs de novo mãos à obra, no ano 520 a.C., e em 515 o templo foi consagrado e aberto ao culto.

O novo templo levantou o ânimo da comunidade pós-exílica e em suas mentes renasceu a esperança messiânica, que se polarizou em torno da pessoa de Zorobabel, descendente da dinastia davídica (Ag 2,23; Zc 6,12-15).

Primeira atividade de Neemias (Ne 1–7; 11–12)

Tendo chegado ao seu conhecimento a situação precária em que se encontravam os irmãos de Jerusalém e o estado lamentável da cidade santa, cheia de ruínas e com as portas queimadas, devido à oposição e hostilidade dos samaritanos, Neemias, alto dignitário da corte persa, solicitou e conseguiu de seu senhor, o rei da Pérsia, autorização para ir à Judeia e reedificar a cidade dos seus antepassados. Chegou em Jerusalém no vigésimo ano de Artaxerxes I (445 a.C.), aí permanecendo por um espaço de doze anos (Ne 2,1; 5,14). Depois de uma inspeção noturna da cidade, constatou seu estado de deterioração e comunicou ao povo o propósito de reedificá-la, entregando a cada família uma tarefa correspondente. Logo veio à tona a oposição, encabeçada desta vez por Sambalat, governador da Samaria, juntamente com Tobias, pertencente a uma influente família amonita.

A valentia e a firmeza de Neemias conseguiram superar todas as dificuldades, e em cinquenta e dois dias as muralhas estavam terminadas (Ne 6,15). Num segundo tempo, dedicou-se a repovoar a cidade, que estava quase deserta e com muitas casas ainda por levantar. Estabeleceram-se em Jerusalém os principais do povo – sacerdotes, levitas e leigos. Neemias levou a cabo, finalmente, a organização social. No trigésimo segundo ano de Artaxerxes (433 a.C.), voltou para a Babilônia.

Segunda atividade de Neemias (Ne 13)

Passado algum tempo, ainda dentro do reinado de Artaxerxes I (morto em 424 a.C.), Neemias retornou a Judá, onde encontrou comprometida a obra de restauração, vendo-se obrigado a atuar novamente com energia. O capítulo 13 de seu livro nos informa sobre as medidas reformadoras dessa segunda atividade.

Atividade de Esdras (Esd 7–10 e Ne 8–10)

"Sacerdote e escriba da lei do Deus dos céus", Esdras era uma espécie de secretário-geral da corte persa, encarregado dos assuntos judaicos, os quais eram regulados pela lei do Deus dos céus ou lei de Moisés. Esdras solicita e obtém do rei plenos poderes para organizar a comunidade da Palestina e as demais comunidades judias da diáspora. A autorização que Artaxerxes II coloca nas mãos de Esdras (Esd 7,11-26) incluía três pontos principais: permissão para que os judeus que permaneciam na Babilônia pudessem regressar à Judeia; elevação da lei de Moisés à categoria de lei do Estado, obrigatória para todos os judeus; e, finalmente, várias disposições de ordem financeira, que punham generosamente à disposição de

Esdras doações e coletas com a finalidade de organizar e enriquecer o culto javista do Templo de Jerusalém.

Esdras pôs-se a caminho no dia primeiro do primeiro mês, e chegou em Jerusalém acompanhado de muitos sacerdotes e levitas (Esd 8), no quinto mês do sétimo ano de Artaxerxes II, que corresponde a 398 a.C. Aproveitando a reunião de todo o povo, por ocasião das festas do sétimo mês, ele leu publicamente a lei de Moisés, que ele havia trazido consigo da Babilônia, a qual deveria se constituir na carta magna da comunidade judaica pós-exílica (Ne 8). A promulgação solene da lei, por obra de Esdras, constitui uma data decisiva na história do povo eleito: é o dia do nascimento do *judaísmo*. A missão de Esdras – concretamente, a promulgação solene da lei de Moisés – é importante também do ponto de vista da história literária do AT. Não são poucos os autores que identificam a lei de Moisés, promulgada por Esdras em Jerusalém, com a primeira edição do Pentateuco.

Depois da promulgação da lei, Esdras teve de enfrentar o grave problema dos casamentos mistos (Esd 9–10). Dentro de seu plano de reforma religiosa, essa medida era muito importante, pois os casamentos com mulheres estrangeiras haviam contaminado o javismo com práticas pagãs. Na pureza do sangue e da religião, a comunidade pós-exílica encontraria sua coesão. A reforma de Esdras tropeçou em graves dificuldades, pois os dirigentes e os poderosos eram os primeiros a estar implicados nas irregularidades e a separação das mulheres estrangeiras desfazia as famílias, produzia mal-estar e levantava protestos, inclusive nos povos vizinhos, que se viam também afetados e ofendidos por essas medidas reformadoras. Apesar de tudo, foram tomadas resoluções eficazes e começou-se a reforma.

Não conhecemos nem a duração nem o alcance da mesma, pois o relato sobre a atividade de Esdras é cortado justamente nesse momento e não reaparece mais. As últimas datas de suas *Memórias* referem-se ao nono e ao décimo mês do mesmo sétimo ano de Artaxerxes II e ao primeiro mês do ano seguinte (Esd 10,9.16-17).

2 Fontes do Cronista

O Cronista teve à sua disposição fontes anteriores. Algumas vezes cita-as expressamente, coisa que não costuma ser frequente nos autores antigos, tanto bíblicos como extrabíblicos.

a) 1/2 Crônicas

Para a primeira parte da sua obra, que cobre o espaço de tempo que vai de Adão ao exílio, tal como está em 1/2 Crônicas, o Cronista serviu-se amplamente dos livros bíblicos anteriores, sobretudo do Pentateuco e da história deuteronomista. As listas genealógicas de 1Cr 1–9 foram compostas a partir dos dados que lhe foram proporcionados pelos livros do Gênesis, Êxodo, Números, Josué e Rute. As histórias de Davi e Salomão, assim como a história da monarquia davídica em geral (1Cr 10–2Cr 36) estão calcadas nos livros de Samuel e Reis, dos quais são reproduzidos capítulos inteiros.

Além das fontes bíblicas, o Cronista aduz outra série de obras extrabíblicas, citadas expressamente várias vezes, às quais o leitor desejoso de mais informações é remetido. Umas pertencem ao gênero histórico e outras são de caráter profético. Entre as primeiras encontramos os seguintes títulos:

- livro dos reis de Israel e de Judá (2Cr 27,7; 35,27; 36,8 etc.);
- livro dos reis de Judá e Israel (2Cr 16,11; 25,26; 32,32 etc.);
- livro dos reis de Israel (2Cr 9,1; 20,34);
- feitos dos reis de Israel (2Cr 33,18);
- midraxe do Livro dos Reis (2Cr 24,27).

Os títulos proféticos (12 no total) são estes:
- os feitos de Samuel, o vidente (1Cr 29,29);
- feitos do Profeta Natã (1Cr 29,29; 2Cr 9,29);
- feitos de Gad, o vidente (1Cr 29,29);
- profecias de Aías de Silo (2Cr 9,29);
- visão de Ado, o vidente (2Cr 9,29);

- feitos do Profeta Semeías (2Cr 12,15);
- midraxe do Profeta Ado (2Cr 13,22);
- feitos de Jeú, filho de Hanani (2Cr 20,34);
- história de Ozias, redigida por Isaías, filho de Amós (2Cr 26,22);
- visão de Isaías, filho de Amós (2Cr 32,32);
- feitos de Jozai (2Cr 33,19);
- lamentações de Jeremias (2Cr 32,35).

O que dizer dessa variedade de obras e títulos? São fontes independentes e distintas umas das outras, ou trata-se de uma mesma obra, de caráter antológico?

No que se refere aos títulos históricos, parece que todos se referem à mesma obra, apresentada pelo Cronista sob diferentes nomes. A denominação que melhor conviria a essa obra seria a última, a saber, *Midraxe do Livro dos Reis*. O *midraxe*, que é uma leitura atualizada dos textos sagrados, com a finalidade de acomodá-los às necessidades e exigências de cada geração, foi um gênero literário muito cultivado a partir do exílio. A própria história do Cronista situa-se dentro da linha do gênero midráxico, como veremos adiante.

Os títulos proféticos também se referem, seguramente, a uma mesma obra. Dado que antigamente os escritos não estavam divididos em capítulos e versículos, como hoje, os autores, para referir-se a uma seção determinada, nomeavam o personagem que a protagonizava, algo assim como fez São Paulo, ao citar o Primeiro Livro dos Reis: "Ou será que não sabeis o que na história de Elias diz a Escritura?" (Rm 11,2). Ou seja, os diferentes títulos proféticos mencionados pelo Cronista correspondem provavelmente aos diferentes capítulos ou seções de uma mesma e única obra.

b) Esdras-Neemias

Diferentemente do que ocorria em 1/2 Crônicas, aqui o autor nunca cita expressamente suas fontes. Certamente, no caso presente não pôde inspirar-se nos livros canônicos, como o fez na primeira parte, posto que não existiam. É evidente que o Cronista não poderia compor sua história da restauração da comunidade pós-exílica sem dispor de fontes escritas. A análise de Esdras-Neemias permite identificar com facilidade algumas delas.

Documentos oficiais

Entre os documentos oficiais que o Cronista teve à sua disposição podemos citar os seguintes: O *edito de repatriação*, que se acha reproduzido, com ligeiras variações, ao final de 2 Crônicas e no começo do Livro de Esdras, e é repetido em Esd 6,3-5. Trata-se, sem dúvida, de um documento oficial. A *lista dos repatriados* do tempo de Zorobabel, consignada em Esd 2 e Ne 7, procede com toda segurança dos arquivos oficiais de Jerusalém. Esd 4,6–6,18 reproduz um *documento arameu* que recolhe a correspondência diplomática entre a corte persa e seus representantes na Palestina, referente à construção do Templo de Jerusalém. Esd 7,11-26 reproduz também em arameu o *decreto de Artaxerxes* que autoriza a missão e a partida de Esdras para Jerusalém. De procedência oficial são também, seguramente, as *listas dos chefes do povo da população judia e dos sacerdotes e levitas*, que se acham consignadas em Ne 10,2-27; 11,3-36 e 12,1-26.

As "Memórias de Esdras"

Tudo o que se refere à atividade de Esdras, à sua chegada em Jerusalém (Esd 7–8), à promulgação da lei (Ne 8–10) e à separação dos casamentos mistos (Esd 9–10) procede, sem dúvida, de uma fonte preexistente, que poderíamos chamar de *Memórias de Esdras*.

"Memórias de Neemias"

Igualmente, tudo o que se refere às duas atividades de Neemias (Ne 1–7 e 13) procede, com toda segurança, das *Memórias de Neemias*. Nelas aparece Neemias falando na primeira pessoa. Os relatos referentes à primeira atividade, sobretudo, formam um todo muito fluente e homogêneo.

3 Trabalho redacional do Cronista

O Cronista não se limitou ajuntar e organizar suas fontes, de modo a conseguir uma narrativa articulada e orgânica. Isso já teria sido um trabalho valioso e positivo. Mas ele não quis ser um mero coletor de fontes e tradições. Seu propósito era compor uma obra própria e pessoal, com uma finalidade bem precisa e determinada. A quase totalidade dos materiais já preexistiam, mas com eles construiu um edifício novo. O Cronista é um verdadeiro *autor*, responsável por uma obra nova e original.

O trabalho redacional do Cronista é perfeitamente controlável na primeira parte da sua história, pois, sendo 1/2 Crônicas quase que uma reduplicação dos livros de Samuel e Reis, podemos estabelecer entre eles um estudo comparativo. Essa é a tarefa a que nos propomos, ainda que brevemente, com a finalidade de descobrir os procedimentos metodológicos e as ideias teológicas da história do Cronista.

a) Um trabalho de eliminação

O Cronista levou a cabo um trabalho de *eliminação*. Frente ao Deuteronomista, que levava em consideração a existência dos dois reinos e até a história sincrônica de ambos, o Cronista omitiu e eliminou conscientemente as dinastias do reino do Norte. Para ele, o único e autêntico povo de Deus é o reino de Judá, presidido pela dinastia davídica. A separação das tribos do Norte, quando da morte de Salomão, constitui, segundo ele, um verdadeiro cisma, que as coloca fora da eleição e da aliança.

Dentro da história do reino de Judá, nota-se no Cronista a preocupação em eliminar todos os relatos que possam obnubilar a figura dos reis e dirigentes do povo eleito. Essa preocupação faz-se especialmente perceptível no caso de Davi. O autor nada fala das relações de Davi com Saul (1Sm 16–31), pois, segundo o Cronista, Saul foi um rei infiel e, consequentemente, não quer vê-lo relacionado em nada com Davi. Omite também suas relações com Isbaal, o sucessor de Saul, pela mesma razão, assim como os sete anos e meio que Davi reinou somente sobre Judá, em

Hebron (2Sm 1–4). Elimina as mostras de benevolência de Davi com os filhos de Saul (2Sm 9), o adultério com Betsabeia, o crime contra Urias (2Sm 11–12), o incesto de Amnon e a rebelião de Absalão (2Sm 13–20). Omite, finalmente, a decrepitude de Davi e a presença de Abisag, a sunamita, na corte, as intrigas cortesãs com vistas à sucessão de Davi, às vésperas de sua morte, assim como as instruções que este dá a Salomão para que castigue Joab e Semei (1Rs 1–2). Eliminadas as sombras, Davi converte-se no perfeito protótipo do rei. O Cronista levou ao cume o processo de idealização de Davi, que havia sido começado já pelo Deuteronomista. O que foi dito de Davi vale igualmente para Salomão e, em geral, para todos os reis de Judá.

b) Introduziu retoques em suas fontes

Outro trabalho redacional do Cronista foram os *retoques* introduzidos em suas fontes. Na história de Davi, por exemplo, não só eliminou os relatos que podiam obnubilar sua figura, mas às vezes também retocou a fonte recebida, com a finalidade de idealizar sua imagem. Um dos exemplos mais típicos de texto retocado nós o temos em 1Cr 21. Trata-se de um relato pouco favorável a Davi, mas como fala da aquisição da eira de Ornã, sobre a qual será construído o futuro templo, tema predileto do Cronista, este viu-se obrigado a incorporá-lo à sua obra, mas não sem retocá-lo e adaptá-lo.

Antes de tudo, em lugar de atribuir a iniciativa de fazer o censo a um impulso de cólera, como fazia a fonte (2Sm 24,1), o Cronista introduz a figura de *satã* (v. 1). Como Deus podia ser responsável por uma ação má como o censo? Mais ainda, como podia Deus castigar Davi por uma decisão que o próprio Deus lhe inspirara? O recurso a satã obedece ao desejo de salvaguardar a justiça e a santidade de Deus, atributos divinos percebidos e expressos imperfeitamente pelo Deuteronomista em 2Sm 24,1. Quando o Cronista escreve, a sensibilidade teológica vai ganhando qualidade e clareza.

Outra figura bastante retocada pelo Cronista, nesse mesmo relato, é o *anjo de Javé*, que figurava certamente na fonte (2Sm 24,16-17), mas não com a amplitude e relevo que tem aqui. Quanto ao *pecado de Davi*, o Cronista não teve como omiti-lo, mas ao mesmo tempo reforça as atenuantes que já figuravam em 2Sm 24. Na *descrição do censo*, suprime os nomes estrangeiros (Tiro, Sidon, as cidades dos heveus e cananeus: 2Sm 24,6-7), pois uma das preocupações teológicas do Cronista era conservar a pureza do povo eleito. Finalmente, retocou e enriqueceu o relato referente à *eira de Ornã* como a localização do futuro templo (1Cr 21,28–22,1).

Mais adiante, ao falar das ideias teológicas do Cronista, constataremos em sua obra a presença de múltiplos retoques motivados pelo desejo de ver cumprido, de uma maneira rígida e mecânica, o princípio da retribuição. Nesse mesmo capítulo de retoques redacionais podemos incluir os deslocamentos e reordenações que o Cronista introduz nos materiais recebidos. Segundo muitos autores modernos, por exemplo, ele teria invertido, na segunda parte de sua história, a ordem original, que colocava Neemias adiante de Esdras. Dado o caráter sacerdotal de Esdras, o Cronista preferiu colocá-lo à frente, juntamente com sua reforma religiosa, deslocando para um segundo tempo o leigo Neemias e sua obra de restauração da ordem profana e material.

c) Múltiplas adições

Finalmente, o trabalho redacional do Cronista pode ser descoberto em *múltiplas adições*, algumas vezes provenientes de novas fontes orais ou escritas, outras vezes sendo fruto de suas reflexões pessoais, destinadas a destacar o ritmo e o sentido da história.

Entre as adições mais características do Cronista temos os cinco longos capítulos que descrevem a organização do pessoal sagrado e a organização do culto, levadas a cabo por Davi (1Cr 23–27). Nessa mesma ordem de coisas cabe mencionar as reformas religiosas que o Cronista atribui aos reis Asa e Joás (2Cr 15 e 24). O Deuteronomista só falava das reformas de Ezequias e Josias (2Rs 18,4; 23).

Tal como o Deuteronomista, também o Cronista balizou sua obra com *reflexões pessoais, discursos, juízos ou avaliações* – postos na boca dos protagonistas que vão desfilando por suas páginas – com a finalidade de assinalar o sentido teológico da história. Citemos alguns deles, a título de exemplo.

1Cr 12,19. Esse oráculo profético que o Cronista põe na boca de Amasai, um dos chefes militares da guarda de Davi, quer sublinhar o caráter divino da monarquia davídica, um dos temas que se destacam no conjunto da obra.

1Cr 28,2-10.20-21; 29,1-5.10-19. Todos esses conselhos, exortações, instruções e súplicas, dirigidos algumas vezes a Salomão, outras ao povo e a Deus, são peças redacionais do Cronista, colocadas como palavras de despedida ou testamento na boca de Davi, cujo denominador comum é o templo, outro dos temas prediletos de nossa história.

2Cr 13,4-12. Esse discurso, elaborado a partir dos acontecimentos do passado e posto na boca do Rei Abias, é a composição redacional que melhor resume a teologia do Cronista. Destacam-se os seguintes pontos:
• Legitimidade da dinastia davídica, em virtude de uma aliança inviolável outorgada por Deus a Davi.
• Apostasia das tribos do Norte. Jeroboão e as pessoas que o cercam são os causadores e os responsáveis pelo cisma. Jeroboão e as tribos do Norte foram infiéis a Deus.
• Legitimidade de Judá. Judá é o titular da única e autêntica realeza, do único verdadeiro Deus, do único santuário, do único sacerdócio, do único culto. Lutar contra Judá é lutar contra Deus.
• O cisma significa uma rebelião contra Deus, contra a dinastia davídica, contra o templo e contra o culto, os únicos autênticos e verdadeiros.

• Por detrás desse discurso parece que se adivinha o conflito judeu-samaritano. Frente às pretensões dos samaritanos, o Cronista proclama a legitimidade dos judeus e de Jerusalém, com todas as suas instituições civis e religiosas.

• Nesse discurso está também subjacente a doutrina do Cronista sobre o princípio de retribuição, que ele aplica de maneira rígida e mecânica. Dado que Israel foi infiel, acha-se sob a maldição, condenado à destruição. A vitória e a salvação estão do lado de Judá, que se manteve fiel. Jeroboão rebelou-se contra Deus, e por isso vai morrer. Abias, em compensação, vai obter sucesso.

2Cr 17,3-6. O Cronista expressa aqui seu pensamento não em forma de discurso, mas através de uma reflexão pessoal sobre os merecimentos de Josafá e seu reinado. É importante constatar que, tanto nesses juízos de valor como nos discursos, encontramos sempre a mesma doutrina e a mesma terminologia; prova evidente de que uns e outros devem-se sempre ao mesmo autor, o Cronista, que algumas vezes fala em primeira pessoa e, em outras, o faz através dos personagens que desfilam ao longo de sua obra.

4 Teologia do Cronista

Diante da liberdade com que trata suas fontes, a crítica racionalista – a partir de W.M.L. de Wette – formulou contra o Cronista duras acusações, negando-lhe confiabilidade histórica. Frente a essa postura radical e crítica, a exegese tradicional procurava minimizar e resolver como podia as diferenças e divergências existentes entre o Cronista e suas fontes. A ciência bíblica moderna busca a solução por outros caminhos. Coloca-se no momento e no ponto de vista do autor, com a finalidade de descobrir suas intenções ao compor a obra, seus princípios exegéticos e seus procedimentos literários.

Evidentemente, o Cronista não é um irresponsável, alguém dedicado a falsear a verdade. Ele conhece perfeitamente a história, pelo menos tanto quanto seus leitores, aos quais seria inútil tentar enganar. Seria absurdo acusá-lo de manipular ou deformar os textos canônicos (Samuel e Reis), pois tanto ele como seus contemporâneos já reconhecem esses livros como sagrados, portanto, dotados de santidade e veracidade. Então, como explicar a liberdade com que o Cronista trata o texto sagrado? Como explicar a liberdade com que trata, por exemplo, os livros de Samuel e Reis?

A intenção do Cronista não era fazer história, no sentido estrito da palavra, mas teologia. No entanto, como em seus dias nenhuma demonstração teológica era válida se não se apoiasse na Escritura, viu-se diante da necessidade de recorrer a ela em apoio às suas doutrinas. Estava também consciente de que ainda não se havia encerrado nem o cânon nem a revelação, sendo-lhe lícito, portanto, usar com liberdade os textos sagrados. Inclusive porque as doutrinas que ele procurava traduzir através de sua história não eram exclusivas dele, mas professadas por todo o povo e contidas na tradição.

No fundo, o Cronista fazia o mesmo que a exegese e a teologia sempre fizeram: atualizar e adequar o texto bíblico às diferentes situações da vida. A diferença estava em que a exegese e a teologia não tocavam no texto sagrado, colocando seus comentários à margem do mesmo. O Cronista, vivendo na etapa anterior à canonização oficial da Escritura, goza de mais liberdade e sente-se autorizado a retocar o texto bíblico para fazê-lo falar por si mesmo, sem necessidade de comentário.

Através do trabalho redacional levado a cabo pelo Cronista sobre suas fontes, descobre-se uma série de temas constantes, que vêm a ser como que os eixos ou as linhas mestras que formam o arcabouço teológico do Cronista.

a) Davi, figura central

Um dos temas que se destacam é a figura de Davi. A história do Cronista começa propriamente com Davi. Os nove capítulos de genealogias que o precedem (1Cr 1–9) constituem a introdução à história. Fala-se em

1Cr 10 da morte de Saul, o rei reprovado por Deus, e isso com a finalidade de dar mais relevo à eleição de Davi. Os 19 capítulos restantes de 1Cr (11–29) são dedicados todos eles à pessoa e à obra de Davi. Já constatamos que a figura de Davi foi idealizada intencionalmente pelo Cronista.

Qual um segundo Moisés, o Davi do Cronista é o organizador do pessoal e do culto litúrgico do segundo templo. O Cronista começa por acentuar o máximo possível a intervenção de Davi na construção do templo. Antes de morrer, deixou tudo preparado para seu filho Salomão: o terreno, os materiais, os operários e até os projetos (1Cr 22; 28–29). Pode-se inclusive adivinhar o pesar que o Cronista sente por não poder atribuir inteiramente a Davi a construção direta do templo. O Cronista traz para Davi a organização da liturgia do segundo templo e lhe atribui a organização do pessoal sagrado e a distribuição de todos os serviços do culto divino (1Cr 23–26). Em poucas palavras, o que Moisés é para o Pentateuco, Davi o é para o Cronista.

b) Unidade do povo de Deus

Salvaguardar a unidade religiosa do povo de Deus foi uma das preocupações mais fortemente sentidas durante o período pós-exílico. Era cada vez maior o número de judeus que viviam na diáspora, espalhados por colônias e comunidades na Mesopotâmia, no Egito e em todas as cidades importantes da Costa do Mediterrâneo, com o consequente perigo de distanciar-se e até romper com Jerusalém, a metrópole do judaísmo. A ereção de templos no estrangeiro, como os de Elefantina (século V a.C.) e Leontópolis (século II a.C.), no Egito, só levantavam temores em Jerusalém. Mesmo dentro da Palestina surgiam, com aberto matiz antagônico e cismático, a comunidade da Samaria e o Templo de Garizim.

Nesse marco enquadra-se perfeitamente a história do Cronista. Sua obra é uma exortação implícita à unidade. A preocupação com a unidade se acha presente desde os primeiros capítulos. As listas genealógicas de 1Cr 1–9 tendem a firmar o parentesco das doze tribos com os patriarcas, os primeiros beneficiários da eleição, com o fim de sublinhar sua ascendência comum a partir de um mesmo tronco, Jacó-Israel, e acentuar, por sua vez, os laços étnicos e religiosos que as unem entre si. A mesma intenção descobre-se no Cronista quando limita sua história ao reino de Judá, entendido como o único e autêntico povo de Deus, omitindo deliberadamente as tribos do Norte, que se separaram e perderam a legitimidade.

O relevo que o Cronista concede em sua obra ao templo e à cidade de Jerusalém deve ser interpretado nesse mesmo sentido. O autor quer defender os títulos e direitos da cidade santa e do seu santuário como único centro religioso legítimo do judaísmo frente a outras possíveis cidades (Samaria) e santuários antagônicos (Garizim). Alguns autores descobrem na obra do Cronista um fundo polêmico contra os samaritanos, polêmica que se faz presente sobretudo nos livros de Esdras e Neemias. Confira também o que foi dito sobre o discurso do Rei Abias em 2Cr 13,4-12. Segundo Flávio Josefo, o cisma samaritano consuma-se por volta do ano 332 a.C., coincidindo precisamente com as datas aproximadas em que vem à luz a história do Cronista.

c) Jerusalém, cidade santa

Jerusalém está no pensamento do Cronista desde os primeiros capítulos. Essa é a razão que explica a importância e a extensão concedidas às tribos de Judá e Benjamim em 1Cr 2–4 e 7–8. Judá é, de fato, a tribo de Davi, fundador de Jerusalém, e Benjamim é a tribo onde está localizada a cidade santa. Jerusalém está no centro da história da monarquia: tanto a vida e a obra de Davi como a de Salomão, o construtor do templo, assim como a do resto dos reis de Judá, giram em torno da cidade santa. Também os livros de Esdras e Neemias estão centrados em Jerusalém: narram o retorno dos exilados à cidade santa, seguem o processo de sua restauração e da reconstrução do templo, e descrevem a reorganização social e religiosa da comunidade judaica de Jerusalém.

d) Templo, pessoal sagrado, culto

Quantitativamente falando, a maior parte da obra do Cronista foi dedicada ao templo, ao pessoal sagrado e à organização do serviço litúrgico. Já vimos, ao falar de *Davi*, que o Cronista, diferentemente do Deuteronomista, magnificava a intervenção de Davi na construção do templo, na organização do culto e do pessoal sagrado. O Cronista dedica a todas essas atividades do rei de Jerusalém oito longos capítulos (1Cr 22–29), que sequer figuravam em suas fontes (1/2 Samuel).

A construção do templo toma praticamente todo o reinado de *Salomão*, que é idealizado tanto quanto o fora Davi, sem dúvida em razão da ligação de ambos com o santuário. O Cronista quer apresentar o construtor do templo como alguém sem manchas. Para isso, omite as intrigas palacianas que cercaram sua ascensão ao trono (1Rs 1–2), seu casamento com a filha do faraó (por ser uma pagã), o excessivo luxo da corte, a presença de numerosas mulheres estrangeiras em seu harém, e suas concessões à idolatria (1Rs 11).

Os *demais reis de Judá* são em boa parte considerados do ponto de vista de suas relações com o templo. O Cronista dedica especial atenção àqueles reis que levaram a cabo reformas religiosas e obras de restauração do templo e do culto. A primeira parte do Livro de *Esdras* (cap. 3–6) é também dedicada à reconstrução do templo, que havia sido destruído por Nabucodonosor (2Cr 36).

Em relação ao pessoal sagrado, um dos traços mais característicos do Cronista é a extraordinária importância que dá aos *levitas*. Nesse ponto, o Cronista difere significativamente das tradições deuteronômica e sacerdotal. Além de atribuir a Davi a organização dos levitas, o Cronista concede a eles serviços e funções muito mais nobres e relevantes do que lhes outorgava o Pentateuco. Quase os iguala aos sacerdotes. Levado por sua admiração pelos levitas, às vezes fala menos favoravelmente dos sacerdotes (2Cr 29,34; 30,3 etc.). É tal o entusiasmo que sente pelos levitas, especialmente pelos levitas cantores, e tal a frequência com que os faz intervir ao longo da obra, tanto na primeira (1/2 Crônicas) como na segunda parte (Esdras/Neemias), que a história do Cronista foi qualificada como um canto de alegria e de ação de graças de caráter litúrgico. Os levitas acompanham inclusive os exércitos; as batalhas, antes que ações de guerra, mais parecem celebrações litúrgicas (2Cr 20,3-29 etc.).

Dada a importância e a extensão que lhes concede em sua obra, alguns autores quiseram descobrir no Cronista a intenção de reabilitar os direitos do levitismo, que poderia estar atravessando um momento de desprestígio, relegado a afazeres puramente materiais no serviço do templo. Pela mesma razão, outros estudiosos creem que o Cronista deve ser identificado com algum levita do Templo de Jerusalém. De outra forma, não se explicaria como possa dedicar-lhes tanto espaço e falar deles em termos tão apologéticos e laudatórios.

e) Sacralização da história

Normalmente, a evolução científica traz consigo uma dessacralização progressiva no modo de pensar e falar dos povos. Na Bíblia, nas tradições e escritos antigos, não se estabelecia separação alguma entre o sagrado e o profano. Deus invadia tudo e a história convertia-se numa cadeia de intervenções milagrosas e sobrenaturais, sem deixar lugar algum para as causas segundas. Pense-se, por exemplo, na saída do Egito, na peregrinação pelo deserto, na entrada na terra... Tudo se realizava a golpes de milagre.

Com o estabelecimento da monarquia e a criação das instituições anexas, especialmente a escola de escribas, produz-se uma importante promoção cultural, científica e humanista, que começa a se refletir nas produções literárias do momento, por exemplo, na história javista e na história da sucessão ao trono de Davi (2Sm 9–20; 1Rs 1–2). Nesta última, sobretudo, é Deus que dirige a ação durante uma longa e complexa história de suspense, mas a intervenção de Deus realiza-se de forma velada e discreta. Somente em três ocasiões aflora explicitamente à superfície (2Sm 11,27; 12,24; 17,14). No resto da obra ele atua através das causas segundas, ou seja, respeita o desenvolvimento e a concatenação ordinária de causas e efeitos dentro da ordem natural.

Comparada com a história deuteronomista, a do Cronista marca um passo atrás no processo de dessacralização. Reduz as fronteiras e o âmbito do profano em benefício do sagrado, que invade completamente a cena. Os fatores e motivações que determinam a marcha da história são, geralmente, de ordem religiosa e sobrenatural. Saul morreu por causa de sua infidelidade a Deus (1Cr 10,13-14). Roboão teve seus territórios invadidos por Sesac I por haver abandonado o Senhor (1Cr 11,5-8). Abias derrotou Jeroboão e conheceu um reinado próspero porque se apoiou no Senhor, o Deus de seus pais (1Cr 13,18). Durante a primeira parte de seu reinado, Asa conheceu vitórias e prosperidade porque buscou o Senhor e nele se apoiou (2Cr 14,10; 15,12-15). Na segunda parte, porém, sofreu castigos por não se apoiar em Deus nem buscá-lo (16,7-9). A mesma sequência alternativa de felicidade e desventura, compatíveis com fidelidade ou infidelidade a Deus, repete-se no reinado de Josafá, segundo a teologia do Cronista (2Cr 17–20). O mesmo esquema teológico encontramos reproduzido nos demais reis de Judá.

É de se notar a facilidade com que o Cronista recorre aos fatores de ordem religioso-sobrenatural para explicar a marcha dos acontecimentos. A presença e influência do mundo transcendente no curso da história determinam os grandes eixos da mesma; não só isso: o Cronista também recorre às motivações de ordem sobrenatural para explicar os acontecimentos mais comuns. Por exemplo, se Asa adoece dos pés, isso se deve ao fato de não ter confiado no Senhor (2Cr 16,12); se Ozias viu-se coberto de lepra, é porque tentou oferecer incenso no templo, função exclusiva dos sacerdotes (2Cr 26,16-20) etc.

Já dissemos que as batalhas de 2 Crônicas mais parecem celebrações litúrgicas do que ações militares. O rei, os sacerdotes ou os levitas invocam a Deus, que intervém milagrosamente em favor de Israel, e as guerras são vencidas sem a necessidade de se quebrar uma lança (2Cr 13,13s.; 14,10s.; 16,7; 18,4.31; 20,3-29; 24,25; 25,8s.; 26,5-7; 28,5s.; 32,7s.; 33,11s.).

f) Retribuição rígida e mecânica

Uma nova prova da sacralização da história levada a cabo pelo Cronista temos na extrema rigidez com que aplica a lei da retribuição, segundo a qual os bons obtêm sucesso, e os maus fracassam. Esse princípio, reconhecido como válido por muito tempo em Israel, acha-se também presente na história deuteronomista. Mas o Cronista levou-o a limites de uma rigidez exagerada. Segundo ele, todas as desgraças que caem sobre o povo e seus reis devem-se a pecados cometidos previamente. Segundo o Cronista, não há desgraça que seja causada por um pecado, nem pecado que não redunde em castigo. Na história do Cronista, a lei da retribuição é de aplicação automática, atua de maneira instintiva e mecânica.

• A HDta relata a morte de Saul (1Sm 31). O Cronista explica que Saul morreu por causa da sua infidelidade ao Senhor (1Cr 10,13-14).

• No quinto ano de Roboão, o Faraó Sesac havia saqueado Jerusalém (1Rs 14,25s.). O Cronista acrescenta que Roboão, no quarto ano do seu reinado, infringiu a lei do Senhor (2Cr 12,1).

• O Rei Asa adoeceu gravemente (1Rs 15,23). Esse era um castigo porque não havia observado as leis de guerra, acrescenta o Cronista (2Cr 16,7s.).

• Josafá construiu navios para ir a Társis, os quais foram destruídos em Asiongaber (1Rs 22,49). Isso ocorreu – diz o Cronista – como castigo pela aliança que ele fez com Ocozias, rei de Israel (2Cr 20,35s.).

• Manassés, apesar de sua impiedade, havia conhecido um dos reinados mais longos de Judá. O Cronista explica o fato introduzindo uma conversão na vida do rei (2Cr 33,11s.).

• A trágica e prematura morte do piedoso Rei Josias colocava a mesma dificuldade do quadro anterior, só que em sentido contrário. O Cronista soluciona o problema introduzindo um pecado na vida de Josias: não obedeceu à voz do Senhor, que falava pela boca de Necao (2Cr 35,20-23). Esse exemplo é sumamente significativo. Vou reproduzir, em seguida, em colunas paralelas, a descrição da morte de Josias nas duas versões (Deuteronomista e Cronista), para que o leitor possa apreciar por si mesmo os retoques introduzidos pelo Cronista com a finalidade de salvar o princípio de retribuição:

2Rs 23,29

No seu tempo o Faraó Necao, rei do Egito, pôs-se em marcha para se encontrar com o rei da Assíria no Rio Eufrates. O Rei Josias lhe quis barrar a passagem, mas o faraó o matou no primeiro embate em Meguido.

2Cr 35,20-23

Depois de tudo isso, tendo Josias organizado tudo o que diz respeito ao templo, Necao, rei do Egito, subiu para lutar em Carquemis, às margens do Eufrates. Mas Josias saiu para enfrentá-lo. Necao lhe mandou dizer por mensageiros: Que há entre mim e ti, ó rei de Judá? Não é contra ti que hoje estou marchando; é no Eufrates que eu quero lutar. Deus me comunicou algo que me assustou. Não provoques o Deus que está comigo, para que Ele não te leve à ruína.

Mas Josias continuou em sua direção, pois se sentia bastante forte para lutar contra ele. Não escutou as palavras de Necao, as quais vinham de Deus. E assim entrou em combate na planície de Meguido. Ora, os arqueiros acertaram o Rei Josias e este disse aos assistentes: Levai-me embora, pois estou muito ferido.

O Cronista repete, às vezes até de maneira enfadonha, a velha doutrina da retribuição rígida e mecânica, através de discursos e oráculos que põe na boca de profetas, sacerdotes, reis e levitas; cito alguns exemplos:
- Semeías (2Cr 12,5-8);
- O Rei Asa (14,6);
- Azarias, filho de Oded (15,1-7);
- Hanani (16,7-10);
- Jeú, filho de Hanani (19,1-3);
- Jaaziel (20,14-17);
- Eliezer (20,37);

- Elias (21,12-15);
- Zacarias, filho de Joiada (24,19-21);
- Profeta anônimo (25,7-9);
- Profeta anônimo (25,15-16);
- Oded (28,9-11);
- O Rei Ezequias (29,5.11);
- Os mensageiros do Rei Ezequias (30,6-9);
- O Senhor (33,10);
- Profetas, no plural (36,15-16).

5 Ponto focal da história do Cronista

Toda obra literária costuma ser presidida por uma ideia dominante que dá coesão e unidade a todo o conjunto. É a motivação profunda que impulsionou o autor a escrever. Existe tal ideia dominante na história do Cronista? Caso a resposta seja afirmativa, qual é?

São muitas as respostas que essas perguntas receberam, e até hoje não existe nenhuma que tenha conseguido impor-se como definitivamente válida. Sempre é difícil penetrar nas intenções íntimas de um autor, especialmente quando se trata de um escritor antigo, e além disso pertencente a uma cultura muito diferente da nossa. No caso presente, o problema agrava-se porque desconhecemos o marco histórico concreto em que nasceu a história do Cronista. Supõe-se que foi composta no final do século IV ou começo do século III a.C., precisamente um dos períodos menos documentados e mais obscuros da história de Israel.

Sem dados externos e internos suficientes para poder me pronunciar sobre a intencionalidade última do Cronista, limito-me a destacar o tema que, na minha opinião, tem mais relevo em sua obra e que pode ser qualificado, consequentemente, como o eixo ou tese principal da mesma. Esse tema é o binômio: *Davi-Jerusalém.*

Cada uma das grandes tradições históricas do AT gira em torno de um personagem central. Na história javista, o centro de gravidade é

Abraão. Nas histórias eloísta, deuteronomista e sacerdotal, no centro estão Moisés e o Sinai. Na história do Cronista, o centro desloca-se para Davi-Jerusalém.

Embora o Cronista tenha também presente a lei de Moisés, especialmente na segunda parte da sua obra (cf. Ne 8), não há dúvida que a sua figura preferida é *Davi*. Frente à história sacerdotal e frente à tradição bíblica em geral, que levam até à época de Moisés toda a legislação israelita, inclusive a religiosa e a cultual, o Cronista atribui a Davi o ordenamento jurídico, cultual e litúrgico do segundo templo (1Cr 23–27). Para o Cronista, o legislador não é Moisés, mas Davi. Davi é o homem da aliança. Ao omitir em suas genealogias introdutórias as célebres alianças do passado (as de Noé, Abraão, Moisés e Josué) e, mais ainda, ao introduzir, em passagens onde não figurava, a aliança de Davi, o Cronista conseguia dar a esta uma relevância que ela não tinha em suas fontes (compare-se 2Cr 7,18 com 1Rs 9,5; 2Cr 21,7 com 2Rs 8,19; cf. tb. 2Cr 13,5; 23,3).

Para essa mesma direção aponta também a idealização de Davi, por parte do Cronista, e o extraordinário espaço que lhe concede em sua história: dezenove longos capítulos (1Cr 11–29). Para o Cronista, a história de Israel começa propriamente com Davi. As genealogias dos primeiros capítulos (1Cr 1–9) são apenas a pré-história.

Estreitamente associada à pessoa de Davi e sua aliança aparece no pensamento do Cronista a cidade santa, *Jerusalém*. Na opinião de Frank Michaeli, um dos comentaristas modernos da história do Cronista, esta articula-se precisamente em torno do tema de Jerusalém. Segundo ele, 1Cr 1–9 está orientado para *Jerusalém como cidade do povo de Deus*. Daí a extensão que alcançam nesses primeiros capítulos as genealogias de Judá (a tribo de Davi, o fundador de Jerusalém) e a de Benjamim (em cujo território está Jerusalém), juntamente com a de Levi (a tribo do templo). O resto do Primeiro Livro das Crônicas (1Cr 10–29) está centrado em *Jerusalém como cidade de Davi*. O Segundo Livro das Crônicas (2Cr 1–36) segue a história de *Jerusalém, cidade do templo de Salomão*, desde a sua construção até a sua destruição, passando por um processo de alternância de infidelidades e reformas. A segunda parte da obra do Cronista gira também em torno de *Jerusalém, cidade do segundo templo* (Esd 1–6) e *Jerusalém, a cidade da comunidade judaica restaurada* (Esd 7–10; Ne 1–13).

6 Esperanças messiânicas do Cronista

A partir da profecia de Natã (2Sm 7), sobre Davi e sua dinastia repousavam as promessas salvíficas projetadas para o futuro. Os salmistas e os profetas elaboraram toda uma teologia messiânica cimentada no oráculo de Natã. Falam da permanência e estabilidade eternas da dinastia davídica (Sl 89; 132; Is 7; 9; 11), de sua filiação divina, de seu domínio universal e de sua entronização à direita de Deus (Sl 2; 110).

Em meio à crise provocada pela destruição de Jerusalém, pelo desaparecimento da monarquia e pelo exílio, os israelitas não só não perderam a sua fé messiânica, mas até redobraram suas esperanças no reaparecimento de um rei ideal, descendente da dinastia davídica (Jr 23; Ez 37,23-24; Is 55,3). Depois do exílio, os persas não permitiram a restauração da monarquia, mas a esperança messiânica do povo continuava viva, com os olhos sempre colocados nos descendentes de Davi (Ag 2,23; Zc 6,12-14).

Nessa perspectiva, é muito difícil acreditar que o Cronista escreveu sua obra pensando apenas no passado, ou seja, com a finalidade de apreciar a história da monarquia davídica e reconstruir a restauração da comunidade pós-exílica. Também não é satisfatória uma finalidade puramente apologética ou polêmica, isto é, a reivindicação da legitimidade do Templo de Jerusalém e suas instituições, frente ao templo dos samaritanos. Sem dúvida, o pensamento do Cronista volta-se também para o futuro. Quando idealiza Davi, não o faz por motivos puramente estéticos, mas com a visão colocada no rei ideal do futuro messiânico. O Cronista fala da monarquia davídica e da Jerusalém histórica, mas pensa na teocracia messiânica e na Jerusalém escatológica. A respeito da obra do Cronista, Hänel diz:

> O que ele escreve não é uma história ordinária; é, antes, uma história profética; sua obra, mais do que história, é profecia.

Na história do Cronista respira-se um ar de otimismo que nasce da esperança e do desejo de ver consolidada para sempre a casa de Davi. Junto com Davi destaca-se o esplendor da cidade santa, sem mancha nem ruga, depois da transformação ocorrida com Israel após o exílio e da consequente restauração, no início do segundo templo: Jerusalém representa a sublimidade da pureza cultual, o lugar próprio para a oferenda, a joia da tribo de Levi, a cidade levantada sobre o monte e para a qual voltam-se os olhos de todos os crentes.

A história do Cronista proclama, em estilo narrativo, o mesmo tema cantado pela lírica sagrada, sobretudo pelos salmos messiânicos e pelos cânticos de Sion. Sobressai, entre eles, o Sl 132, dado que aí fazem-se presentes simultaneamente os dois temas: a eleição da dinastia davídica e a eleição de Sion como cidade santa e morada do Senhor.

3
Duas histórias monográficas

1 Revolta dos macabeus

A invasão e presença grega na Palestina, por obra de Alexandre Magno e seus sucessores, significavam não só dominação militar e política, mas também confronto cultural e religioso. Israel havia conhecido diferentes dominações (Egito, Assíria, Babilônia, Pérsia) e havia sofrido a influência delas, mas nenhuma havia sacudido com tanta força e profundidade a consciência do povo eleito.

A pressão grega e o processo de helenização alcançaram sua máxima virulência com a chegada ao poder de Antíoco IV, que desencadeou um ataque frontal à *torá* (a lei) e suas instituições, chegando mesmo a entronizar no Templo de Jerusalém (centro e bastião da ortodoxia) o culto a Zeus olímpico, com a correspondente liturgia pagã, na qual figuravam festas em honra ao rei e aos deuses estrangeiros.

Possivelmente, Antíoco IV não buscava diretamente a perseguição religiosa, e sim o estabelecimento da dominação política. Zeus representava o poder e a autoridade, e por isso sua entronização no Templo de Jerusalém era, para Antíoco, sinal e prova de domínio e soberania. Zeus significava, além disso, uma divindade mais eclética do que Javé, capaz de ser reconhecido e adorado por judeus, gregos e sírios.

Sentindo-se ameaçados em seus sentimentos e convicções religiosas e culturais, e também por razões de ordem social, política e econômica, os judeus levantaram-se em armas contra Antíoco IV e seus sucessores. A luta foi protagonizada pelos *macabeus*. Os feitos da guerra e demais acontecimentos dessa sublevação estão contidos nos chamados livros dos Macabeus. Trata-se de dois livros que versam sobre o mesmo assunto, mas são independentes entre si. São duas versões dos mesmos fatos. Podemos falar, com toda razão, de *duas histórias distintas*.

Em 1/2 Macabeus temos uma boa mostra do que poderíamos chamar de "histórias monográficas". Diferentemente das histórias deuteronomista e cronista, que podem ser qualificadas como "histórias gerais ou panorâmicas", 1/2 Macabeus referem-se a um único acontecimento: a insurreição macabeia contra a hostilidade grega de Antíoco IV e as sucessivas lutas de Judas Macabeu e seus irmãos pela liberdade religiosa, cultural e política dos judeus. Embora só Judas seja denominado "macabeu" (= martelo), a tradição estendeu o sobrenome a seus irmãos e aos livros que contam seus feitos.

2 Primeiro livro

1 Macabeus recolhe os acontecimentos que vão da subida de Antíoco IV ao trono (175 a.C.) até a morte de Simão, o último dos macabeus (134 a.C.). Ou seja, cobre um espaço aproximado de quarenta anos. 1 Macabeus foi escrito em hebraico por volta do ano 100 a.C., mas seus originais se perderam, tendo sido transmitido a nós através da sua tradução grega.

Depois de uma *introdução*, que se estende ao longo dos dois primeiros capítulos (1Mc 1–2), o *corpo do livro* descreve, em ordem cronológica, a história dos três irmãos macabeus: Judas (3,1–9,22), Jônatas (9,23–12,54) e Simão (13–16).

Introdução. Construída em cima da lei do paralelismo antitético, a introdução forma um díptico, no qual se contrapõem a impiedade dos gregos (cap. 1) e a resistência dos judeus (cap. 2). O primeiro painel do díptico (cap. 1) descreve a progressiva política antijudaica do helenismo, que culmina com a entronização de Zeus olímpico no Templo de Jerusalém. Quatro são os passos fundamentais desse processo progressivo de hostilidade, encarnado por Antíoco IV:

• Depois de evocar brevemente as conquistas de Alexandre Magno, sua morte e seus sucessores (1,1-10), centra a atenção em Antíoco IV, que através de judeus apóstatas introduz os costumes gregos na cidade santa (1,11-15).

• Saque do templo por parte de Antíoco, quando regressava do Egito (1,16-28).

• Dois anos mais tarde, ordena às suas tropas o saque da cidade santa e o estabelecimento, nela, de uma fortaleza militar (*akra*) (1,29-40).

• Proibição, sob pena de morte, de todas as observâncias judaicas: circuncisão, sábados, festas, culto; tudo isso deve desaparecer para dar lugar à religião e à liturgia gregas (1,41-54).

Frente à impiedade crescente dos pagãos, levanta-se, no segundo painel do díptico (cap. 2), a resistência do javismo, encarnado por Matatias e seus filhos, que segue também uma linha ascendente através de quatro momentos sucessivos:

• O Sacerdote Matatias levanta-se com seus filhos para fazer uma lamentação solene, a única forma de culto possível, porque o templo fora profanado (2,1-14).

• Repetindo a façanha de Fineias em Bet-Fegor (Nm 25), Matatias estrangula sobre o altar pagão de Modin um judeu apóstata, que se preparava para oferecer um sacrifício idolátrico, juntamente com o enviado do rei (2,15-28).

• Temendo transgredir a lei, os judeus recusam-se a combater no dia do descanso sabático, morrendo todos. Mas Matatias decide com seus parentes que a vida vale mais do que a observância do sábado, e esse é o sinal que desencadeia a resistência armada (2,29-41).

• Afluem de todas as partes numerosos adeptos e voluntários, e a lei é imposta a força (2,42-48).

Corpo do livro. O testamento que Matatias entrega a seus filhos no momento de morrer é uma exortação calorosa a que lutem até a morte pelo povo e pela lei (2,49-70). Cada um a seu modo, os filhos cumprirão à risca a recomendação de seu pai.

• *Judas* (3,1–9,22). Batizado com o sobrenome de "macabeu", Judas é o herói da guerra santa contra os ímpios. É valente como um leão. Depois de suas primeiras expedições contra os inimigos e suas primeiras vitórias, leva a cabo a purificação do Templo de Jerusalém e celebra a festa de sua dedicação (cap. 3–4). Por ordem cronológica, são descritas em seguida as ações armadas durante os reinados de Antíoco IV Epífanes, Antíoco V Eupator e Demétrio I (cap. 5–7).

Os últimos capítulos descrevem a atividade diplomática de Judas (cap. 8) e sua morte heroica no meio de uma batalha desesperada contra Báquides, que chegara com Alcimo para vingar Nicanor (cap. 9).

• *Jônatas* (9,23–12,54). Não alcança a grandeza e o heroísmo de seu irmão, mas ganha dele em habilidade diplomática. Sua carreira desenvolve-se também em três momentos:

- Durante os sete primeiros anos dedica-se a julgar Israel (9,23-73).

- Aproveita as rivalidades entre Demétrio e Alexandre Balas, ambos aspirantes ao trono selêucida, para ser proclamado, por este, como sumo sacerdote de Jerusalém, ganhando sua amizade e sendo investido com a púrpura e a coroa de ouro (cap. 10).

- No terceiro momento de sua vida, Jônatas continua colecionando triunfos diplomáticos. Obtém grandes vantagens para si e consegue a nomeação de seu irmão Simão como defensor de todo o litoral palestinense (11,1–12,38). Apesar de sua astúcia e habilidade diplomática, morreu violentamente, sob as mãos do traidor Trifão (12,39-54).

• *Simão* (13–16). Não pôde evitar a morte de seu irmão, mas conseguiu afastar Trifão para longe do país e alcançou de Demétrio o reconhecimento como chefe da nação judaica (13,1-42). A conquista da cidade de Gazara e da famosa cidadela (*akra*) de Jerusalém foram os sinais tangíveis da libertação nacional (13,43-53). O autor já não tem muito o que contar e assim estende-se em elogios ao libertador, que recebe o título de etnarca (14,1–15,24). Simão também morre assassinado por um traidor, sucedendo-lhe João Hircano (15,25–16,25).

Estilo literário. Do ponto de vista literário, o autor de 1 Macabeus inspira-se na história deuteronomista (imitação dos esquemas de Juízes e Reis, alusões a Josué, Davi e outros reis), e acusa também a influência de outros livros do Antigo Testamento, por exemplo: Lamentações, Salmos e Profetas. Predomina o elemento narrativo, embora contenha também hinos, discursos e documentos oficiais.

3 Segundo livro

Já dissemos que 2 Macabeus não é a continuação de 1 Macabeus, pois são duas versões independentes de um mesmo assunto: a reconquista da autonomia nacional e a recuperação da liberdade religiosa, levadas a cabo por Judas Macabeu e seus irmãos. Comparado a 1 Macabeus, que cobre os quarenta anos de história dessa guerra de libertação (entre 175-134 a.C.), 2 Macabeus cobre somente quinze anos (entre 175-160 a.C.).

Segundo declaração do próprio autor (2Mc 2,19-24), 2 Macabeus é o resumo de uma obra em cinco tomos, que se perdeu, escrita por Jasão de Cirene, um judeu de profundas convicções religiosas. Apesar de viver na diáspora da Cirenaica, estava bem-documentado sobre o que ocorria na Palestina e Jerusalém, e conhece bem a vida e a administração da corte grega. 2 Macabeus, escrito inteiramente em grego, é anterior a 1 Macabeus.

O corpo de 2 Macabeus, distribuído em três partes, está balizado por um prólogo e por um epílogo, compostos pelo próprio autor do livro. E tudo isso é precedido por duas cartas acrescentadas a 2 Macabeus com a finalidade de reforçar um de seus eixos principais: a purificação e consagração do templo. Analisemos brevemente cada uma dessas unidades literárias.

Duas cartas introdutórias. Tendo como destinatários os judeus do Egito, essas cartas introdutórias, escritas por pessoas que vivem na Judeia e em Jerusalém, têm o mesmo objetivo: exortar os irmãos da diáspora a celebrar o aniversário da dedicação do templo. A segunda carta (1,10–2,18), muito mais ampla do que a primeira (1,1-9), detém-se em amplos relatos de caráter lendário, muito a gosto da época, mas que não afetam a sua autenticidade. As datas das cartas costumam ser fixadas em 123 a.C., para a primeira, e 163 a.C. para a segunda. O cabeçalho é o mesmo para ambas as cartas. Trata-se de um modelo estereotipado que vemos reproduzido também nas cartas de São Paulo.

Prólogo. Tal como o Livro do Eclesiástico e o Evangelho de Lucas, 2 Macabeus começa com um prólogo próprio do autor, no qual ele se apresenta como compilador de uma obra de Jasão de Cirene, em cinco tomos, sobre a história de Judas e seus irmãos (2,19-32). Esse prólogo fala também da temática da obra, das dificuldades enfrentadas para compô-la e de procedimentos estilísticos. O mais interessante é que nos antecipa algumas das chaves mais significativas de sua obra: a importância do templo, o protagonismo de Judas e o apelo às intervenções celestes e sobrenaturais. Em segundo plano estão os temas da lei e da libertação da cidade.

Primeira parte: causas da rebelião. A primeira parte de 2 Macabeus apresenta as causas da rebelião macabeia. O autor as reduz a duas: a indignidade dos sumos sacerdotes, principais causadores da decadência religiosa e da introdução do helenismo, e a perseguição de Antíoco IV, que redunda na profanação do templo, na proibição do judaísmo, nas torturas e martírio dos judeus fiéis à lei. Essa primeira parte pode ser chamada de "o tempo da cólera de Deus", que começará a se transformar em misericórdia depois da morte expiatória dos mártires (2Mc 3–7).

Segunda parte: a rebelião. A segunda parte de 2 Macabeus descreve de forma concentrada o início da rebelião macabeia, tipificada em três momentos-chave: as primeiras vitórias de Judas, a morte de Antíoco e a purificação do templo. Estamos no núcleo central do livro (2Mc 8,1–10,9).

Terceira parte: *campanhas de Judas.* A terceira parte de 2 Macabeus é mera continuação da anterior, limitando-se a narrar as diferentes iniciativas de Judas Macabeu, com a finalidade de defender o que já tinha sido conseguido. Como neste livro não se fala dos feitos dos irmãos de Judas, o autor também não se interessa em narrar a morte deste (2Mc 10,10–15,36).

Epílogo. Não sabemos se a história escrita por Jasão de Cirene (2Mc 2,23) terminava com a morte de Judas ou se incluía a morte de seus irmãos. Em todo caso, o compilador termina aqui, com a cidade santa em poder dos judeus. Seu epílogo avalia os resultados e remete aos objetivos literários traçados no prólogo (2Mc 15,37-39).

4 Gênero literário

Segundo confissão do próprio autor (2Mc 2,19-32), sua intenção ao compor o livro é produzir uma narrativa agradável, mesmo que para isso tenha que sacrificar alguma coisa da obra de Jasão. Seu propósito não é escrever história, no sentido estrito da palavra. De fato, as narrativas que compõem o corpo do livro estão redigidas em estilo oratório, cuja finalidade é agradar, mover, persuadir. Mais parecem sermões ou discursos do que relatos históricos.

O autor sabe escolher os episódios mais comoventes, tendo em vista ganhar a atenção do leitor e provocar nele simpatia ou antipatia pelas pessoas e pelas causas que descreve. Assim, por exemplo, Jasão, Menelau, Antíoco, Alcimo e Nicanor são descritos com traços sinistros, depreciativos, ao passo que Onias, Judas, Eleazar e Razias são apresentados como heróis que sofrem injustamente, sacrificando-se pelo povo. As crueldades dos inimigos são descritas com crueza e realismo (2Mc 6,18–7,42), bem como as intervenções milagrosas de Deus em favor dos judeus (3,23-40). Abundam os epítetos ferinos, as notas mordazes, os recursos de efeito, o estilo grandiloquente, todas características do gênero retórico e oratório. Estamos em cheio na chamada "história comovente", um gênero literário muito comum no mundo grego.

O autor de 2 Macabeus interpreta a história a partir de uma teologia finalista, na qual todos os acontecimentos são considerados resultados diretos da vontade divina. Tudo vem de Deus, tanto as derrotas e os castigos sofridos pelos ímpios como a providência que guia os judeus crentes pelo bom caminho. Segundo ele, as vitórias de Judas Macabeu sobre os gregos são a prova da benevolência de Deus, que dirigiu um olhar propício para seu povo, graças aos méritos e sofrimentos dos mártires.

5 Teologia de 1/2 Macabeus

Também do ponto de vista teológico, 1/2 Macabeus apresentam perfis significativamente diferentes.

1 Macabeus, respondendo a seus interesses propagandísticos, que visam justificar e avalizar a dinastia asmoneia, concede mais valor aos elementos políticos e patrióticos do que aos componentes puramente religiosos. É verdade que seus heróis lutam pela lei e pelo templo, porém mais por seu valor simbólico de caráter nacionalista do que por seu conteúdo e alcance teológico. Se, em sua dimensão literária, 1 Macabeus inspira-se na história deuteronomista, na ordem teológica carece de um respiro profético. Deus fica em segundo plano e a independência religiosa permanece sujeita à política. Por isso o autor não se escandaliza quando vê seus heróis receberem o sumo sacerdote das mãos dos reis estrangeiros, ou quando vê chegarem ao trono reis que não trazem nas veias o sangue da dinastia davídica.

A absolutização dos valores nacionalistas e patrióticos leva o autor a combater com mais gana os judeus partidários do helenismo do que os inimigos estrangeiros, convertendo as guerras de libertação numa permanente guerra civil. O êxito militar legitimou de tal maneira a posição dos macabeus que seu autor não duvidou em ver nestes e em sua obra o cabal cumprimento das promessas e expectativas messiânicas.

2 Macabeus, ao contrário, tem uma maior densidade religiosa e menos interesse político-militar (penosamente concede importância ao relato das batalhas e aos acontecimentos puramente profanos). Tal como seu modelo (a história do Cronista), 2 Macabeus centra sua obra no templo, que é o eixo de todo o livro. O templo e tudo o que ele significa: a santidade de Deus, expressa em suas santas leis, o culto e os sacrifícios, junto com o sumo sacerdócio, que exerce uma mediação determinante (para o bem ou para o mal) sobre o povo.

Sua concepção de Deus faz com que Ele intervenha diretamente no curso da história (inclusive através de uma série de personagens sobrenaturais). O senso de fidelidade (ou repúdio) às leis e aos costumes recebidos determina a resposta de Deus, baseando-se numa concepção automática e mecânica da retribuição. Encontramo-nos imersos num universo teológico semelhante ao do Cronista.

2 Macabeus destaca também o valor da oração e do sacrifício, que dá lugar a uma comunidade de culto entre a pátria e a diáspora, entre os vivos e os mortos; destaca também o valor testemunhal e expiatório do martírio, bem como a retribuição depois da morte. A contribuição mais nova é a crença na ressurreição dos justos e o poder de intercessão dos santos (J. Menchén).

Fidelidade à torá. Tal como na história deuteronomista, em 1/2 Macabeus a torá (lei) constitui o eixo teológico central. A lei divide os protagonistas de 1/2 Macabeus em dois campos opostos: os inimigos da lei e os fiéis à lei.

A partir do exílio e ao longo do período persa, a lei foi se codificando no Pentateuco, que acabou sendo proclamado a carta magna do judaísmo pós-exílico, tornando-se canônico ou medida da fé e da ética do povo eleito. Contra a lei e suas instituições eram dirigidos os ataques da perseguição grega, e a defesa da lei foi, por sua vez, a bandeira empunhada pelos macabeus ao levantarem-se contra os gregos. Algumas vezes com palavras, outras com gestos e fatos, os livros dos Macabeus, sobretudo o segundo, são uma proclamação viva da fidelidade à lei:

- fidelidade ao templo (profanado e purificado);
- fidelidade ao sacerdócio sadoquita, exposto às ambições e às intrigas das famílias poderosas;
- fidelidade às práticas da lei (circuncisão, sábado, pureza ritual, especialmente os alimentos).

Teologia do martírio. 1/2 Macabeus, assim como o Livro de Daniel, composto durante a guerra dos macabeus com a finalidade de consolar os perseguidos e animá-los em meio à luta, oferecem numerosas histórias e exemplos de mártires, que constituem uma autêntica teologia do martírio. Dentre os mais conhecidos, sobressaem os seguintes:

- os três jovens (Dn 3);
- Daniel na cova dos leões (Dn 6);
- Eleazar (2Mc 6,18-31);
- os sete irmãos, junto com sua mãe (2Mc 7);
- Razias (2Mc 14,37-46).

Dentre as características teológicas do martírio, podemos assinalar estas três:

- seu valor como testemunho da fé (2Mc 6,24-25);
- seu valor de intercessão (2Mc 7,32-33);
- seu valor de purificação e expiação (2Mc 6,14-15).

Teologia da vida. Vendo crentes darem a vida por Deus e pela lei e iluminados pela luz do alto, os autores de 2 Macabeus e do Livro de Daniel chegaram à convicção de que nem mesmo a morte poderia romper a comunhão de vida entre Deus e seus fiéis. Ou seja, pela primeira vez na história da revelação do AT aparece a crença na ressurreição dos mortos (2Mc 7,9; 12,38-46; Dn 12,2-3). A experiência e o exemplo dos mártires levaram também o autor de 2 Macabeus a se aprofundar no mistério da criação, formulando esse dogma com mais rigor teológico (a criação *ex nihilo*) (2Mc 7,28).

Ressurreição

Judas Macabeu

> [...] tendo organizado uma coleta entre os soldados, mandou a Jerusalém cerca de duas mil dracmas, para que se oferecesse um sacrifício expiatório. Ação muito justa e nobre, inspirada no pensamento da ressurreição! Pois, se não esperasse que os soldados caídos haviam de ressuscitar, teria sido supérfluo e insensato orar pelos mortos. Considerando ele, porém, que belíssima recompensa está reservada aos que morrem piedosamente, seu pensamento foi santo e piedoso. Eis por que mandou oferecer aquele sacrifício pelos mortos, para que ficassem livres do seu pecado (2Mc 12,43-46).

Nesse texto, referente aos soldados de Judas Macabeu que morreram em estado de pecado, ao reterem consigo objetos idolátricos proibidos, são feitas duas afirmações dogmáticas importantes. Primeira, afirma-se clara e expressamente, pela primeira vez no Antigo Testamento, que a morte não tem a última palavra, pois para além da morte há a ressurreição. Veja-se também 2Mc 7,9.11.14.23.29.36, onde, a propósito do martírio dos sete irmãos, junto com sua mãe, faz-se a mesma afirmação; o segundo deles, por exemplo, pronuncia perante o carrasco estas palavras:

> Tu, execrável como és, nos tiras desta vida presente. Mas o Rei do Universo nos ressuscitará para uma vida eterna, pois morremos por fidelidade às suas leis (7,9).

Segunda, afirma-se a comunhão e solidariedade que continua existindo entre os vivos e seus irmãos mortos, até o ponto de poderem rezar e oferecer por eles sacrifícios de expiação. Judas Macabeu fez uma coleta entre os soldados que sobreviveram à Batalha de Odolam e enviou os donativos a Jerusalém para que se oferecessem orações e sacrifícios de expiação pelos soldados mortos em estado de pecado. Essa segunda afirmação equivale ao que, um pouco mais tecnicamente, costumamos chamar de purgatório e sufrágio pelos defuntos.

*Criação do nada (*ex nihilo*)*

> Conjuro-te, filho, contempla o céu e a terra e observa tudo que neles existe. Reconhece que não foi de coisas existentes que Deus os fez, e que também o gênero humano surgiu da mesma forma (2Mc 7,28).

A criação do nada era uma convicção de fé professada pelo AT antes de 2 Macabeus. O relato de Gn 1, por exemplo, apresenta a criação do cosmo como uma obra em dois atos ou momentos. Num primeiro momento ("no princípio"), Deus cria o caos (*tohu wabohu*), a partir do nada absoluto; num segundo tempo, acontece a organização do caos primordial mediante uma série de imperativos, tais como "faça-se a luz" etc. Os autores do AT, quando falam da criação, referem-se quase sempre ao segundo momento, da organização do caos criado anteriormente. O Livro da Sabedoria, escrito depois de 2 Macabeus, apresenta, porém, Deus criando o mundo a partir de "uma matéria informe", sem mencionar de forma alguma a criação do caos inicial (Sb 11,17-18).

Colocando na boca da mãe dos sete irmãos mártires as palavras que reproduzimos acima, o autor de 2 Macabeus retoma o tema da criação tal como o havia tratado Gn 1,1, mas formulando de maneira expressa esse esclarecimento quase metafísico "do nada" (*ex nihilo*), esclarecimento que marca, por um lado, a diferença entre a teologia bíblica e a cosmologia grega, e, por outro, anuncia já a revelação do NT (cf. Cl 1,15-17; Jo 1,3). A cosmologia grega professava o princípio formulado por Lucrécio, de que "do nada, nada pode nascer" ("*ex nihilo nihil fit*").

4
Quatro histórias exemplares

4.1 Tobias

> Fui jovem e já estou velho, e nunca vi um justo abandonado nem seus descendentes mendigando pão (Sl 37,25).

Esse versículo do Sl 37 é um bom resumo da mensagem do Livro de Tobias, cujos protagonistas (um judeu e uma judia exilados em Nínive e Ecbátana, respectivamente) veem-se submetidos a sucessivas provações de diversos tipos, mas se mantêm fiéis à lei e às práticas da espiritualidade judaica, e por isso Deus afinal vem em auxílio deles e premia seu comportamento.

Construído a partir da literatura bíblica e inspirando-se também na tradição sapiencial pagã, o Livro de Tobias propõe-se fomentar e inculcar os valores próprios do judaísmo pós-bíblico, em continuidade com as tradições históricas, proféticas e sapienciais de Israel. O autor desenvolve seu argumento no marco da instituição familiar, escola e âmbito do aprendizado, vivência e transmissão dos ensinamentos mais genuínos da identidade judaica.

1 Aspectos literários do livro

a) Plano e conteúdo

O Livro de Tobias apresenta uma estrutura tripartite, integrada pelos seguintes elementos: introdução, corpo do livro, conclusão.

Introdução (1–3). O autor começa apresentando os dois protagonistas principais de sua história: Tobit e Sara, filha de Raguel. Tobit é um piedoso israelita deportado para Nínive nos tempos de Salmanasar. Sua vida de piedade e boas obras não recebe a devida retribuição, pois se vê submetido a sucessivas provações, contrariedades e sofrimentos: perde a situação de bem-estar social e econômico de que desfrutava, juntamente com o favor do rei, e além disso vê-se privado da visão, justamente no momento em que, correndo risco de vida, acabava de enterrar o cadáver de um compatriota. Apesar da incompreensão de que era vítima, por parte dos seus vizinhos e inclusive da sua esposa, Tobit manteve-se fiel aos seus princípios, sem ceder nem desanimar, com a confiança colocada sempre em Deus.

Ao mesmo tempo, em Ecbátana, Sara, filha de Raguel, é também um exemplo de paciência e de virtude, apesar de ter sido provada com a morte de sete maridos.

Como se vê, a introdução, além de apresentar os dois protagonistas principais, um judeu e uma judia exilados, coloca também o problema que é abordado no livro: o sofrimento do justo, problema encarnado por um homem e uma mulher, justamente Tobit e Sara.

Corpo do livro (4–12). O corpo do livro expõe o desenlace do problema. Mostra como Deus veio em auxílio dos dois protagonistas principais. Isso ocorre através do filho de Tobit e do Anjo Rafael, outros dois protagonistas importantes do livro. O filho de Tobit, chamado Tobias, a pedido do pai parte para Rages, na Média, para pegar na casa de Gabael a soma de dez talentos de prata que ele havia deixado ali em tempos passados. O Anjo Rafael, sob o nome de Azarias, lhe serve de guia, livra-o do peixe sinistro do Tigre, aconselha-o a pedir a mão de Sara, livra Sara das armadilhas do demônio, conduz o jovem Tobias a Rages, devolve-o são e salvo à casa de seu pai, Tobit, que, por sua vez, é curado da cegueira. Nesse momento, o anjo que havia acompanhado Tobias dá-se a conhecer.

Conclusão (13–14). O livro encerra-se com um cântico de ação de graças e os últimos conselhos de Tobit antes de morrer, juntamente com a descrição de sua morte e um resumo da vida feliz de seu filho Tobias.

b) Fontes

Escrito tardiamente, o Livro de Tobias inspira-se em grande escala nos livros bíblicos anteriores a ele. Poder-se-ia dizer que é uma caixa de ressonância de todo o Antigo Testamento, pois nele se acham presentes seus principais gêneros literários. A ambientação do livro é patriarcal, assim como alguns dos temas mais relevantes (a viagem, a busca da esposa, o casamento de Tobias com Sara, o reencontro deste com seus pais). O grande marco histórico dentro do qual se desenrola a história de Tobit remete a episódios bem conhecidos dos Reis. As numerosas alusões à lei de Moisés são uma evocação constante do Pentateuco. Dentre os profetas, cita-se explicitamente Amós e Naum, e há claras alusões à profecia de Natã (2Sm 7) e aos hinos do Segundo e Terceiro Isaías relativos à nova Jerusalém. O próprio Tobit assume traços proféticos no salmo e no testamento que encerram o livro. O saltério acha-se presente nas orações de Tobit e Sara (Tb 3). A influência sapiencial faz-se especialmente perceptível nas referências a Jó 1–2 (possível modelo de Tobit, paciente e fiel em meio às desgraças), nos conselhos sapienciais de Tobit a seu filho, e do Anjo Rafael a ambos, muito próximos da sabedoria do Eclesiástico.

Entre as fontes extrabíblicas, o próprio autor de Tobias cita expressamente a *Sabedoria de Aicar*, obra clássica em todo o Antigo Oriente Próximo durante mais de seis séculos. Consciente de seu prestígio e com a finalidade de reforçar a autoridade de sua própria obra, o autor de Tobias introduz Aicar na história e na família de Tobit, convertendo-o em membro do povo judeu e apresentando-o inclusive como sobrinho de nosso protagonista. A dependência pode ser percebida na própria trama, pois a história pessoal de Tobit parece estar calcada, em boa parte, no paradigma de Aicar (J. Menchén).

c) Gênero literário

À primeira leitura, o Livro de Tobias dá a impressão de ser um escrito estritamente histórico, pela abundância de detalhes que oferece sobre datas e lugares, assim como sobre os personagens e episódios da história da Assíria e de Israel. Mas essa primeira impressão é enganosa, pois uma leitura mais atenta mostra a imprecisão e a liberdade com que trata a história e a geografia.

Segundo Tb 1,4, Tobit foi testemunha em sua juventude da divisão da monarquia, que aconteceu após a morte de Salomão, por volta do ano 930 a.C.; ele foi deportado com a tribo de Neftali, segundo 1,5.10, deportação que aconteceu por volta de 734 a.C.; e seu filho morreu, segundo 14,15, depois da queda de Nínive, datada no ano 612 a.C. Ou seja, entre pai e filho (duas gerações) estariam cobertos três séculos de existência, o que é impossível. Não foi Salmanasar que deportou a tribo de Neftali (Tb 1,2), mas Teglatfalasar III; não foi Senaquerib o sucessor de Salmanasar (1,15), mas Sargon II; também não se ajusta à realidade o dado de Tb 5,6, segundo o qual precisava-se de apenas dois dias de caminhada para ir de Ecbátana a Rages, cidades distantes entre si cerca de 300 quilômetros, impossíveis de serem percorridos a pé em apenas dois dias.

Tudo faz pensar num autor que enquadra artificialmente seu relato num marco histórico-geográfico do passado distante, com a finalidade de dar-lhe mais sabor e autoridade, sem se preocupar muito com a precisão dos dados concretos. É um narrador que aprecia o colorido das cenas e destaca os detalhes pitorescos; por exemplo, quando fixa-se no cão que acompanha o jovem Tobias, tanto ao partir para a viagem como ao regressar (Tb 6,1; 11,4). Os episódios encadeiam-se e entrelaçam-se uns aos outros com fluidez e habilidade. Tudo acontece no seu devido tempo, o que nos leva a pensar mais numa obra de ficção do que numa história real. Logo que Tobias parte, sai à procura de alguém para acompanhá-lo na viagem, e imediatamente aparece Rafael, oferecendo-se para ir com ele (5,4). Tão logo surgia uma dificuldade, de imediato aparecia o remédio adequado; por exemplo, o peixe, que resolveu os problemas da primeira noite de viagem (6,1-5), peixe que também afastaria o mau espírito que matava os maridos de Sara (8,2-3) e curaria depois a enfermidade de Tobit (11,8).

A estreita dependência que o Livro de Tobias apresenta com relação a outros livros da Bíblia e a escritos extrabíblicos confirma a ideia de que se trata não de uma história real, mas de uma ficção histórica. Já dissemos acima que Tobias é como que uma caixa de ressonância de todo o Antigo Testamento, especialmente dos relatos patriarcais. Quem não descobre, por trás do encontro e do casamento de Tobias com Sara, a viagem de Eliézer que sai em busca de uma esposa para Isaac? (Gn 24). Tobias é um livro de bênçãos, como as tradições patriarcais.

No que se refere à literatura extrabíblica, além da *Sabedoria de Aicar*, o Livro de Tobias traz à mente a história *O morto agradecido*, na qual se fala de um viajante que livra um morto da profanação, dando-lhe sepultura; do grande mal a que está sujeita uma mulher, que já perdeu cinco maridos na própria noite de núpcias; de uma serpente que sai da boca da noiva; de se recompensar alguém com a metade da própria fortuna: temas esses que figuram no Livro de Tobias. Além da *Sabedoria de Aicar* e *O morto agradecido*, poderíamos citar também *A esposa infeliz* e *O justo paciente*.

Dentro da ficção histórica, catalogamos o Livro de Tobias como história exemplar devido à alta proporção que nele alcançam os elementos didáticos e sapienciais, junto com a preocupação parenética e edificante. O autor não perde ocasião para introduzir as práticas da oração, o jejum, a esmola, o cuidado com os mortos, e todo tipo de observâncias legais. Todos esses elementos éticos configuram a moralidade e espiritualidade próprias não do Israel dos séculos X-VII a.C., em que o livro se coloca, mas do judaísmo tardio, a que pertence o autor de Tobias. Ou seja, outro fator a confirmar a hipótese de que o livro não é histórico.

2 História do livro

Por tudo o que vimos na parte anterior sobre seu conteúdo, suas ideias religiosas, sua dependência da literatura bíblica e extrabíblica e seu gênero literário, o Livro de Tobias sem dúvida veio à luz depois do exílio.

Dentro do período pós-exílico, deveríamos colocá-lo por volta do ano 200 a.C. É o que nos aconselham as numerosas analogias que apresenta com o Eclesiástico, escrito por volta de 190 a.C., e o ideal espiritual que professa, anunciando já a espiritualidade dos fariseus.

O ambiente refletido pelo livro parece corresponder à diáspora judaica da dominação grega. Muitos judeus viviam, então, fora da Palestina, em condições muitas vezes difíceis e que punham em perigo a própria identidade nacional, cultural e religiosa. Fazia-se, pois, necessário afirmar a identidade judaica e estreitar os vínculos de união entre todos os judeus, especialmente entre os que viviam fora da Palestina.

Um piedoso judeu foi ao encontro dessa necessidade e escreveu o Livro de Tobias. Quis criar modelos de identificação que mostrassem com exemplos concretos o amor à lei e ao Deus que protege os que seguem seus caminhos; modelos capazes de estimular a solidariedade entre os compatriotas dispersos, capazes de fazer sentir a necessidade de uma família fortemente unida, com os olhos e o coração voltados para Jerusalém, o centro de gravidade, conscientes dos riscos inerentes às relações com os estrangeiros, especialmente os casamentos mistos (Esd 9).

Escrito originalmente em hebraico ou aramaico, o original semita perdeu-se, tendo chegado a nós através de traduções e sob três formas diferentes.

Uma *forma ampla*, representada pelo códice sinaítico e as antigas versões latinas anteriores à *Vulgata* de São Jerônimo. Esse texto amplo, carregado de semitismos, é empolado e redundante, mas sua redação é ao mesmo tempo fluida, amena e transparente. Essa forma ampla costuma ser considerada a mais confiável e a mais próxima do original perdido, confiabilidade que se viu reforçada a partir das descobertas de Qumran, onde apareceram alguns fragmentos de Tobias (um em hebraico e quatro em aramaico), que lhe dão apoio.

Uma *forma abreviada*, representada pela maior parte dos manuscritos e códices gregos, entre os quais se sobressaem o Vaticano e o Alexandrino. Parece ser uma revisão do texto anterior, destinada a apresentá-lo num grego mais correto, mais abreviado, mais claro e mais sóbrio, sem tantos detalhes secundários. Contém cerca de 1.700 palavras a menos do que o texto da forma anterior. É o texto empregado na liturgia das igrejas de rito grego. É seguido também por algumas traduções modernas, como Nácar-Colunga e Bover-Cantera. A maioria das bíblias atuais segue a forma ampla do texto sinaítico, que também apresenta certas lacunas, que podem ser sanadas pelo texto abreviado, concretamente em Tb 4 e 13.

Merece ser citada uma *terceira forma*, que vigorou na Igreja ocidental de rito latino a partir do século V até os tempos modernos. Refiro-me à *Vulgata*, tradução latina realizada por São Jerônimo de maneira muito livre, a pedido de Cromácio de Aquileia e Heliodoro de Altino. Realizou-a a partir de um original aramaico, que um judeu traduzia para o hebraico na medida em que ia lendo, e São Jerônimo ditava aos copistas traduzindo-o (também oralmente) para o latim. Ou seja, a *Vulgata* é uma tradução livre. Na época de São Jerônimo, Tobias ainda não era reconhecido por todos como livro canônico, e por isso ele o traduziu sem maiores cuidados científicos, e em apenas um dia, conforme o próprio São Jerônimo confessa a Cromácio e Heliodoro: "Satisfiz os vossos desejos, mas não as minhas exigências. Fiz o melhor que pude". No curso da tradução, São Jerônimo introduz no texto glosas e comentários de caráter moral, algumas vezes um tanto rigoristas, como era o estilo do monge e asceta de Belém.

3 Teologia do livro

Pelo que foi dito acima sobre o conteúdo e o gênero literário, sabemos que a intenção do Livro de Tobias é primordialmente didática e teológica. O autor de Tobias dirige-se de maneira especial aos judeus da dispersão, que vivem no meio do mundo pagão, e por isso escolheu como protagonistas de seu relato duas famílias deportadas, encabeçadas por Tobit e Sara, respectivamente. Entre os ensinamentos mais importantes de Tobias, podemos citar os seguintes:

Providência de Deus e angelologia. Todo o livro é um canto à providência de Deus, que vela incessantemente por seu povo e seus fiéis. Mais do que a proclamação da providência de Deus em si mesma, que se dá por suposta (3,17), o que interessa ao autor é mostrar como esta se desenvolve no meio das adversidades e provações. Para isso, serve-se de uma sequência de situações, aparentemente casuais, mas que de fato são guiadas pelo desígnio providente e misterioso de Deus, mistério que será desvelado no seu devido tempo. Nesse sentido, destacam-se estas duas passagens: Tb 3,16-17, que declara que a oração de Tobit e Sara chegou ao céu e foi despachada favoravelmente; e Tb 12,11-15, onde o Anjo Rafael, encarnação da Providência Divina, revela sua identidade.

Os mediadores do desígnio providente de Deus são os anjos, intermediários privilegiados entre o céu e a terra. Nessa perspectiva, o Livro de Tobias representa um progresso importante no desenvolvimento da angelologia, dado que esclarece melhor o papel dos anjos bons e maus. Os nomes de *Rafael* (= remédio de Deus) e de *Asmodeu* (= o que faz perecer) são significativos. Um cura, o outro mata. Essa maior presença dos anjos e um melhor esclarecimento de seus nomes, missões e ministérios, aparece também em outros livros do período pós-exílico, sob a influência indubitável da religião persa.

A ética das boas obras. Outra dimensão teológica que adquire grande relevância no livro é o comportamento de seus protagonistas, particularmente perceptível no ancião Tobit, cuja vida foi marcada pelo cumprimento rigoroso da lei de Moisés e seus preceitos concretos, e por sua firme piedade, manifestada na prática das boas obras, entre as quais destacam-se a oração, a caridade e a esmola. A impossibilidade de poder ir ao templo para participar da liturgia cultual e sacrificial leva o autor de Tobias a acentuar os deveres pessoais e privados em relação a Deus e ao próximo, sendo que o "próximo" limita-se aqui aos familiares e compatriotas judeus. Entre esses deveres destacam-se também a esmola, a assistência aos necessitados, a hospitalidade, a justa retribuição e a sepultura.

A providência de Deus e a prática das boas obras fazem do Livro de Tobias uma aplicação popular e prática da doutrina da retribuição individual, de profundo cunho sapiencial. Todo o livro parece posto ao serviço dessa firme convicção: o justo pode ser submetido a grandes provações e dificuldades, mas, se se mantiver fiel às cláusulas da aliança, Deus virá em seu auxílio e o encherá de bens e bênçãos (3,17; 4,21; 11,17; 12,12-14). Através de adições e retoques, a *Vulgata* de São Jerônimo dá a essa doutrina um alcance mais profundo e transcendental (2,18; 3,6.21.22; 6,12-22; 12,13 da *Vulgata*).

Família e casamento. Com a crise das instituições nacionais, decorrente do exílio, a família converte-se no âmbito privilegiado onde se vive e se transmite a herança espiritual do judaísmo (Tb 1,8; 4,19; 14,3.8-9). Daí a relevância que a família adquire com o livro, até se converter em autêntico protagonista do mesmo, junto com as virtudes que a fortalecem, protegem e perpetuam. Um momento importante na vida familiar é o casamento, que assegura a continuidade das gerações e garante o futuro. Compreende-se, por isso, a importância que o autor dá ao casamento de Tobias e Sara, que ocupa o centro do livro (Tb 6–8), assim como os conselhos que Tobit dá a seu filho com a finalidade de salvaguardar a santidade e a pureza da vida matrimonial (4,12-13; cf. 7,12-14; 8,5-7).

Leitura profética. Embora seja predominantemente legal e ético, o Livro de Tobias deixa transparecer, algumas vezes, o sopro da inspiração profética, que lê e interpreta o presente à luz das grandes figuras do passado. Repercutindo, por exemplo, a profecia de Natã, o autor de Tobias traz à memória de seus leitores a cálida lembrança da eleição de Sion e de Davi (1,4; 5,14). Considera as penas que sofrem, ele e seus irmãos, como o cumprimento do castigo anunciado pelo Profeta Amós (Tb 2,6). Num determinado momento, o horizonte apresenta-se incerto e obscuro, a mesma escuridão que obscurece a vista de Tobit; a esperança, no entanto, revive pelas mãos de Tobias, que devolve a luz aos olhos de seu pai, o qual, por sua vez, se converte em luz para toda a nação, convidando-a à conversão e anunciando-lhe a salvação prometida pelos profetas (Tb 13). Quando se cumprir a profecia de Naum sobre as minas de Nínive ocorrerá a reconstrução provisória do templo, à espera da restauração definitiva e da chegada da nova Jerusalém, segundo a visão do Terceiro Isaías (Is 60–62). Jerusalém será, então – diz o autor de Tobias –, o centro das nações (Tb 13,10-18; 14,3-7).

4.2 Judite

> Pois seu herói não sucumbiu perante os jovens, nem filhos de titãs o abateram, nem enormes gigantes o atacaram. Mas foi Judite, filha de Merari, que o paralisou com a beleza de seu rosto (Jt 16,6).

Em todas as épocas e culturas, os povos personificaram seus traços mais característicos e seus mais nobres ideais em personagens-protótipos, que através de seus feitos contribuíam, por sua vez, para moldar o caráter coletivo e para enaltecer sua própria história. Em momentos de crise, esses personagens-arquétipos foram ponto de referência, bandeira e modelo a ser seguido.

Dentro desse marco poderíamos situar o Livro de Judite, no qual a protagonista, chamada precisamente de Judite ("a judia"), enfrenta o prepotente agressor, convertendo-se em heroína nacional e em instrumento de salvação nas mãos de Deus.

1 Aspectos literários do livro

a) Temas do livro

O tema do livro é a libertação do povo judeu das mãos de Holofernes, general do exército de Nabucodonosor, levada a cabo por uma mulher chamada Judite. A história divide-se em duas partes quase iguais.

Primeira parte (1–7)

A primeira parte apresenta os protagonistas e prepara o núcleo da ação dramática: o confronto entre o minúsculo povo judeu e o poderoso exército de Holofernes. Os fatos sucedem-se da seguinte maneira: Nabucodonosor, rei da Assíria, quer combater Arfaxad, rei da Média. Convida para participar da expedição os povos estabelecidos nas planícies do Tigre e do Eufrates, os que habitam nas regiões da Alta Mesopotâmia e da Síria Setentrional, assim como os que vivem nos vales do Orantes e do Jordão e no delta do Nilo (1,1-10). Os convidados preferem calar-se; ninguém atende à convocação (1,11-12). Nabucodonosor parte assim mesmo e rapidamente derrota Arfaxad (1,13-16). Em seguida, o rei da Assíria desencadeia uma ofensiva de represália contra os povos que não atenderam ao seu convite, os quais rendem-se sem oferecer resistência ao exército assírio, dirigido pelo General Holofernes (2,1–3,10). Somente o povo judeu resistiu, entrincheirando-se nas montanhas (4,1-8). Enquanto os judeus rezam, Holofernes tenta ocupar o Estreito de Betúlia, a fim de entrar na Judeia (4,9–5,2).

Paralelamente a esse conflito armado desenrola-se outro, de caráter religioso. Holofernes tem ordens de destruir todos os símbolos e cultos religiosos locais e entronizar no lugar deles o culto a Nabucodonosor. O santuário, bem como as instituições e práticas religiosas do povo judeu, estão por isso condenados à destruição (3,8; 6,1-4). Já se sabe que a causa judaica é a causa de Deus. Esse aspecto religioso do conflito é colocado pelo autor do livro na boca de um tal Aquior, que pronuncia um discurso cuja tese é a seguinte: Israel é o povo de Deus, e, enquanto esse povo se mantiver fiel à aliança com Deus, será indestrutível (5,5-21). A essa tese contrapõe-se a de Holofernes, para quem Nabucodonosor é o único deus; a força (Nabucodonosor) triunfará sobre Israel (a fragilidade) (6,1-4).

O assédio a Betúlia, privada de água, põe à prova a fé vacilante dos judeus cercados, entre os quais já se começa a falar em rendição (7). Está para triunfar a tese de Holofernes.

Segunda parte (8–16)

Nesse momento intervém Judite, que abre a segunda parte do livro. Trata-se de uma jovem viúva, sábia, piedosa, praticante, clarividente e decidida (8,1-10). Terá que enfrentar ao mesmo tempo a covardia dos seus patrícios e o exército de Holofernes.

Contra a atitude de Ozias, dos anciãos e do povo em geral, dispostos a render-se, Judite levanta a tese religiosa da fé, baseada numa confiança plena e total em Deus (8,11-17). Examinem a história, diz Judite, e nela encontrarão motivos para confiar (8,18-20). Não podemos capitular, pois a sorte de Jerusalém depende de nós (8,21-24). Deus não nos está castigando, mas submetendo a uma provação, como fez em outros tempos com os patriarcas (8,25-27).

Depois de seu discurso, que cobriu de confusão o tímido Ozias (8,28-31), Judite revela sua determinação de agir, mesmo sem declarar a estratégia que poria em prática (8,32-34). Depois de uma longa oração (9), Judite, acompanhada de uma escrava, que leva as provisões, abandona Betúlia e se dirige ao acampamento assírio, onde é atendida pelos sentinelas, que a levam até Holofernes. Na frente assíria produz-se uma grande emoção (10).

Judite triunfa sobre Holofernes valendo-se da astúcia e do seu poder de sedução. Ganha a simpatia do general e da sua guarda com um discurso cheio de ambiguidade (11,1-19) e se integra à festa (12,10-18). Não teve dificuldade nem para ficar a sós com o general, já embebedado de vinho (13,1-3). É esse precisamente o momento-chave de toda a história. Feita uma invocação a Deus, Judite decepa a cabeça de Holofernes, coloca-a numa sacola e volta para Betúlia (13,4-10). O exército judeu fica maravilhado (13,11-20).

Aquior, que havia sido entregue aos judeus por Holofernes (6), converte-se ao javismo (14,5-10). Judite mantém a serenidade e prepara o golpe final contra o exército inimigo (14,1-4). Os assírios, surpreendidos, correm ao general, e o encontram decapitado. Tomados pelo pânico, fogem e são perseguidos pelos judeus até Damasco (14,11–15,7).

O livro termina descrevendo o saque ao acampamento assírio e o triunfo de Judite (15,8-14). Todo o povo dirige-se a Jerusalém para render graças a Deus (15,13–16,20). Judite regressa à sua terra natal, onde vive longos anos, honrada e venerada por todos. Morre e é sepultada junto ao seu marido (16,21-25).

Contrariamente ao que sucede com Ester, o Livro de Judite não faz alusão a nenhuma festa comemorativa de tão grande vitória; isso é mencionado apenas pela *Vulgata*, num versículo acrescentado ao final (16,31 da *Vulgata*).

b) Gênero literário

O Livro de Judite trata a história com tal indiferença e liberdade que o leitor sente-se até desconcertado. Já desde o início começa afirmando que Nabucodonosor reinava sobre os assírios na cidade de Nínive, quando todo mundo sabe, pela história universal, que Nabucodonosor não era o rei dos assírios, mas dos babilônios; que não reinou em Nínive, destruída por seu pai no ano de 612 a.C., mas na Babilônia, entre os anos 605-562 a.C. E mais: não foi o povo judeu que derrotou o exército de Nabucodonosor, como diz o Livro de Judite, mas exatamente o contrário: foi Nabucodonosor quem venceu os judeus, destruindo a cidade santa e o templo, levando seus habitantes para a Babilônia como exilados.

A liberdade com que trata a geografia não é menor. O itinerário da expedição chefiada por Holofernes (2,21-28) parece um desafio à geografia. Não é possível identificar seu roteiro nem as cidades a que se refere. Quando entra na Palestina, a incerteza continua. A própria cidade de Betúlia, situada no centro do cenário, é impossível de ser identificada.

Segundo Lefèvre, estamos diante de um dilema: ou o Livro de Judite refere-se a fatos históricos velados sob a capa de pseudônimos, ou o autor, tomando elementos de diferentes épocas históricas e acrescentando outros de sua própria lavra, compôs uma história fictícia com objetivos didáticos.

Primeira hipótese. Os autores do final do século XIX para cá haviam optado pela primeira hipótese, e buscaram uma situação concreta do povo judeu que coincidisse com os elementos descritos pelo livro. Foram propostas nada menos que 18 situações diferentes, que, começando por Adadnirari III (ano 810 a.C.) e passando por sucessivos reis assírios e babilônios, persas e gregos, vão inclusive até a dominação grega.

Dentre todas as situações, considerava-se a mais verossímil a que identificava os acontecimentos do livro com uma das campanhas ocidentais levadas a cabo na época de Artaxerxes III Oco (anos 358-336 a.C.). Esse príncipe, célebre por sua crueldade, teve de fato a seu serviço um Holofernes e um Bagoas. Por Eusébio sabemos também que deportou judeus para a Hircânia e que seu reinado havia começado com uma expedição para o Leste, contra os cadusianos, depois do que suas tropas lutaram contra os sátrapas sublevados na Ásia Menor, organizando finalmente uma infeliz campanha contra o Egito. Esta, da qual não participou o rei, não poderia ser a campanha de Holofernes, a mesma descrita pelo Livro de Judite? Apesar de tudo, não foi, pois são muitas as diferenças existentes entre ambas. Além disso, o Holofernes de Artaxerxes III não pereceu em combate; ele regressou vitorioso da expedição, entrando na corte com todas as honras.

Segunda hipótese. Ante a impossibilidade de localizar uma situação concreta na história do povo judeu à qual pudesse referir-se o Livro de Judite, os autores modernos inclinam-se pela segunda hipótese; ou seja, o autor de Judite tomou elementos de diferentes épocas históricas e acrescentou outros de sua própria cabeça, compondo uma história fictícia com finalidades didáticas de caráter religioso. A batalha descrita no livro não é tanto um combate de caráter bélico quanto um confronto do tipo religioso. Holofernes e Judite não são tanto líderes militares quanto a personificação de uma ideia ou tese religiosa: são o bem e o mal que se encontram frente a frente.

Dentre os elementos ou temas históricos que descobrimos por trás da história de Judite podem ser enumerados os seguintes: a astúcia de Tamar (Gn 38); a morte de Eglon, sob as mãos de Aod (Jz 3,12-30); a de Sísara, sob as mãos de Jael (Jz 4–5); o combate entre Davi e Golias (1Sm 17); a mediação de Abigail (1Sm 25); as intervenções dos estrangeiros Balaão e Raab (Nm 22–24; Js 2) etc.

Alguns autores falam de gênero apocalíptico. Falta, sem dúvida, a simbologia própria dos apocalipses (as convulsões cósmicas, o reino animal, o jogo de números e cores...), mas o drama central de Judite apresenta certamente traços apocalípticos: o confronto entre Deus e seus inimigos e o triunfo final do Senhor e seu povo.

Nabucodonosor é um personagem de todos os tempos e de nenhum em particular. Não é um homem concreto, é uma força, a encarnação de uma ideia, um símbolo, um arquétipo. É a personificação do orgulho e da autossuficiência. Quanto a Judite, personagem central do livro, uma passagem (16,4) identifica-a com a nação judaica. Segundo R. de Vaux, Judite (que significa *a judia*) representa o partido de Deus, identificado com o povo judeu. Judite está calcada na figura de Jael (Jz 4,5).

2 *A história do livro*

Não é possível identificar o autor do livro nem descobrir a data certa da sua composição. Alguns dados que aparecem ao longo do livro apontam para os últimos anos do século II a.C.; por exemplo, as alusões aos costumes gregos (Jt 3,8) e as pretensões de Nabucodonosor de ser reconhecido como o único deus da terra (Jt 3,8; 6,2) nos situam não no tempo dos assírios, nem dos babilônios, mas na época dos gregos (é bem conhecida a autodivinização de Antíoco IV: Dn 11,36-37); as coroas com ramos e folhas de oliva, de que fala Jt 15,12-13, são típicas do folclore grego. Na mesma direção apontam também os pontos de contato de Judite com a teologia do Eclesiástico e com a espiritualidade farisaica, próprias do judaísmo tardio. O fato de o autor colocar à frente do povo um sacerdote assistido por um conselho de anciãos, e não um rei, poderia situar-nos num marco mais concreto: o momento da hostilidade farisaica contra a dinastia asmoneia, sob o reinado de Alexandre Janeu (103-76 a.C.).

Embora os gregos tenham sido vencidos no campo de batalha pelos macabeus-asmoneus, a cultura helênica não o foi, e assim continuava exercendo sua capacidade de sedução, pondo em perigo a identidade cultural e religiosa próprias da ortodoxia judaica. Nessa conjuntura, um autor anônimo compõe o Livro de Judite, como resultado de sua meditação sobre a Sagrada Escritura, de onde tira temas, arquétipos, doutrina e várias expressões. Ele quis consolar e estimular a esperança de seus compatriotas, recordando-lhes que Deus havia salvado muitas vezes seu povo e que também o faria no momento presente, desde que todos se mantivessem fiéis à lei, à tradição e à identidade judaica.

Escrito originalmente em hebraico, o texto de Judite nos foi transmitido através de traduções gregas, latinas, siríacas e, inclusive, de traduções hebraicas tardias do tempo do Renascimento; todas elas apresentam formas e recensões variadas, dando lugar a diferentes famílias. As traduções modernas são feitas a partir da edição crítica do texto grego elaborada por A. Rahlfs, levando-se em conta que o texto grego é o mais antigo, o mais próximo do original semita e, consequentemente, o mais confiável.

Segundo sua própria confissão, São Jerônimo fez sua tradução da *Vulgata* a partir de um original aramaico, tendo também presentes as antigas versões latinas. Conta o exegeta de Belém que fez uma tradução livre, rápida e abreviada (um quinto mais breve do que o texto grego), fixando-se mais no sentido do que na letra do texto original.

3 Teologia do livro

Já sabemos que a Batalha de Betúlia, segundo a descrição do Livro de Judite, não é tanto um conflito bélico quanto um confronto teológico. É semelhante ao combate entre Davi e Golias, que 1Sm 17,45 apresenta nestes termos:

> Davi retrucou ao filisteu: Tu vens contra mim com espada e lança e cimitarra, mas eu venho contra ti em nome do Senhor todo-poderoso, Deus das linhas de batalha de Israel, a quem desafiaste.

Judite e Davi simbolizam a política da fé; Holofernes e Golias simbolizam a política da força. Davi não era soldado nem conhecia o manejo das armas, era um jovem que tinha vindo casualmente à frente, para visitar seus irmãos e trazer-lhes mantimentos. Sua força não eram as armas, mas a fé. Golias, em compensação, era soldado profissional e pertencente ao povo dos filisteus, os únicos que, na Palestina, conheciam a elaboração do ferro e com ele fabricavam armas mortíferas. A mesma contraposição existe entre Judite e Holofernes. Judite era uma jovem viúva que, junto com os órfãos, simbolizava a debilidade. Holofernes, ao contrário, era general do exército de Nabucodonosor, uma superpotência do Oriente Próximo.

No fundo da história de Judite desenvolve-se a doutrina da graça, que o Sl 20 formula nestes termos:

> Uns confiam em carros, outros em cavalos; nós, porém, no nome do Senhor nosso Deus, a quem invocamos (v. 8).

Essa doutrina coincide com a teologia da aliança, que o autor do livro põe na boca de Aquior (Jt 5,5-21), teologia de que também Judite se apropria (Jt 11,9-19). Frente à tese da teologia da aliança, Holofernes representa a tese materialista da autossuficiência humana, na qual o único elemento que conta são os efetivos humanos e a força das armas. Essa é a resposta que o autor do livro põe na boca de Holofernes contra a teologia da aliança exposta por Aquior:

> Quem és tu, Aquior, e os mercenários de Efraim, para vires profetizar entre nós, como hoje, e dizer que não devemos mover guerra à

raça de Israel porque o Deus deles os defende? Quem é deus, senão Nabucodonosor? Este é quem mandará sua força e os fará desaparecer da face da terra. O Deus deles não os salvará. Nós, porém, servidores de Nabucodonosor, os derrotaremos, como se fossem um só homem. Não poderão resistir ao ímpeto de nossos cavalos (Jt 6,2-3).

A história de Judite demonstra o equívoco, o erro e a mentira da tese pagã, com a finalidade de fortalecer a fé javista de seus leitores, judeus seduzidos pela cultura grega. É um convite a que sigam firmes na tradição recebida, que punha a salvação na fidelidade e obediência a Deus e à sua lei. Armados com essas virtudes, os frágeis vencem os fortes (Jt 9). A fidelidade a Deus mostra-se, segundo o autor, na obediência à lei e na prática da ascese pessoal: o recolhimento, a oração, o jejum, a mortificação etc., virtudes do judaísmo tardio (Jt 8,4-8).

A fé em Deus não exclui a colaboração humana. De fato, a derrota dos assírios e a libertação de Betúlia não é o resultado de milagres espetaculares, mas fruto da habilidade e energia de uma mulher que, quando invoca a Deus, é para pedir-lhe que a ajude no bom uso dessas qualidades. Pode-se inclusive dizer que Judite abusa de sua astúcia, como boa filha de Simeão (Jt 9,2; cf. Gn 34). Deve-se considerar que o autor não se inspira na moral evangélica, nem sequer na moral do judaísmo contemporâneo, e sim em temas e lembranças arcaicas próprios das antigas guerras de Israel, por exemplo na conduta de Raab ou de Jael (Js 2; Jz 4,17-22). São temas clássicos de guerra, sobretudo quando esta é idealizada, como é o nosso caso.

Ao longo do livro afloram com mais ou menos força outros temas teológicos; por exemplo: a ideia de que o sofrimento não é sempre nem necessariamente expressão de castigo pelos pecados do povo (em Jt 8,18-20 sublinha-se a ausência de idolatria e de outros pecados), mas ensinamento pedagógico para o povo e convite a um crescimento na virtude (Jt 8,21-24); a abertura e o respeito aos estrangeiros, representados por Aquior, muito ouvido na cidade (Jt 6,14-21; 14,10); a crítica irônica às pretensões de Nabucodonosor, que queria erigir-se em deus universal e exclusivo (Jt 3,8; 11,7-8.23).

Merece ser destacada também a ausência de uma interpretação rigorista da lei e uma certa indiferença em relação a seus detalhes. Tal característica manifesta uma linha espiritual aberta, mais predisposta a assegurar o acesso ao verdadeiro Deus do que a proteger o povo eleito com um cerco de observâncias. Por essa razão, o Livro de Judite, mais do que um elogio ao espírito judeu, é expressão da mais genuína e autêntica religiosidade.

4.3 Ester

O Livro de Ester é elaborado em cima da lei do paralelismo antitético. No início, a comunidade judaica da diáspora da Pérsia é que estava condenada ao extermínio, por ordem da autoridade persa, mas depois são os persas que morrem exterminados sob as mãos dos judeus. Igualmente, era Mardoqueu quem estava condenado a morrer enforcado no patíbulo preparado por Amã, mas depois é Amã quem morre enforcado no patíbulo que ele mesmo havia preparado para Mardoqueu. Presidido por essa lei do talião, o Livro de Ester exala espírito nacionalista e ódio mútuo entre judeus e pagãos por todas as suas páginas.

Esse é um dos escritos que evidenciam com mais crueza as imperfeições e limitações do Antigo Testamento.

> Sou tão inimigo de 2 Macabeus e de Ester que gostaria que sequer existissem, pois são demasiado judaizantes e contêm muita malícia pagã (LUTERO. *Conversas à mesa*).

1 Texto

Ester chegou até nós em textos diferentes, um curto, em hebraico, representado pelo texto massorético (TM), e outro longo, em grego, representado por duas versões principais: a versão ou recensão de Luciano de Antioquia (mss. 19; 23; 108) e a versão ou recensão de Orígenes (códices sinaítico, alexandrino, vaticano).

O texto hebraico tem 167 versículos e, o grego, uns 270. Os aproximadamente 100 versículos a mais do texto grego agrupam-se em seis seções, que se acham distribuídas ao longo de todo o livro. Os editores costumam designá-las com as seis primeiras letras maiúsculas do alfabeto:

a) Sonho de Mardoqueu;

b) Edito de Artaxerxes contra os judeus;

c) Oração de Mardoqueu e de Ester;

d) Ester perante o rei;

e) Decreto de Artaxerxes em favor dos judeus;

f) Interpretação do sonho de Mardoqueu.

Quando São Jerônimo fez sua tradução latina *Vulgata*, arrancou essas seis seções de seus respectivos contextos e as colocou todas juntas ao final do livro, como apêndices, marcando-as com sinais convencionais.

O interesse dessas adições não está tanto nos dados que acrescentam à narrativa, que realmente são poucos, quanto no sentido religioso e alcance teológico que dão ao conjunto do livro. Religiosamente falando, o hebraico é um texto asséptico, que sequer se refere ao nome de Deus. Em compensação, o texto grego cita-o explicitamente, com o que a história de Ester muda de direção, o mesmo se podendo dizer da libertação obtida pelo povo através da mediação da heroína do livro.

A pergunta que surge espontaneamente ao nos depararmos com esses dois textos é a seguinte: Qual a relação que existe entre eles? Tradicionalmente acreditava-se que o texto primitivo era o longo, ou seja, o grego, o qual seria, por sua vez, a tradução de um original semita que se perdeu. O texto curto, ou seja, o hebraico atual, seria um resumo do anterior, composto para ser lido na festa de "purim". Por isso ter-se-ia eliminado dele o nome de Deus e qualquer referência religiosa, dado o caráter profano dessa festa.

No mundo bíblico atual prevalece a convicção de que se trata de dois textos originais independentes, ou seja, dois livros de Ester, ambos inspirados. Alguns autores creem que o texto longo não é a tradução de nenhum original semita, tendo sido escrito em grego desde o princípio.

As igrejas da Reforma, a partir de Lutero, somente reconhecem como inspirado e canônico o texto hebraico, seguindo nesse caso, como no resto dos chamados livros deuterocanônicos, o critério do judaísmo palestinense, que só incluía em seu catálogo oficial de livros inspirados os protocanônicos (o cânon curto). A Igreja Católica, ao invés, segue o critério do judaísmo da diáspora, que reconhecia como livros inspirados também os deuterocanônicos (cânon longo), ou seja, a Igreja Católica reconhece o texto longo de Ester.

A trama dos acontecimentos é praticamente idêntica em ambos os textos. Logicamente, por ser mais extenso, o texto grego apresenta variações importantes, ainda que não afetando a substância do relato. Umas são de caráter puramente linguístico e outras se referem ao conteúdo: são fundamentalmente as seis adições ou apêndices, cujos temas já enunciamos anteriormente.

2 *Aspectos literários*

a) Assunto do livro

Os acontecimentos do Livro de Ester giram em torno de intrigas palacianas que terminam tragicamente. A protagonista é Ester, uma judia desconhecida que superou as suas companheiras e foi escolhida para suceder a Rainha Vasti, que havia caído em desgraça perante o Rei Artaxerxes da Pérsia. Amã, secretário-geral do reino, sentindo-se ofendido por Mardoqueu, tio de Ester, decreta a morte deste, junto com toda a comunidade judaica da diáspora da Pérsia.

Na hora em que Mardoqueu devia ser justiçado, Amã se vê obrigado a percorrer com ele triunfalmente as ruas de Susa. Amã achava que gozava do favor da Rainha Ester, mas esta na verdade o considerava um inimigo. No banquete íntimo, que Amã interpretava como uma prova de confiança, determinou-se precisamente sua perdição. Acabará morrendo no patíbulo que ele próprio preparara para Mardoqueu, o qual o sucederá no posto de secretário da chancelaria. Anula-se o decreto de extermínio contra os judeus e assina-se outro em sentido contrário. Não serão os persas que se vingarão dos judeus, mas o oposto. Dessa maneira, o que devia ser um dia de luto para o povo judeu converteu-se num dia de triunfo e de alegria nacional. A festa de "purim" ("sortes") perpetuaria para sempre essa data.

É uma trama habilmente conduzida através de contrastes e paralelismos antitéticos, que fazem avançar a ação em meio a intrigas e paixões, temores e esperanças. O conjunto oferece uma estrutura concêntrica em cinco seções perfeitamente delimitadas por um prólogo e um epílogo.

Prólogo: sonho de Mardoqueu (seção A)
• Destituição de Vasti e entronização de Ester (1–2)
• Amã e Mardoqueu (2,21–4,17)
• Ester perante o Rei Artaxerxes (Assuero) (5)
• Mardoqueu e Amã (6,1–9,16)
• A festa de "purim" (9,17–10,3)

Epílogo: Explicação do sonho de Mardoqueu (seção F)

Nessa estrutura concêntrica, o lugar central do livro é reservado à intervenção de Ester junto ao Rei Artaxerxes (seção C). O núcleo da história é formado pelo confronto entre Amã e Mardoqueu (seções B e D). A seção A apresenta os personagens principais e a última seção (E) oferece o prolongamento da libertação, associada à festa de "purim". O sonho de Mardoqueu, no início e no final, proporciona o marco e a chave interpretativa da história: "Tudo vem de Deus" (Est 10,3a).

b) Gênero literário

À primeira leitura, Ester apresenta-se como um livro histórico e inclusive dá a impressão de que o autor está bem-informado dos fatos que narra. Conhece perfeitamente os nomes de seus personagens; reflete com exatidão os marcos geográficos e cronológicos em que eles se movem; chama a atenção o domínio que tem da topografia de Susa, com seu palácio real, a organização administrativa do Império Persa, o protocolo da corte, o caráter do soberano e as intrigas palacianas; está bem-informado também da situação dos judeus na diáspora da Pérsia.

No entanto, uma leitura mais atenta descobre uma infinidade de dados e detalhes inverossímeis, que não resistem a uma análise crítica:

• O decreto de Artaxerxes que ordena o extermínio dos judeus não se coaduna com a política tolerante dos primeiros aquemênidas, segundo ficamos sabendo pelos livros de Esdras e Neemias. Além disso, do ponto de vista prático da eficácia, como explicar a grande antecedência com que é publicado o decreto?

• Mais inverossímil ainda é o decreto do rei autorizando a matança de seus próprios súditos, assim como a existência de um tão grande número de mortos sem que se ouça uma só palavra de resistência e protesto (Est 9,16). A veemência e irreflexão do rei, neste caso, contrastam com a prudência que ele mostrou no assunto da Rainha Vasti (3,13-21).

• É difícil admitir como esposa do rei, e rainha do império, uma jovenzinha judia cuja origem é desconhecida na corte persa. Heródoto fala de Amestris como esposa de Artaxerxes e rainha do império precisamente na época a que se refere o relato bíblico de Ester (VII, 61; IX, 108-113). Acrescente-se a isso o fato de que a dignidade real estava reservada às mulheres de sangue persa.

• Mardoqueu aparece como exilado no tempo de Nabucodonosor (ano 597) e como oficial do palácio no tempo de Xerxes ou, mais provavelmente, de Artaxerxes (465-423 a.C.), o que é pouco verossímil.

Essa liberdade no tratamento da história faz-nos pensar num gênero literário de caráter mais ou menos convencional. A própria apresentação da trama, limitada primeiro a dois personagens (Amã e Mardoqueu) e estendida depois à hostilidade entre os dois povos (o persa e o judeu), soa mais como ficção literária do que realidade histórica.

A afinidade do Livro de Ester com outros "contos" da literatura bíblica e extrabíblica orientam-nos no mesmo sentido. Temos, por exemplo, o relato transmitido por Heródoto sobre o infiel Esmerdis, cuja deslealdade é denunciada por Otanis com a ajuda da filha deste, concubina do rei, deslealdade que desencadeia a matança dos magos.

Igualmente, o Terceiro Livro dos Macabeus apresenta, num contexto judaico, um relato novelesco que parece estar calcado no Livro de Ester. Depois da Batalha de Rafia, Ptolomeu Filopator dispõe-se a visitar a Palestina. É bem-recebido pelas autoridades de Jerusalém, mas não pôde entrar no templo. Ele regressa furioso ao Egito, onde publica um edito antijudeu dizendo que aquele que não sacrificar às divindades gregas pagará com a escravidão.

Um novo edito, em termos mais severos, afirma que os judeus serão caçados por todos os rincões do império, e depois reunidos no hipódromo de Alexandria, onde serão pisoteados por 500 elefantes.

Entretanto, acontecem vários banquetes e o rei se esquece de seus editos; depois, porém, volta a lembrar-se e manda executá-los. Os elefantes entram no hipódromo, mas, em vez de atacar os judeus, voltam-se contra os soldados egípcios. O rei, ao ver a cena, declara que foi enganado pelos seus e publica um último edito no qual elogia o comportamento dos judeus, coloca-os em liberdade, permite-lhes celebrar uma festa de sete dias de duração, custeada pelo próprio rei, e autoriza-os a matar todos os seus correligionários apóstatas. Decreta também que todos os anos deve-se celebrar o aniversário dessa libertação com uma grande festa.

Dentro da Bíblia, os relatos em que provavelmente inspirou-se o autor de Ester são: a história de José, caluniado, encarcerado pela fidelidade à sua fé, libertado depois e promovido a intendente geral do reino do Egito, onde virão a instalar-se seus irmãos; na mesma linha estão os exemplos de Judite, juntamente com Daniel, Esdras e Neemias, judeus exemplares e heróis nacionais que conquistam o favor dos reis estrangeiros para seu povo.

Resumindo, esses e outros dados que poderiam ser acrescentados colocam-nos diante de uma ficção literária que pode ser classificada de "história exemplar", na qual fatos e personagens, com possível tronco histórico, são colocados ao serviço de um ensinamento fundamental: a especial providência divina, que assiste ao povo eleito nos momentos de provação e ameaça.

3 Ester e a história

A história de Ester passa-se em pleno período persa, tendo como cenário a capital do império, Susa, e a corte do Rei Assuero (Xerxes I ou Artaxerxes, entre os anos 486-423 a.C.). Por trás desse marco convencional parece adivinhar-se a perseguição religiosa sofrida pelas comunidades judaicas durante a dominação grega, tanto as que viviam na Palestina como as que se encontravam na diáspora. Em Est 3,8 parece que se alude mais à intransigência persecutória de Antíoco IV Epífanes do que aos persas, cuja tolerância está bem-documentada nos livros de Esdras e Neemias.

Esses dados, junto com as concepções religiosas que pulsam no livro, apontam para uma data de composição situada na primeira metade do século II a.C. Mas não se deve descartar a possibilidade de que o autor do livro hebraico tenha se servido de uma tradição popular ambientada em época persa. Por sua familiaridade com a geografia da Mesopotâmia e seu silêncio em relação à Palestina, podemos deduzir que se trata de um autor que reside no estrangeiro (possivelmente em Susa) e escreve para os judeus da diáspora.

O livro hebraico de Ester encontra-se na terceira parte do cânon judeu, intitulada "Os Escritos", integrando-se ao bloco dos "cinco rolos" que formam um grupo à parte, porque são lidos em cinco festas importantes do calendário judaico: o Cântico dos Cânticos, na Páscoa; Rute, em Pentecostes; Lamentações, no aniversário da destruição do templo; Eclesiastes, na Festa das Tendas; e Ester, na Festa de "Purim".

Ester e a Festa de "Purim"

O Livro de Ester termina com uma narrativa que parece associar os episódios do mesmo com a festa de "purim" (9,20-32). Qual é a verdade de tudo isso?

É certo que os judeus há muito tempo vinham celebrando essa festa (Flávio Josefo, AJ, XI, 6, 13). O nome da festa leva-nos certamente à Pérsia ou Babilônia. No entanto, a Festa de "Purim" não parece ter sido instituída pelos judeus da Pérsia como memorial da sua libertação. O texto de Est 9,20-32 apresenta todas as características de ser uma adição posterior, destinada a dignificar uma festividade de caráter vulgar e profano, já existente, associando-a à história de Ester, dado que o livro era lido precisamente nesse dia. Sob a influência dessa adição final, inseriu-se depois a alusão a "purim" em Est 3,7. Poderíamos resumir a gênese da festa nos seguintes tempos:

• Existia entre os judeus uma festa de caráter pagão, de origem babilônica, análoga às festas que todos os povos costumavam celebrar no início da primavera, equivalente aos nossos carnavais.

• Num segundo tempo, foi relacionada com a libertação triunfal dos judeus da Pérsia e designada com o nome de "dia de Mardoqueu" (2Mc 15,26).

• Com o fim de dignificar a festa, que continuava tendo um matiz popular, acrescentou-se ao Livro de Ester (que já era lido na festa) essa narrativa final de 9,20-32, associando a festa à libertação levada a cabo por obra de Ester.

4 Teologia de Ester

A primeira leitura de Ester deixa a impressão de um nacionalismo exacerbado, agravado pelo ódio que se professavam judeus e gentios, cujas relações são regidas pela conhecida lei do talião. Claro, é Amã quem desencadeia a espiral de violência (3,6); mas não é verdade também que Mardoqueu mostra-se insolente frente ao chanceler-geral da corte persa, provocando-o e indispondo-o (bem como aos demais funcionários) com os judeus? (3,2-5). A defesa da própria vida autoriza os excessos de uma vingança sangrenta como a que é narrada em Est 9,1-10?

O dado mais surpreendente da versão hebraica do Livro de Ester, do ponto de vista do conteúdo, é seu silêncio absoluto em relação a Deus, que nunca é mencionado expressamente. Idêntico silêncio observa-se a propósito do templo, da lei, do sacerdócio, do sábado ou da cidade santa de Jerusalém, todas instituições importantíssimas na vida do povo eleito, especialmente no judaísmo pós-exílico. Claro, as adições do texto grego remediam, em parte, esses silêncios, sobretudo através do sonho de Mardoqueu e sua interpretação (seções A e F), assim como as orações de Mardoqueu e Ester (seção C).

Uma leitura mais atenta do livro, inclusive em sua versão hebraica, permite emitir um juízo menos severo sobre ele. Apesar de não se nomear expressamente a Deus, é Ele quem conduz toda a ação, e os protagonistas da história estão conscientes de que são guiados pela Providência Divina (Est 4,1.13-14.16). Essa é a convicção que transparece das palavras de Mardoqueu, quando este explica a Ester o sentido de sua elevação ao trono (4,13-14). Não são chamamentos tácitos ao céu os gestos penitenciais de Mardoqueu e o apelo ao jejum, dirigido por este a todos os judeus de Susa? (3,1; 4,16).

Em última instância, a tese fundamental do livro é a vitória de Deus e seu povo sobre os inimigos. Ou seja, a história de Ester segue a mesma linha de Judite e Daniel, embora não alcance a mesma elevação espiritual deles. Certamente encontramo-nos muito distantes da regra de ouro do Sermão da Montanha, que manda amar e perdoar a todos, inclusive aos inimigos, mas nesse ponto não difere da tônica geral do Antigo Testamento. Por acaso não estão distantes também os livros do Êxodo e Josué, quando salvam os israelitas e matam os egípcios, ou tiram a terra dos cananeus para dá-la aos israelitas?

Outros temas reforçam essa convicção fundamental: o conflito que surge entre o povo de Deus e os poderes do mundo, precisamente pela singularidade daquele; o contraste entre a debilidade aparente do povo eleito e a superioridade de seus inimigos, que tem como resultado a exaltação do inocente, quando tudo parece estar perdido para ele; o juízo histórico de Deus contra os maus; a intercessão decisiva de uma mulher; a consciência da identidade, da unidade e do espírito de solidariedade dos israelitas dispersos pelos países estrangeiros.

O Livro de Ester é o único escrito do Antigo Testamento que não figura entre os volumes da biblioteca descoberta, entre 40 e 60, em Qumran. Também não é citado expressamente nos escritos do Novo Testamento, mas o encontramos nas entrelinhas do relato da morte de João Batista, que está calcado (repetindo inclusive expressões literais) na morte de Amã (compare Mc 6,17-29 com Est 5-7). As duas mortes estão ligadas a um banquete; em ambos os casos repete-se várias vezes a expressão:

> Que há, Rainha Ester? [...] Qual é o teu pedido: Ainda que fosse a metade do reino, te seria dado (Est 5,3 e 7,2).

4.4 Rute

O Livro de Rute, como o de Jonas, representa uma reação ecumênica e universalista frente ao espírito exclusivista e nacionalista que predomina no judaísmo pós-exílico, sobretudo a partir de Esdras. O reformador Esdras levou a cabo a separação dos casamentos mistos, com a finalidade de salvaguardar a pureza do sangue e, através dela, a pureza da fé (Esd 9). Essas medidas tão drásticas provocam uma reação em sentido contrário, dando lugar a uma corrente aberta e universalista, da qual o Livro de Rute é um expoente. A protagonista é Rute, uma estrangeira que se casa com Booz, convertendo-se os dois em ascendentes de Davi e, depois, em ascendentes também de Jesus de Nazaré.

1 Aspectos literários

a) Assunto

Capítulo primeiro. Por causa da fome que se espalhou por Judá no tempo dos juízes, Elimelec de Belém abandonou o país na companhia de sua esposa Noemi e dos filhos, estabelecendo-se todos eles nos campos de Moab. Aí, em terra estrangeira, morreram primeiro Elimelec e, depois, seus dois filhos, que haviam se casado com jovens moabitas, Rute e Orfa. Terminado o período da fome, Noemi decidiu regressar à sua pátria. Suas duas noras manifestaram o desejo de seguir com ela, mas no final só Rute o faz. Chegaram a Belém quando começava a colheita da cevada.

Capítulo segundo. Fazendo uso das faculdades que o direito concedia aos pobres, Rute dedica-se a recolher espigas pelos campos que já tinham passado pela colheita, com a finalidade de prover seu sustento e o de sua sogra. Quis a sorte que a jovem moabita chegasse aos campos de Booz, parente de Elimelec, o qual a acolheu muito favoravelmente e se interessou muito por ela.

Capítulo terceiro. Obedecendo às sugestões e desejos de sua sogra Noemi, Rute vai de noite atrás de Booz, na eira, o qual dormia junto ao monte de cevada, com a finalidade de insinuar-se, ganhar seu coração e recordar-lhe a lei do levirato, que obrigava o parente mais próximo do marido falecido a casar-se com a viúva. Booz mostra disposição de desposar Rute, desde que um parente mais próximo renunciasse aos seus direitos.

Capítulo quarto. Perguntado publicamente, na presença dos anciãos da cidade, o citado parente renuncia aos seus direitos sobre Rute e sobre a herança de Elimelec e seus dois filhos Quelion e Maalon, e nesse mesmo momento, e com os rituais apropriados, Booz adquire os bens e a mulher. Desse casamento misto entre Rute, a moabita, e Booz de Belém nasceu Obed, de Obed nasceu Jessé e de Jessé nasceu Davi.

b) Gênero literário

Segundo a ciência bíblica moderna, o Livro de Rute foi composto no período pós-exílico, com a finalidade de conter a corrente particularista e purista de Esdras, o reformador, que levou sua reforma até o extremo de separar os casamentos mistos, obrigando as mulheres estrangeiras a abandonar seus maridos israelitas. A composição tardia do livro, bem como seu caráter polêmico, levam a pensar que não se trata de uma obra histórica,

200

mas de ficção, escrita com finalidade teológica. Encontramo-nos diante de uma obra muito semelhante à de Jonas. A disposição geral do Livro de Rute, os nomes dos personagens e seu modo de proceder, os contrastes habilmente apresentados, a utilização de textos de índole jurídica, a frequência do diálogo, a ação constante da providência, que preside o desenrolar dos acontecimentos, todos esses fatores dão a entender que o autor não tem uma intencionalidade histórica; a história entra aí como veículo da mensagem.

2 História do Livro de Rute

Dentro da Bíblia hebraica, o Livro de Rute encontra-se na terceira parte, intitulada "Os Escritos", e aí figura como um dos "cinco rolos", lidos nas festas principais do calendário judaico, segundo vimos no capítulo anterior, ao falar de Ester. As versões grega e latina situam-no após o Livro dos Juízes, devido, sem dúvida, às primeiras palavras do livro: "Durante o governo de um dos juízes, houve fome no país [...]" (Rt 1,1), mas essa colocação não corresponde à verdade.

O autor de Rute perdeu-se no anonimato, tendo nos deixado apenas indícios quanto à data da sua composição. Embora tenham sido invocadas diversas razões para uma datação anterior ao exílio (legislação antiga, estilo próximo à prosa do tempo da monarquia, a morfologia dos nomes próprios etc.), sem dúvida parece mais coerente uma datação pós-exílica, baseada em razões de maior peso: a época dos juízes apresenta-se no livro como um passado distante, e por isso faz-se necessário explicar antigos costumes e instituições, caídos em desuso (leis do levirato e do resgate). Além disso, determinadas peculiaridades linguísticas e alguns problemas teológicos aludidos (ideia da retribuição, sentido do sofrimento, universalismo) sugerem que foi escrito numa época mais ou menos contemporânea às reformas de Esdras e Neemias (Esd 9; Ne 13).

3 Teologia de Rute

Dado seu caráter simbólico, o Livro de Rute admite várias leituras. De fato, são diversas as interpretações que recebeu, nem sempre necessariamente excludentes, mas complementares.

a) Canto à providência

Segundo alguns autores, o Livro de Rute seria um canto à Providência Divina. Tratar-se-ia de uma ficção histórica, cuja intenção é encenar e apresentar de maneira plástica a teologia popular implícita no ditado: "Depois da tempestade vem a bonança". A protagonista do livro passa pela contrariedade e pela provação, mas tudo termina bem. Rute, a jovem viúva, seria uma encarnação da Providência Divina.

Claro, não são intervenções celestes espetaculares, como as que aconteceram no êxodo, na travessia do deserto ou na entrada na terra prometida. Trata-se de intervenções sóbrias, discretas, que em princípio mais parecem obra do acaso, mas que, vistas em seu conjunto, não se explicam a não ser porque Deus está por trás delas.

A primeira coincidência é que as duas mulheres chegam a Belém precisamente quando começa o tempo da colheita (1,22). Rute também tem a sorte de ir parar nos campos de Booz, parente de Elimelec (2,3), justamente no momento em que Booz chega de Belém (2,4). Quando chega a hora de debulhar as espigas, Rute fica surpresa com a enorme quantidade de grãos: um efá, ou seja, 36 litros (2,17). Booz sobe até a porta da cidade justo no momento em que passava por ali o parente de quem tinha falado (4,1). O Deus escondido age com discrição e sem fazer barulho, mas com pontualidade e eficácia. E tudo isso sem mediações celestes (anjos) ou institucionais (profetas, sacerdotes, práticas cultuais), mas através de relações pessoais e familiares espontâneas (a oração, a aliança...).

b) Uma história de consolo

Outros veem no Livro de Rute uma história de consolo, escrita no final do exílio com o fim de levantar a moral dos exilados da Babilônia. Nas histórias de Rute e Noemi os exilados podiam ler sua própria história e consolar-se, pensando no desenlace feliz que tiveram as protagonistas da obra.

c) Universalismo

Uma tese muito generalizada entre os autores, tanto antigos como modernos, é a seguinte: o Livro de Rute, tal como o de Jonas, representa uma reação de alcance universalista frente à corrente exclusivista e rigorista protagonizada por Esdras, especialmente no assunto dos casamentos mistos (Esd 9).

d) Interesse didático

Alguns autores, como G. Gerleman (*Biblischer Kommentar*), creem que o centro de interesse do livro encontra-se na incorporação de Rute a uma família judaica. Parece que existia em Israel uma tradição segundo a qual Davi era de ascendência moabita, coisa que feria a sensibilidade do povo eleito. O livro teria a finalidade de embelezar e enobrecer essa tradição. A origem moabita de Davi, diz o autor de Rute, não deve ser entendida como se o rei de Israel pertencesse diretamente a uma família moabita. Não, os ascendentes de Davi eram oriundos de Belém, porém viram-se obrigados a emigrar para Moab. Somente uma de suas ascendentes era moabita (Rute); aliás, uma moabita que se converteu ao judaísmo e integrou-se religiosa e civilmente a Judá. Dentro dessa perspectiva é que devem ser lidas as palavras de Rute em 1,16 e 2,11-12.

e) O evangelho da mulher

Dentro do Antigo Testamento, o Livro de Rute é, sobretudo, o evangelho da mulher, uma mulher que não coloca seu talento ao serviço da guerra e do sangue, como Jael, Ester ou Judite, mas ao serviço da vida e da paz, como Abigail. Rute, a protagonista do livro, é uma das figuras mais humanas da Bíblia, encarnação dos melhores valores naturais e sobrenaturais. Rt 1,16-17, por exemplo, é uma das profissões de amizade mais belas que já foram escritas e, ao mesmo tempo, uma profunda confissão de fé:

> Não insistas comigo para que te deixe e me afaste de ti! Porque aonde fores, irei contigo; onde pousares, lá pousarei eu; teu povo será meu povo e teu Deus será meu Deus; onde morreres, ali morrerei e serei sepultada. Que o Senhor me castigue como quiser: somente a morte me separará de ti!

5

Cinco visões histórico-apocalípticas (Daniel)

1 Visão apocalíptica da história

Não pretendemos entrar aqui diretamente no âmbito da literatura apocalíptica, que constitui um volume específico nesta coleção de monografias sobre "O mundo da Bíblia". Quero apenas referir-me a cinco visões do Livro de Daniel, que podem ser consideradas como cinco leituras apocalípticas da história.

Apesar das aparências, os livros apocalípticos não têm uma visão catastrofista da história, mas exatamente o contrário. A apocalíptica é literatura de consolo. A finalidade primordial dos apocalipses é consolar e alimentar as esperanças do povo em momentos de crise. Os livros apocalípticos que figuram na Bíblia (Daniel e o Apocalipse de São João) foram escritos em momentos de perseguição: Daniel, durante a perseguição grega, no tempo dos macabeus; e João, durante as perseguições romanas.

A história, com suas sucessivas crises e frustrações, parece desmentir as esperanças que Israel sempre abrigara a respeito do triunfo do bem sobre o mal. Essas esperanças viram-se ameaçadas sobretudo no tempo da crise macabeia, quando o judaísmo entrou em confronto com a cultura e a dominação gregas. Nunca a fé javista vira-se submetida a uma perseguição tão violenta. Para alimentar a esperança e fortalecer a fé, para consolar e levantar os ânimos, surgiu nesse momento crítico uma abundante literatura apocalíptica. Um desses apocalipses, o Livro de Daniel, passou a fazer parte do cânon bíblico.

Os apocalipses apoiam a fé e a esperança na experiência histórica. Suas reflexões e meditações sobre o passado levam o leitor a concluir que a história é como que um drama no qual atuam dialeticamente as forças do bem e do mal. A experiência demonstra que o bem é mais forte do que o mal. No Livro de Daniel as forças do mal são representadas pelos grandes impérios: Babilônia, Média, Pérsia, Grécia. O bem é simbolizado pelo reino messiânico.

2 Cinco visões de Daniel

Os capítulos 7–12 de Daniel, juntamente com o capítulo 2, contêm cinco visões da história, todas paralelas entre si. Nas três primeiras, a história é apresentada sob a forma de figuras ou símbolos: a *estátua* no capítulo 2 e as *bestas* nos capítulos 7–8. Nas outras duas visões é apresentada sob a forma de *meditação de caráter cronológico* (cap. 9) e de *predição profética* (cap. 10–12).

a) Visão da estátua (cap. 2)

Segundo a interpretação de Daniel, a cabeça de ouro corresponde ao Império Babilônico de Nabucodonosor (2,37-38); o peito de prata, o Império Medo (2,39); o terceiro, de bronze, é o Persa (2,39), e o quarto, de ferro, o Grego (2,40). A mescla de ferro e de barro (2,41-42) alude à divisão do Império Grego, depois da morte de Alexandre Magno, quando os ptolomeus ficaram com o Egito e os selêucidas, com a Síria. A pedra que se desprendeu e caiu sobre a estátua, reduzindo-a a pó, é o reino messiânico (2,44s.).

Jesus de Nazaré aplicará a si mesmo a imagem da "pedra angular" e da "pedra fundamental" (Mt 21,42; 16,18), aludindo a essa pedra de Daniel, a Is 28,16 e ao Sl 118,22-23.

206

A degradação crescente e progressiva dos impérios (ouro-prata-
-bronze-ferro), que se sucedem aceleradamente para dar passagem ao reino messiânico, traz imediatamente à nossa memória as quatro idades da
história, de Hesíodo.

b) Visão das quatro bestas (cap. 7)

As quatro bestas e o misterioso ser que tinha a forma de "filho de
homem" correspondem, por um lado, segundo a interpretação do anjo nos
versículos 15-18, a esses mesmos quatro impérios (babilônico, medo, persa
e grego) e, por outro (v. 18), aos "santos do Altíssimo", ou seja, ao povo
santo de Israel.

Quanto à quarta besta (v. 19-22), seus dez chifres representam possivelmente os reis selêucidas (v. 23-24), e o chifre pequeno, Antíoco IV Epífanes,
que perseguiu os judeus "um tempo, dois tempos e meio-tempo", ou seja, três
anos e meio, que correspondem a 168-165 a.C. Nesse último ano, o reino foi
entregue aos judeus (v. 26-28).

c) Visão do carneiro e do bode (cap. 8)

Segundo a interpretação de Gabriel, a partir do versículo 15, o carneiro representa o Império Medo-persa, e o bode, o Império Grego. O chifre
grande é Alexandre Magno (v. 21). Os outros quatro chifres correspondem
aos "diádocos" (os herdeiros do império de Alexandre). O chifre pequeno é
Antíoco IV, que proibiu o culto judaico, entre 168-165 a.C. (v. 23-27).

d) Meditação de caráter cronológico (cap. 9)

Depois de meditar e refletir sobre a profecia de Jeremias a respeito
dos setenta anos e ter implorado a luz do alto, Deus enviou o Anjo Gabriel para explicar a Daniel o sentido da profecia. Eis aqui a explicação:

1) v. 25a: Desde a saída do oráculo (ano 587, Jr 29,10) até um príncipe
             ungido (Ciro, ano 538 a.C.).   7 semanas

2) v. 25b: Sessenta e duas semanas, ou seja, desde 538 até a morte de Onias,
             que morreu assassinado em 171 a.C. (2Mc 4,34).   62 semanas

3) v. 27:   Consolidará uma aliança com muitos durante uma semana, e na
             metade desta cessará o sacrifício (Dn 11,30-32; 1Mc 1,12-26).   1 semana

             Total.   70 semanas

Reduzido a números, teríamos o seguinte diagrama:

587................538....................171......................167................165
    7 semanas   62 semanas 1/2 semana 1/2 semana

A partir de 165 a.C. começa o reino judaico ou reino messiânico. Segundo essa interpretação, que não pretende ser a única, a meditação cronológica do capítulo 9 cobre o mesmo período de tempo das visões anteriores, ou seja, os impérios babilônico, medo, persa e grego. As semanas não são de dias, mas de anos.

e) Predição profética (cap. 10–12)

A quinta visão ocorre no terceiro ano de Ciro e refere-se fundamentalmente ao mesmo período de tempo das visões anteriores, mas o autor centra sua atenção quase que exclusivamente na dominação grega. É tão perfeito o conhecimento que tem da dominação grega que tudo induz a pensar que foi testemunha ocular da mesma. Ou seja, o autor do Livro de Daniel vive no período grego, durante a crise macabeia.

3 Teologia da história

Deus realiza seus desígnios misteriosos através da história. O universalismo de Jeremias (cap. 25) e a mensagem de consolo do Segundo Isaías (41,25-29; 45,1-6) alcançam nas cinco visões de Daniel toda a sua amplitude e profundidade. O autor de Daniel gosta das coisas concretas, e por isso apresenta o desígnio divino de salvação tal como o vê realizar-se no marco geográfico do Crescente Fértil, onde se sucederam grandes impérios, todos ameaçando a sobrevivência do povo de Deus. Um certo pessimismo toma conta do leitor ao ver a degradação progressiva da humanidade, dominada pelo mal e movida pelo pecado.

No entanto, ao lado do mal descobre-se também a atuação das forças vivas e dinâmicas da salvação: Deus, os anjos, a pedra que se desprende da montanha e faz cair por terra a estátua, reduzindo-a a pó o Filho do Homem que vem sobre as nuvens do céu, os santos do Altíssimo... todos esses elementos são símbolos da ação salvífica de Deus, que triunfa sobre as forças do mal: derruba a estátua (2,44s.), morrem Baltasar e a besta (5,24-30 e 7,11.24-26), e é exterminado também o desolador (9,27), bem como o rei perseguidor (11,40-45).

O "hoje" do autor e de seus destinatários é o momento do confronto decisivo, em que recrudescem as provações e as perseguições. É a hora de levantar os olhos para o céu, manter firme a fé e constante a paciência, porque o triunfo está garantido. Deus entregará o poder ao povo dos "santos" (= os fiéis), representado pela imagem do "filho do homem". Esse título se converterá, com o tempo, em mediação privilegiada para expressar a fé das primeiras comunidades cristãs em Jesus Cristo, o autêntico *Filho do Homem que virá sobre as nuvens do céu* (Dn 7,13, comparado com Mc 14,62 e paralelos).

Finalmente, tal como acontecia com as "histórias exemplares", também a visão apocalíptica da história contém uma mensagem de consolo e esperança. Apesar de seus tons sombrios e ameaçadores e de suas imagens catastróficas, os apocalipses têm a finalidade de criar atitudes de confiança na providência de Deus, evocando as antigas promessas e projetando os leitores para as esperanças do futuro.

Nesse contexto produz-se uma iluminação da esperança na ressurreição dos mortos. Pela primeira vez na história da revelação do Antigo Testamento afirma-se de maneira explícita que a última palavra não cabe à morte, mas à vida. Claro, já tinham surgido indícios e intuições nos livros anteriores (Is 26,14-19; 53,10-11; Ez 37; Jó 19,25-27), mas é aqui em Daniel (12,1-3) e em 2 Macabeus que ficam definitivamente ilumina-dos os dogmas relativos ao além-túmulo, revelando a vitória da vida sobre a morte, por meio da ressurreição.

Cronologia*

Ano	História civil	História bíblica	Atividade literária
		I. Pré-história	
	Invenção dos metais.	Marco cultural que corresponde aos relatos bíblicos populares sobre os primeiros ofícios e manifestações artísticas: Gn 4,21-22.	Início da escrita.
	Cultura do cobre.		
		II. Época patriarcal	
3000	*Cultura do Bronze Antigo.*		
	No Egito: Império Antigo (a época das grandes pirâmides), com Mênfis como capital, abarca as dinastias I-IX.	Os antepassados de Abraão vivem como nômades na Mesopotâmia: Gn 11,10-16.	Estende-se e consolida-se a escrita. No Egito floresce a escritura hieróglifa.
	Na Mesopotâmia: Sumários e acádios.		
	Na Palestina: aparecem os cananeus.		

---

* Tirada de *La Biblia*. Madri: La Casa de La Biblia, 1992.

2200	Período intermédio entre o Bronze Antigo e o Bronze Médio.	
	No Egito: começa o Império Medo, que abarca as dinastias XII-XVII.	São escritos no Egito os chamados *Textos de execração.*
	Na Mesopotâmia: renascimento sumério com a terceira dinastia de Ur. Ulterior aparecimento e consolidação dos amorreus.	
1900	*Cultura do Bronze Médio.* Primeira dinastia da Babilônia.	Chegam à Palestina (por volta de 1800) os primeiros clãs patriarcais encabeçados por *Abraão* (Gn 12,1-9).	Poemas acádicos sobre a criação: *Enuma Elish,* e sobre o dilúvio: *Epopeia de Gilgamesh.*
1750	Reinado de *Hamurabi,* na Babilônia.	Histórias patriarcais.	Código de Hamurabi.
1725	Antigo Império Hitita.		
1700	Os *hicsos* invadem o Egito.	Grupos pré-israelitas procedentes da Palestina instalam-se no Egito.	
1550		Chegada ao Egito de novos grupos patriarcais: Gn 39–50.	

III. Êxodo e assentamento em Canaã

Cultura do Bronze Novo.

Começa no Egito o Império Novo. Sua capital é Tebas.	Estada dos israelitas no Egito. Ex 1,1-7.	Tabuinhas escritas descobertas em Tanac.

1500	Na Palestina faz-se menção a pessoas chamadas de *Habiru*.	
1400		Cartas de *El-Amarna*.
1364	Amenófis IV = Akhenaton. Instalou a capital em Tel el-Amarna e rendeu culto exclusivo ao deus Aton.	
1350	Os hititas estendem-se pela Ásia Menor e norte da Síria.	Tabuinhas alfabéticas de Ugarit (= Ras Shamra) com relatos de mitos e lendas.
1304	Reinado de *Ramsés II* no Egito (1304-1238). Luta contra os hititas; depois alia-se com eles.	Os israelitas são duramente oprimidos pelos faraós egípcios. Ex 1,8-22.	Estelas descobertas em Betsã.
1250	Grande atividade construtora de *Ramsés II*.	Grupos de israelitas chefiados por *Moisés* escapam do Egito através das marismas e do deserto. Ex 13,17–15,27.	Pode remontar a essa data a origem oral do Cântico de Maria, que se conserva em Ex 15,1-21.
1238	Reinado de *Mernefta*, no Egito (1238-1209).	Os israelitas cruzam o deserto do Sinai e chegam às portas de Canaã.	Estela de Mernefta, na qual se menciona uma vitória do faraó sobre um grupo de pessoas chamado "Israel".
1220		Sob a chefia de Josué grupos de israelitas procedentes do Egito começam a ocupação de Canaã.	Podemos remontar a essa época as mais antigas formulações orais do *Decálogo* (Ex 20,1-17) e as outras leis israelitas, como o Código da Aliança (Ex 20–23).

1200	*Cultura do Ferro Antigo.*		
	Reinado de *Ramsés* III no Egito (1194-1163). Os "povos do mar" (filisteus) tentam invadir o Egito, mas são rechaçados e se instalam na costa meridional da Palestina.	Começa o período dos *Juízes*. Por volta de 1130, Débora e Barac derrotam, em Tanac, os cananeus mandados por Sísara.	Começam a formar-se as primeiras tradições orais sobre a história do povo israelita. Inclusive podem ter sido redigidas pela primeira vez as antigas coleções de cantos épicos conhecidas como "Livro do Justo" (Js 10,12-13) e "Livro das guerras do Senhor" (Nm 21,14-18).
1100	*Assíria,* com *Teglatfalasar* I (1115-1077), exerce um forte controle sobre toda a Mesopotâmia. Nascem os *reinos arameus* (Damasco, Soba, Hamat) que pouco a pouco vão se libertando do jugo assírio.	Diversas histórias dos juízes libertadores (Jz 3,7–16,31) que contribuíram para manter vivas a fé e as tradições de Israel durante mais de 150 anos.	O mesmo deve-se dizer do Cântico de Débora, conservado em Jz 5,1-31.
1050	No *Egito* ocupa o trono a dinastia XXI, com capital em Tânis. Os grandes sacerdotes de Tebas controlam o governo do país.	Os filisteus derrotam os israelitas em Afec. Morre *Eli* e o tempo dos juízes chega ao fim.	
1040		Começa a atividade de Samuel, profeta e juiz, com o santuário de Silo como centro religioso das tribos israelitas.	

IV. Época monárquica: o Reino Unido

1030		*Saul*, primeiro rei israelita.	Provável primeira redação durante essa época de:
1010		Os *filisteus* derrotam Saul na batalha dos montes Gelboé. Morte de Saul.	– poemas de Nm 23–24 – bênçãos de Jacó (Gn 49) – bênçãos de Moisés (Dt 33).
1000	Reinado de *Siamon*, no Egito.	Começa o reinado de *Davi*. Primeiro, sete anos sobre a tribo de Judá, em Hebron, e depois trinta e três anos sobre todo Israel, inclusive Jerusalém, conquistada dos jebuseus, que se torna a capital do Reino.	Provável composição, ao menos oral, de alguns *Salmos*, como Sl 2 e 110.
990		Vitórias de Davi sobre filisteus, moabitas, edomitas, amalecitas e arameus.	
970	Reinado de *Razon*, em Damasco.	Reinado de *Salomão* sobre toda a nação israelita se prolonga até o ano de 931 aproximadamente. Intensa atividade construtora e comercial. Destaca-se sobretudo a construção do *Templo de Jerusalém*.	No reinado de Salomão pode ter sido fechada a primeira redação escrita: – das antigas tradições orais sobre a história Israelita: – a história da sucessão ao trono de Davi e da ascensão ao mesmo de seu filho Salomão (2Sm 9–20; 1Rs 1–2); – as primeiras coleções de provérbios.

V. Época monárquica: o reino dividido

931	No *Egito* reina o Faraó *Sesac I* (955-925), que nos últimos anos de seu reinado leva a cabo uma campanha militar na Palestina.	*Assembleia de Siquém.* A nação israelita divide-se em dois reinos: o reino de Israel ou reino do Norte e o reino de Judá ou reino do Sul. O Faraó Sesac ataca Jerusalém e saqueia o templo e o palácio real.	Estela de Sesac em Meguido.

Judá – Israel

Roboão 931
Jeroboão
Abias   914
Asa   911
          910 Nadab
          909 Baasa

900	*Cultura do Ferro Novo.* Reinado de Benadad I (ou Adadezer) em Damasco.	Asa alia-se com Ben-Adad contra Baasa
		        885 Ela
		        884 Zimri
		        884 Amri

883	*Assurbanipal II* (883-859) faz ressurgir a Assíria.	Fundação da Samaria, que passa a ser capital do reino do Norte (1Rs 16,24).
880	Benadad II (ou Adadezer), rei de Damasco.	874 Acab

875	Egito em decadência.	Ciclo profético de *Elias* no reino do Norte (1Rs 17,l–2Rs 1,16). Guerras de Acab contra Ben-Adad II. Vitória de Afec e derrota em Ramot de Galaad.	
870		Josafá 870	Composição de *Salmos*
858	Reinado de *Salmanasar II* na Assíria (858-824).	853 Ocozias 852 Jorão	(talvez Sl 20; 21; 24; 46; 47; 48; 68; 72; 77).
	Começa a expansão assíria. Em 853 vence Benadad II e Acab de Israel. Nos anos seguintes, torna a derrotar os reis de Damasco.	Jorão 848 Ciclo profético de *Eliseu* no reino do Norte (2Rs 2,1–13,21). Jeú mata a família toda de Jorão, rei de Israel.	Estela de *Mesa*, rei de Moab, na qual se celebra a vitória sobre Israel.
		Ocozias 841 Jeú	
840	Salmanasar derrota Hazael e Benadad III (ou Adadezer III), reis de Damasco.	Atalia 841 Joás 835 813 Joacaz 797 Joás Amasias 796 782 Jeroboão II Prosperidade material no reino do Norte.	Provável redação independente dos ciclos proféticos de *Elias* e *Eliseu* (1Rs 17,1–2Rs 13,21). O Profeta *Amós* proclama sua mensagem no reino do Norte. Provável redação de alguns de seus Oráculos.

Osias 767

			Oseias proclama sua
745			mensagem profética
		753	no reino do Norte. É
		Zacarias	provável que a maior
	Reinado de	753 Selum	parte de seu livro
	Teglatfalasar III na	752	remonte ao próprio
	Assíria (745-727).	Manaém	profeta.
	Aumenta o esplendor e		
	a hegemonia assíria.	741 Faceias	Começa a atividade do
		740 Faceias	Profeta *Isaías* (Is 6,1).
	Por volta de 732	Joatão 739	Atividade profética de
	derrota Razon, rei de		*Miqueias*. O livro atual
	Damasco, e acaba com		é o resultado de uma
	a independência de		completa atividade
	seu reino. Nos países		redacional.
	conquistados pratica a	Acaz 734	
	política de intercambiar		
731	populações.	731 Oseias	Oráculos sobre o
			Emanuel, no marco da
			guerra sírio-efraimita (Is
			7–12).
727		Ezequias 727	
726	Reinado de		
	Salmanasar V,		
	na Assíria (726-722).		
722	*Sargon II* (722-705),	Samaria, capital do	
	rei da Assíria.	reino de Israel, é	
		sitiada pelo exército	
		assírio. Com sua	
		queda, desaparece o	
		reino do Norte.	
721	Na Babilônia. *Merodac-*	Continua o reinado	
	-Baladā (721-711)	de *Ezequias* (727-	
	tenta independentizar-se	698) em Judá.	
	da Assíria.		

713		Segundo 2Rs 18,13, Senaquerib, filho de Sargon II e general do exército assírio, invade Judá e Ezequias é obrigado a pagar tributo.	
704	Reinado de *Senaquerib* na Assíria (704-681).		A atividade profética de Isaías alcança seu apogeu.
701	Diversas campanhas militares contra os reinos vizinhos.	Senaquerib invade de novo a Palestina, mas tem que interromper bruscamente a campanha (2Rs 18–19).	Inscrição do Canal de Siloé.
698		Reinado de *Manassés* em Judá (698-643). Vive submetido à Assíria e em Jerusalém proliferam os cultos idolátricos. Segundo 2Cr 33,11, teria passado por um cativeiro na Babilônia.	Coleções de *Provérbios* (Pr 25,1) e provável composição de alguns *Salmos*. Primeiro extrato escrito do *Pentateuco*, à base das tradições javista e eloísta.
681	Senaquerib morre assassinado em Nínive. É sucedido por *Asaradon* (681-669), que por volta de 671 apodera-se do norte do Egito.		
669	Reinado de *Assurbanipal III*, na Assíria (669-630).		Biblioteca de Assurbanipal III em Nínive.
663	O Faraó *Psamético I* (663-609) expulsa os assírios do Egito.		Oráculo profético de *Naum*.
643		Reinado de *Amon* em Judá (643-640).	
640		Reinado de *Josias* em Judá (640-609).	Atividade profética de *Sofonias*.

625	*Nabopolassar* sobe ao trono na Babilônia (625-605).	Começa a atividade profética de *Jeremias* (Jr 1,1-10).
622		Reforma de Josias (2Rs 22–23)	Achado o "Livro da lei", provavelmente a primeira edição do *Deuteronômio* (2Rs 22,3-10). A escola deuteronomista prepara o material do que será a grande *história deuteronomista* (Josué, Juízes, 1/2 Samuel e 1/2 Reis) e imprime suas pegadas nos extratos Javista-eloísta do *Pentateuco*.

Oráculo profético de *Habacuc*. |
| 612 | Queda de Nínive. | |
| 609 | Derrota do Faraó *Necao* (ou *Neko*), por Nabopolassar. | O exército de Necao esmaga Josias em Meguido. Morte de Josias (2Rs 24,28-30).

Reinado de *Joacaz* em Judá (609). Depois de três meses é deposto por Necao, morrendo prisioneiro no Egito.

Reinado de *Joaquim* em Judá (609-598). | Segundo alguns, ministério profético de *Joel*.

A atividade profética de Jeremias (e de seu secretário *Baruc*) alcança seu apogeu, até a queda de Jerusalém. |

605	*Nabucodonosor* ocupa o trono da Babilônia (605-562) e derrota o Faraó Necao em Carquemis.		
598		Reinado de *Jeconias*, em Judá (598-597).	Primeira atividade do Profeta *Ezequiel* na Palestina.
597	Nabucodonosor sitia Jerusalém.	Rendição de Jerusalém e primeira deportação para a Babilônia. Provavelmente entre os deportados encontra-se o Profeta Ezequiel (2Rs 24,10-16).	Atividade profética de *Ezequiel* entre os exilados da Babilônia.
		Nabucodonosor nomeia como rei de Judá Matatias (terceiro filho de Josias) e lhe dá o nome de *Sedecias* (597-587).	
589	O Faraó *Hofra* (589-566) tenta inutilmente enfrentar Nabucodonosor.	Sedecias rebela-se contra a Babilônia. O exército de Nabucodonosor invade a Judeia e cerca Jerusalém.	

587	Cerco de Tiro, que se prolonga durante três anos (Ez 26,1–27,36).	Queda de Jerusalém. Cidade e templo são arrasados. Segunda deportação para a Babilônia. Fim do período monárquico.

VI. Período exílico e pós-exílico

570		Começo do exílio babilônico.	Fim da atividade profética de *Jeremias*, cujo livro atual é o resultado de um complexo processo redacional. Provavelmente termina nessa época também a atividade profética de *Ezequiel*. É muito provável que o próprio profeta escreveu um núcleo importante de sua pregação. A redação atual do livro, sem dúvida, não pode ser atribuída ao profeta.
562	*Evil-Merodac* (562-560) sucede Nabucodonosor no trono babilônico.	No ano 561, Jeconias, rei de Judá, que fora deportado em 597, é indultado por Evil-Merodac (2Rs 25,27-30).	Redação final do *Deuteronômio* e da *história deuteronomista*.

			Formação do "extrato sacerdotal" e incorporação do mesmo aos extratos já existentes do *Pentateuco*.
			Livro das Lamentações (provavelmente). Sl 93; 96–99. *Salmos* de "O Senhor é rei".
549	*Ciro* é proclamado rei dos medos e persas (549-529).		Ministério profético do Segundo Isaías (Is 40–55). O livro atual deve ter sido redigido, em grande parte, pelo próprio profeta.
539	Ciro conquista a Babilônia.	*Edito de Ciro*, que supõe o fim do exílio (2Cr 36,22-23; Esd 1,1-4).	
538		Regressa da Babilônia o primeiro grupo de prisioneiros com Zorobabel e o sumo sacerdote Josué à frente. Reconstrói-se o altar dos holocaustos e começa a reconstrução do templo, que logo será interrompida.	
530	*Cambises* (530-522), filho de Ciro, sucede a seu pai no trono e conquista o Egito.		Composição do Livro de *Jó*.
522	*Dario I* (522-486).		
520	Divide o Império Persa em satrapias: Síria e Palestina constituem a quinta; o Egito, a sexta.	Zorobabel e Josué retomam a construção do templo	Ministério profético de *Ageu* e *Primeiro Zacarias*.

515		Dedicação do *Segundo Templo.*	
			Segundo alguns autores, ministério profético de *Joel* (ou, ao menos, reelaboração dos oráculos pré-exílicos do profeta).
490	Dario é derrotado pelos gregos na Batalha de Maratona.		
486	*Xerxes I* (486-464) ocupa o trono da Pérsia. No ano de 480 é derrotado pelos gregos na Batalha de Salamina.	O Livro de *Ester* dá a Xerxes o nome de *Assuero* e em seu tempo coloca a história exemplar narrada de forma novelística no dito livro.	Ministério profético do *Terceiro Isaías.* Vários oráculos do livro atual remontam ao próprio profeta. Há também reelaborações e acréscimos posteriores.
			Profecia de *Abdias* (de difícil localização, no tempo e no espaço).
465	*Artaxerxes I* (465-423), rei da Pérsia.		Ministério profético de *Malaquias.*
445		Sucessivas missões do Governador *Neemias* na Palestina. Também de *Esdras.*	Continuam sendo compostos os *Salmos.*
423	*Xerxes II* (423) e *Dario II* (423-404), reis da Pérsia.		Redação final do Livro de *Jonas.* *Memórias* de Neemias (fontes extrabíblicas de Neemias).
404	*Artaxerxes II* (404-359), rei da Pérsia.		
400	Egito independentiza-se da Pérsia. Dinastia XXVIII no Egito.		

398		Provável missão de *Esdras* na Palestina.	Redação final do *Pentateuco*.
359	*Artaxerxes III* (359-338), rei da Pérsia.	A Judeia constitui-se em Estado teocrático, sob o domínio da Pérsia, mas com certa autonomia.	*Memórias de Esdras* (fonte extrabíblica de Esdras).
			Provável redação do Livro de Rute (alguns autores o colocam antes do exílio).
336	*Dario III* (336-331), rei da Pérsia.		Redação da *História Cronista* (l/2 Crônicas, Esdras e Neemias).
333	*Alexandre Magno* (336-323), rei da Macedônia, começa suas fulminantes conquistas no Oriente Próximo e Médio.		Provável redação final do Livro dos *Provérbios*.

VII. Época helenística e revolta macabeia

331	Batalha de *Arbelas*. A vitória de Alexandre Magno põe fim ao Império Persa.		*Cântico dos Cânticos* (provavelmente).
			Completa-se o Livro dos *Salmos*.
323	Morte de Alexandre Magno na Babilônia. Seus generais repartem o império: *lágidas* no Egito; *selêucidas* na Síria.	A nação israelita vive sob o domínio e controle dos lágidas egípcios, embora com certa autonomia.	Oráculos proféticos do *Segundo Zacarias*.
275	Até o ano 200, hegemonia lágida.		A Bíblia hebraica é traduzida para o grego em Alexandria do Egito: *Versão dos Setenta*.

200	*Ptolomeu V* do Egito (204-180) é derrotado em Panion por *Antíoco III o Grande*, da Síria (223-187). Começa a hegemonia dos selêucidas sírios.	A Judeia fica sob o domínio e controle dos selêucidas sírios.	Livro do *Eclesiastes* (provavelmente).
			Livro de *Tobias* (original hebraico ou aramaico, que se perdeu; pronta a tradução para o grego).
189	*Roma* inicia suas intervenções no Oriente Próximo. Os cipiões vencem Antíoco III em Magnésia e tomam como refém o seu filho (mais tarde Antíoco IV).		
187	*Seleuco IV* (187-175) reina na Síria.	*Simão II* o Justo e *Onias III* exercem o sumo sacerdócio em Jerusalém e sua gestão é muito apreciada pelo povo (2Mc 3,1-2). Por esses anos, *Heliodoro*, general de Seleuco IV, tenta saquear o Templo de Jerusalém (2Mc 3,13-40).	Livro de *Baruc* (provavelmente). Começa o ciclo dos livros apocalípticos de *Henoc* (apócrifos do Antigo Testamento). Provável composição da *Carta de Jeremias*.
180		Os sumos sacerdotes *Jasão* e *Menelau* semeiam intrigas na vida da nação israelita.	

175	*Antíoco IV Epífanes* (175-164), rei da Síria.	O helenismo se apodera de Jerusalém (1Mc 1,10-15). No verão de 170, Menelau manda assassinar Onias III (2Mc 4,30-38).	Composição do Livro do *Eclesiástico* (texto original hebraico).
169-168	Campanhas militares contra o Egito.		Provável composição do texto hebraico e aramaico do Livro de *Ester*.
167	Os romanos intensificam sua intervenção no Egito.	A perseguição sociorreligiosa contra os judeus por parte de Antíoco IV alcança seu auge com a profanação do Templo de Jerusalém e o martírio de numerosos israelitas fiéis à lei (1Mc 1,21-64; 2Mc 5,15–7,42).	
167-166		*Revolta Macabeia.* Matatias e seus filhos levantam-se contra a opressão síria (1Mc 2,1-70).	
166		*Judas Macabeu* (166-160) obtém uma série de importantes e decisivas vitórias sobre os generais de Antíoco IV e Antíoco V.	Provável composição do Livro de *Daniel*.

163	*Antíoco V Eupator* (164-162) sucede no trono a seu pai Antíoco IV Epífanes, morto longe da Síria, vítima de uma estranha enfermidade (1Mc 6,1-13 e 2Mc 9,1-29).	Purificação e dedicação solene do templo (1Mc 4.36-59).	
161	*Demétrio I* (162-150), rei da Síria.	Aliança entre Judas Macabeu e os romanos.	Livro dos *Jubileus* (apócrifo do AT).
160		Morte de Judas Macabeu. Sucede-o seu irmão *Jônatas* (160-143).	Composição do Livro de *Judite* (provavelmente).
152		Jônatas é nomeado sumo sacerdote.	
150	*Alexandre Balas* (150-145) sucede Demétrio I, morto em combate.		
148	Macedônia passa a ser província romana.		
147-145	Alexandre Balas e Demétrio II disputam o trono da Síria.		
145	*Demétrio II* (145-140), rei da Síria.	Renovam-se as alianças da nação judaica com Roma e Esparta (1Mc 12,1-23).	

144-138	*Antíoco IV* e *Trifão* disputam o trono de Demétrio II e se autoproclamam reis simultaneamente.	
142		Jônatas é preso, vítima de uma traição (1Mc 12,39-53) e morre pouco depois, assassinado (1Mc 13,23). Sucede-o seu irmão *Simão* (143-134).
138	*Antíoco VII Sidetes* (138-129) derrota Trifão que foge e encontra a morte (F. Josefo) ou se suicida (Estrabão).	Simão conquista a cidade de Jerusalém em 141 e põe fim à ocupação selêucida (1Mc 13,49-52). Começa a dinastia asmoneia. Renovação das alianças com Roma e Esparta (1Mc 14,16-24).	Começo da literatura de *Qumran*. Primeiras redações da *Regra da Comunidade* (ou Manual de Disciplina). *Hinos* procedentes da literatura qumrânica.
134		Simão, junto com seus filhos, morre assassinado na fortaleza de Dor. Só seu filho *João* (Hircano) escapa da matança.	*Testamento dos Doze Patriarcas* (apócrifo do Antigo Testamento).

Palestina no Antigo Testamento

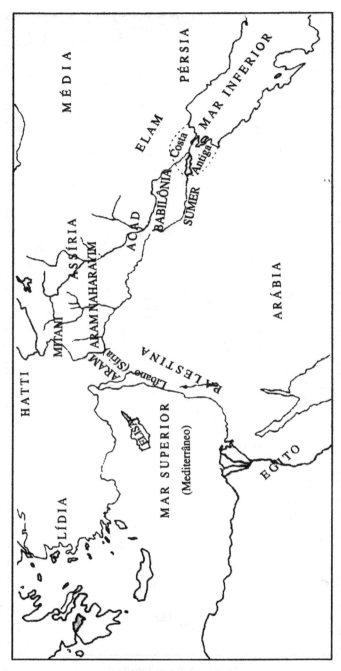

Antigo Oriente Próximo

Textos bíblicos citados

Êxodo
    19,5-6: 38
Números
    23,9: 38
Deuteronômio
    4,25-26: 47
    5,2-5: 40
    5,6-7: 35
    6,4-5: 35
    6,10-12: 46
    7,6-8: 39
    8,7-10: 47
    9,4-6: 46
    12,5-6: 36
    26,5-9: 10
    26,18-19: 38
    29,21-27: 21, 48
    30,11-14: 44
    30,15-20: 19
Josué
    21,43-45: 49
    23,14: 49

Juízes
2,10: 56
2,18: 58
2,23: 58
3,4: 58
3,9: 58
3,15: 58
4,3: 58
6,6: 58
6,15-16: 68
10,10: 58
10,16: 58
1 Samuel
7,3: 130
12,7-17: 69
12,12-13: 70
17,45: 72, 188
2 Samuel
7,14-16: 132
1 Reis
3,6-7: 125
9,4-5: 125
11,4.6: 125
11,36: 23, 126
11,38: 126
13,2: 25
14,8-10: 126
15,4: 23, 126
22,43: 126
2 Reis
8,19: 23, 127
17,13: 131

22,2: 24, 127
23,25: 24, 107, 131
23,26-27: 108
23,29: 155
2 Crônicas
35,20-23: 155
2 Macabeus
7,9: 170
7,28: 171
12,43-46: 170
Judite
6,2-3: 189
16,6: 181
Ester
5,3: 199
7,2: 199
Rute
1,16-17: 204
Isaías
40,18-31: 18
Ezequiel
12,21-22: 18
18,2: 19
37,11: 19
Oseias
13,4: 35
Amós
3,7: 11, 121
Salmos
20,8: 68, 72, 188
37,25: 172

51,6: 20
78,67-71: 10
1 Coríntios
1,25-28: 68
15,3-5: 10

Obras extrabíblicas

Antiguidades Judaicas (Flávio Josefo): 196

Baixos-relevos do palácio imperial de Nínive: 111

Código de Hamurabi: 90

Crônica Babilônica: 110

Esposa infeliz (A): 176

História de Jason de Cirene: 165s.

Inscrição assíria do ano 853 a.C.: 109

Inscrição dos Fastos: 110

Inscrição de Mesa, rei de Moab: 109

Inscrição do túnel de Siloé: 112

Justo paciente (O): 176

Morto agradecido (O): 176

Pactos hititas: 30

Pacto de Mursil II com Dupi-Tesup: 31s.

Prisma de Senaquerib: 111

Sabedoria de Aicar: 174, 176

Terceiro Livro dos Macabeus: 195

Tributo de Jeú, rei de Israel: 109

Tributo de Menaém, rei de Israel: 110

Autores citados

Albright, W.F.: 34, 54

Alt, A.: 54

Bomberg, D.: 73

Bover-Cantera: 178

Bright, J.: 54

Cross, F.M.: 22s., 26, 54

Dietrich, W.: 22

Eusébio: 185

Fritz, V.: 56

García, F.: 37

Gerleman, G.: 203

Gottwald, N.K.: 56

Grelot, P.: 115

Hänel, J.: 159

Hayes, J.H.: 110

Heródoto: 194

Jasão de Cirene: 165s.

Jaspers, K.: 33

Jerônimo (São): 134, 177s., 187, 191

Josefo (Flávio): 150, 196

Kuan, J.K.: 110

Lemche, N.P.: 56

Luciano de Antioquia: 190

Lucrécio: 171

Lutero, M.: 65, 190s.

McCarthy, D.J.: 133

Meier, E.: 78, 115

Menchén, J.: 168, 174

Mendenhall, G.E.: 56

Michaeli, F.: 157

Nácar-Colunga: 178

Noth, M.: 13s., 21, 27, 54, 65, 116, 128

Orígenes: 190

Pratensis: 73

Rad, G. von: 42, 128, 132

Rahlfs, A.: 187

Robinson, H.W.: 7

Rose, M.: 15

Sáenz-Badillos, A.: 135

Schmid, H.H.: 15

Seters, J. van: 15, 78, 116

Smend, R. (Jr.): 22

Tadmor, H.: 110

Vatke, W.: 22

Vaux, Roland de: 55, 84, 186

Veijola, T.: 22

Weber. M.: 65

Wellhausen, J.: 22

Wette, W.M.L. de: 147

Wolff, H.W.: 129

Wright, G.E.: 54

Índice

Sumário, 5

Apresentação, 7

    1 O Antigo Testamento é sobretudo um livro de história, 7

    2 Uma história sagrada, 9

1 História deuteronomista, 13

    1 Tetrateuco / história deuteronomista, 13

    2 Arquitetura da história deuteronomista, 15

    3 Ponto focal da história deuteronomista, 18

    4 Uma ou várias edições?, 21

  1.1 Deuteronômio, 27

    1 Conteúdo e estrutura do Deuteronômio, 28

    2 Teologia do Deuteronômio, 33

  1.2 Josué (conquista da terra), 48

    1 Josué e a história deuteronomista, 48

    2 Arquitetura e materiais do livro, 50

    3 Josué e a história, 53

1.3 Juízes, 56

   1 Os juízes e a história deuteronomista, 56

   2 Arquitetura e materiais do livro, 59

   3 Os juízes e a história, 64

   4 Teologia dos juízes, 66

1.4 Os livros de Samuel (dos juízes à monarquia), 68

   1 Os livros de Samuel e a história deuteronomista, 68

   2 Arquitetura e materiais dos livros de Samuel, 73

   3 Os livros de Samuel e a história, 83

   4 Significado institucional e teológico de 1/2 Samuel, 87

1.5 Os livros dos Reis (a monarquia), 94

   1 Os livros dos Reis e a história deuteronomista, 94

   2 Arquitetura e materiais dos livros dos Reis, 99

   3 Os livros dos Reis e a história, 108

   4 Os livros dos Reis são uma história teológica, 117

1.6 Chamamento à conversão e à esperança, 128

   1 Chamamento à conversão, 128

   2 Chamamento à esperança, 131

2 História do Cronista, 134

Introdução, 134

   1 Arquitetura da história do Cronista, 135

   2 Fontes do Cronista, 140

   3 Trabalho redacional do Cronista, 143

   4 Teologia do Cronista, 147

5 Ponto focal da história do Cronista, 156

6 Esperanças messiânicas do Cronista, 158

3 Duas histórias monográficas, 160

1 Revolta dos macabeus, 160

2 Primeiro livro, 161

3 Segundo livro, 164

4 Gênero literário, 166

5 Teologia de 1/2 Macabeus, 167

4 Quatro histórias exemplares, 172

4.1 Tobias, 172

1 Aspectos literários do livro, 172

2 História do livro, 177

3 Teologia do livro, 178

4.2 Judite, 181

1 Aspectos literários do livro, 182

2 A história do livro, 186

3 Teologia do livro, 188

4.3 Ester, 190

1 Texto, 190

2 Aspectos literários, 192

3 Ester e a história, 196

4 Teologia de Ester, 197

4.4 Rute, 199

1 Aspectos literários, 199

2 História do Livro de Rute, 201

3 Teologia de Rute, 202

5 Cinco visões histórico-apocalípticas (Daniel), 205

1 Visão apocalíptica da história, 205

2 Cinco visões de Daniel, 206

3 Teologia da história, 208

Cronologia, 211

Textos bíblicos citados, 233

Obras extrabíblicas, 237

Autores citados, 239

CULTURAL

Administração
Antropologia
Biografias
Comunicação
Dinâmicas e Jogos
Ecologia e Meio Ambiente
Educação e Pedagogia
Filosofia
História
Letras e Literatura
Obras de referência
Política
Psicologia
Saúde e Nutrição
Serviço Social e Trabalho
Sociologia

CATEQUÉTICO PASTORAL

Catequese
  Geral
  Crisma
  Primeira Eucaristia

Pastoral
  Geral
  Sacramental
  Familiar
  Social
  Ensino Religioso Escolar

TEOLÓGICO ESPIRITUAL

Biografias
Devocionários
Espiritualidade e Mística
Espiritualidade Mariana
Franciscanismo
Autoconhecimento
Liturgia
Obras de referência
Sagrada Escritura e Livros Apócrifos

Teologia
  Bíblica
  Histórica
  Prática
  Sistemática

REVISTAS

Concilium
Estudos Bíblicos
Grande Sinal
REB (Revista Eclesiástica Brasileira)
SEDOC (Serviço de Documentação)

VOZES NOBILIS

Uma linha editorial especial, com importantes autores, alto valor agregado e qualidade superior.

PRODUTOS SAZONAIS

Folhinha do Sagrado Coração de Jesus
Calendário de mesa do Sagrado Coração de Jesus
Agenda do Sagrado Coração de Jesus
Almanaque Santo Antônio
Agendinha
Diário Vozes
Meditações para o dia a dia
Encontro diário com Deus
Guia Litúrgico

VOZES DE BOLSO

Obras clássicas de Ciências Humanas em formato de bolso.

CADASTRE-SE
www.vozes.com.br

EDITORA VOZES LTDA.
Rua Frei Luís, 100 – Centro – Cep 25689-900 – Petrópolis, RJ
Tel.: (24) 2233-9000 – Fax: (24) 2231-4676 – E-mail: vendas@vozes.com.br

UNIDADES NO BRASIL: Belo Horizonte, MG – Brasília, DF – Campinas, SP – Cuiabá, MT
Curitiba, PR – Florianópolis, SC – Fortaleza, CE – Goiânia, GO – Juiz de Fora, MG
Manaus, AM – Petrópolis, RJ – Porto Alegre, RS – Recife, PE – Rio de Janeiro, RJ
Salvador, BA – São Paulo, SP